Ulrike Aufderheide

Kleiner Garten naturnah

Gedruckt auf
100% Recyclingpapier

Ulrike Aufderheide

Kleiner Garten naturnah

Naturoasen im Wohnzimmerformat lebendig und schön gestalten

pala verlag

Danksagung

Mein herzlicher Dank gilt Alina Levin für ihre Mitarbeit bei der Erstellung der Pflanzenlisten und allen, in deren Gärten ich immer wieder fotografieren darf oder die mir für dieses Buch bereitwillig eigene Fotos zur Verfügung stellten.

Inhalt

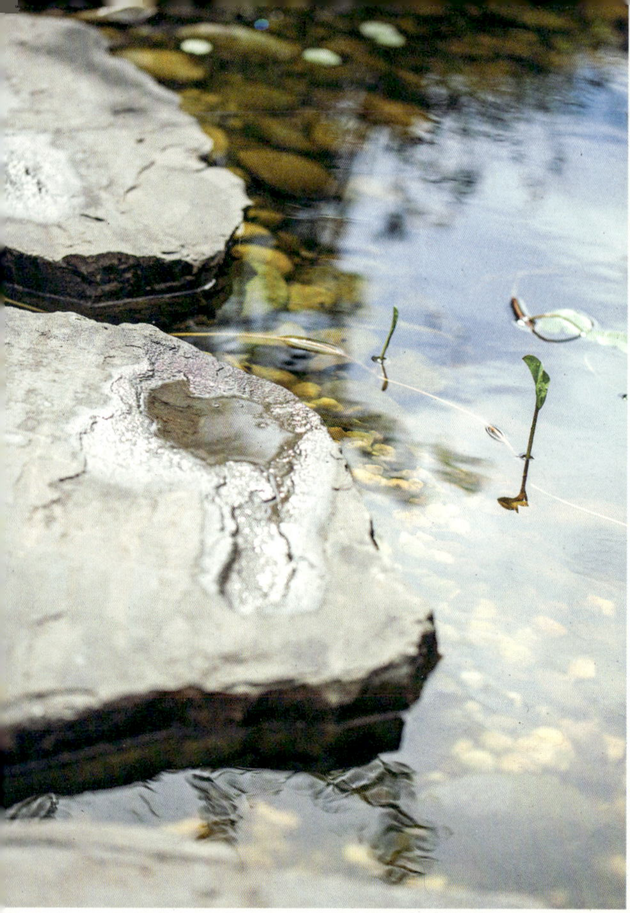
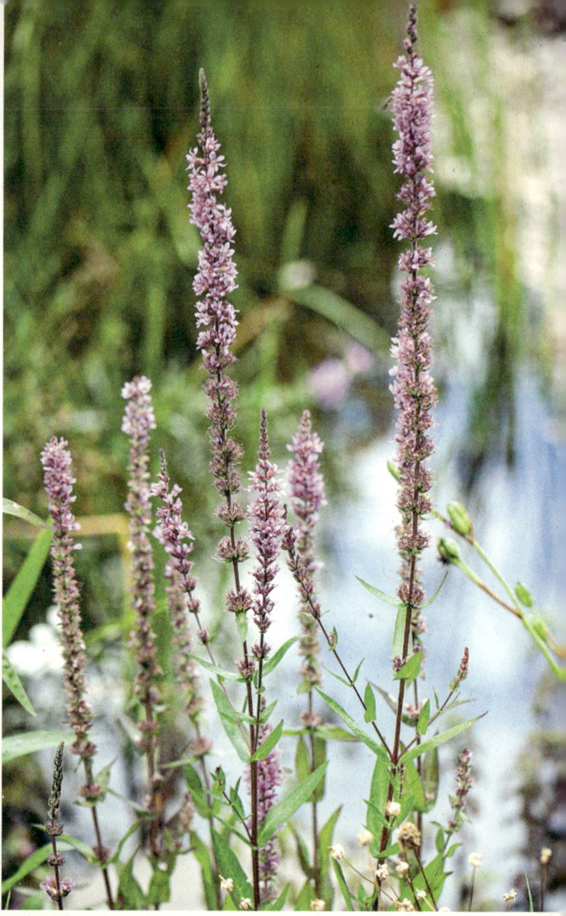
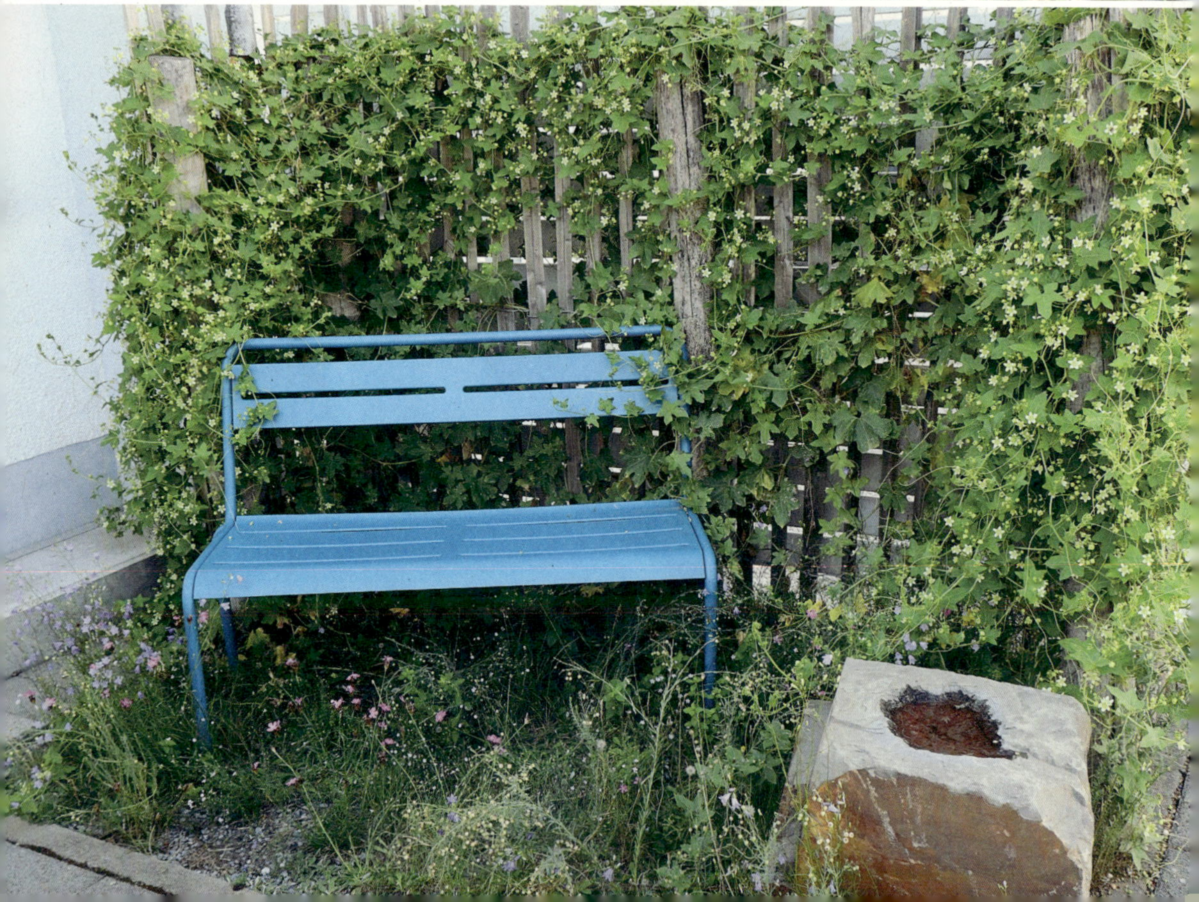

Was heißt denn hier »klein«?

Ja, ist das überhaupt ein Garten?

Diese Frage kommt auf, wenn wir die durchschnittlichen Gartengrößen in den heute üblichen verdichteten Neubaugebieten betrachten. Da haben die Gärten oft die Größe eines größeren Wohnzimmers und die Vorgärten, wenn es hochkommt, die eines Kinderzimmers. Viele Gartenbesitzer versuchen es trotzdem mit einem Garten und legen ihn so an, wie das die Eltern getan haben oder die Nachbarn vormachen: meist in der Mitte eine Rasenfläche und am Zaun eine Schnitthecke. Leider wirkt ein so angelegter Garten immer klein, so groß er auch sein mag, denn das, was zuerst ins Auge fällt, ist die »Zimmerwand«, also die Grenze. Viele geben aber auch gleich entnervt auf und pflastern oder schottern die gesamte Fläche. Dazu gibt es dann noch einzelne »Zimmerpflanzen« in Kübeln oder in Schlitzen der unter dem Schotter verlegten vermeintlich unkrautverhindernden Folie. Schön sind diese Flächen nicht und lebendig schon gar nicht, verboten sind sie in den meisten Landesbauordnungen auch. Sie sagen eigentlich nur: Schau, wie klein und langweilig ich bin.

Dabei ist dort, wo das Problem liegt, meist ein Schatz verborgen. Kleine Gärten können wunderschöne Oasen des Lebens sein. Sie erfordern Konzentration in der Gestaltung und die Konzentration auf genau das Erlebnis, welches sich die Nutzer am meisten wünschen. Das macht es einfacher, den Traumgarten zu finden. Nebenbei verschlingen sie nicht Unsummen an Ressourcen. Auch hochwertige Materialien und eine gute Gestaltung gehen bei kleiner Fläche nicht so ins Geld. Und auch Pflege ist auf kleinen Flächen eher meditatives Vergnügen als lästige Pflicht.

Bilder links oben: Wasserflächen holen auch in kleinen Gärten den Himmel auf die Erde.

unten: Statt Mülltonnenstellplatz neben dem kurzen Weg von der Haustür zur Straße ein fast perfekter Garten auf der Fläche einer Abstellkammer: Geborgenheit und Weite, ein Platz zum Sitzen, eine Vogeltränke als Mini-Wasserfläche, zahlreiche Wildblumen im Blumenschotterrasen, ein Zaun aus unbehandeltem Holz, berankt von der Zaunrübe. Zur Flugzeit schwirren dort die Zaunrübensandbienen.

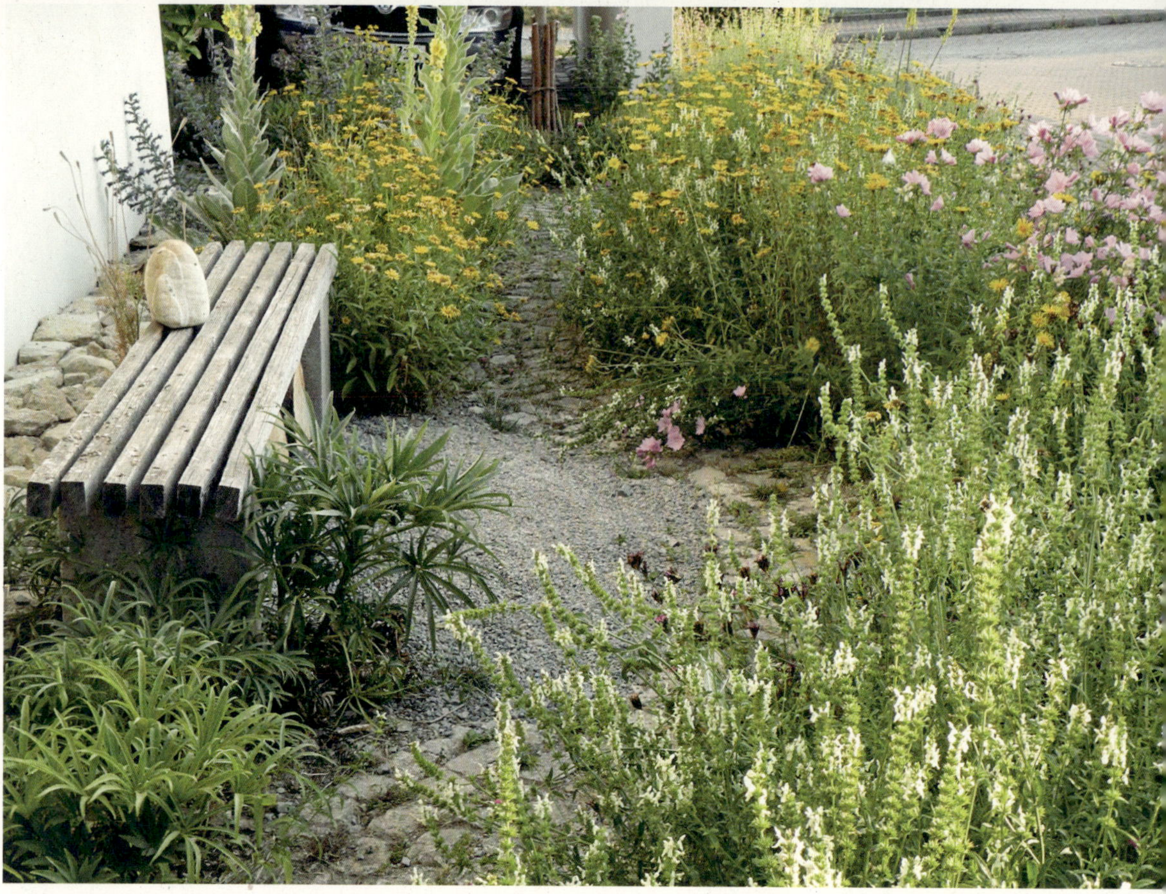

Ein kleiner Platz, eine Bank und viele wunderschöne einheimische Wildpflanzen machen aus dem schmalen Streifen zwischen Haus und Straße einen Naturerlebnisraum (ein Projekt meiner Kollegin Jeannette Kebernik).

Im Vorgarten, neben dem Haus, als Garten hinter dem Haus, als Gartenzimmer

Kleine Gärten rund ums Haus

In diesem Buch finden alle, die einen kleinen Garten pflegen oder neu anlegen wollen, Anregungen zur Gestaltung, zur Bautechnik und zur Bepflanzung. Manchmal gibt es sogar mehrere kleine Gärten am Haus: vor der Haustür ein kleiner Vorgarten, neben dem Haus ein langer, zumeist drei Meter breiter Streifen und hinter dem Haus dann noch ein Gärtchen in Wohnzimmergröße. Hier finden Sie die Gestaltungsprinzipien und viele Vorschläge für solche Gärten in Zimmergröße (mit einer Fläche bis 100 Quadratmeter). Dabei richtet sich das Buch besonders an diejenigen, die direkt vor ihrer Haustür nicht nur Oasen für sich selber, sondern auch Oasen für viele Tiere und Pflanzen schaffen wollen. Es tut einfach gut, denen eine Heimat zu geben, die außerhalb des Gartenzaunes kaum noch Lebensraum finden (es sei denn, Sie haben Nachbarinnen und Nachbarn, die ebenfalls schon vom Naturgartenvirus angesteckt sind).

Natürlich können die Gestaltungsprinzipien und Bepflanzungsvorschläge auch in größeren Gärten angewandt werden. Dies gilt vor allem für lange, schmale Grundstücke, wie sie in älteren Reihenhausgebieten häufig vorkommen: Ohne überlegte Gestaltung wirkt so ein Garten meist wie ein breiter Weg. Wenn die Fläche jedoch als Abfolge verschiedener, mehr oder weniger abgegrenzter Gartenzimmer gestaltet wird, dann bewegen wir uns, ähnlich wie in der Zimmerflucht eines herrschaftlichen Schlosses, von einem Raumerlebnis oder auch Naturerlebnis zum anderen. Da gibt es dann vielleicht den Spielgarten, den Nutzgarten, den Wassergarten, den Ruhegarten, den Obstgarten, den Wildkräutergarten, das Gartenesszimmer oder einen Waldgarten. Jedes einzelne Gartenzimmer kann als ein für sich funktionierender Minigarten gestaltet werden.

Auch in Wohnzimmergröße können kleine Naturoasen gestaltet werden.

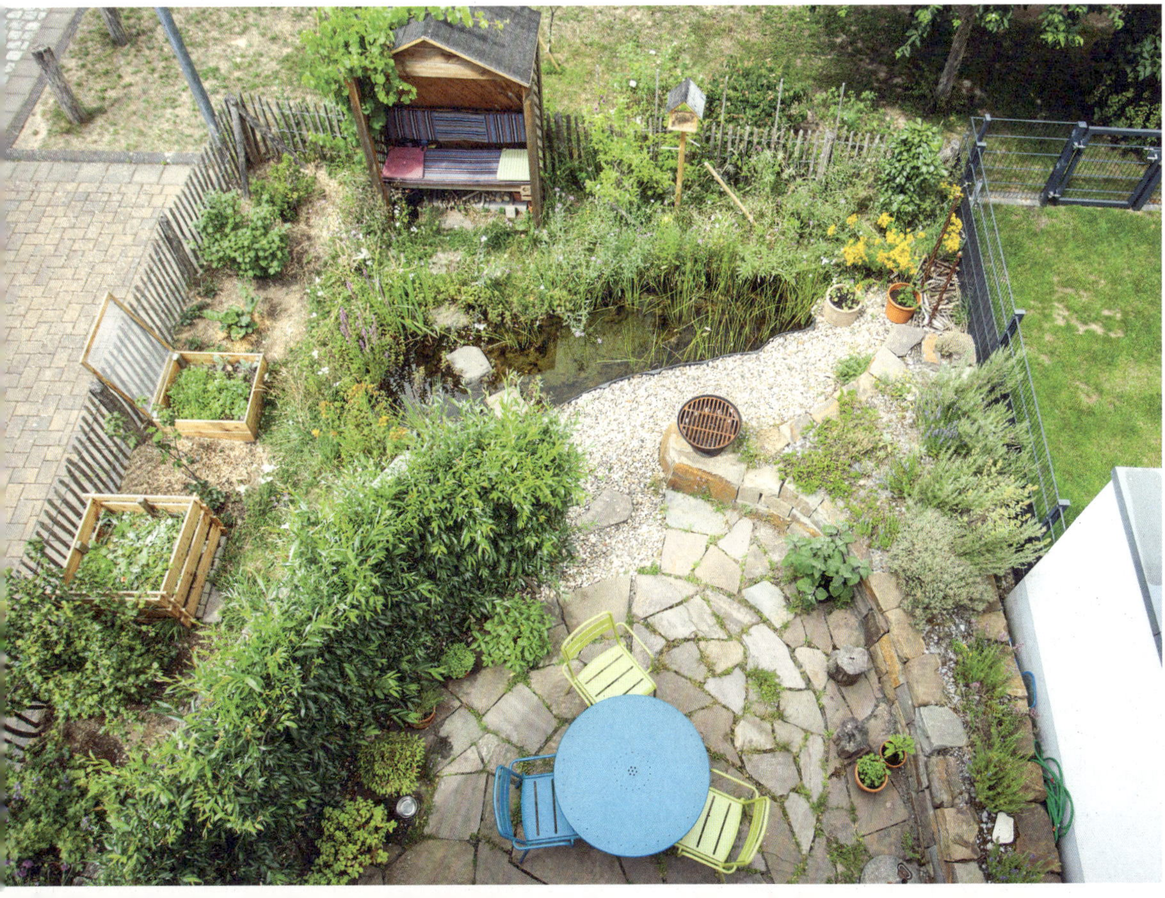

Kleine Gärten erleichtern und erfordern Sorgfalt und Konzentration

Vorüberlegungen

Was möchte ich in meinem Garten erleben?

In kleinen Gärten ist die gesamte Gartenfläche meist mit einem Blick erfassbar. Deshalb ist eine gute Gestaltung hier besonders wichtig. Auf kleiner Fläche können aber nicht alle Wünsche erfüllt werden. Es geht also um die Frage: Was ist mir, was ist uns am wichtigsten? Schauen Sie sich doch einmal gemeinsam mit allen Nutzern die folgende Checkliste an und überlegen Sie, welche Funktionen – in welcher Reihenfolge – für Sie am wichtigsten sind. Sie können die Bildseiten auch kopieren, auseinander schneiden und die Bildchen so lange auf einem großen Tisch hin- und herschieben, bis Sie Ihre persönliche Hitliste gefunden haben.

Schutz vor unerwünschtem Betreten und unerwünschten Blicken:

an der Grundstücksgrenze

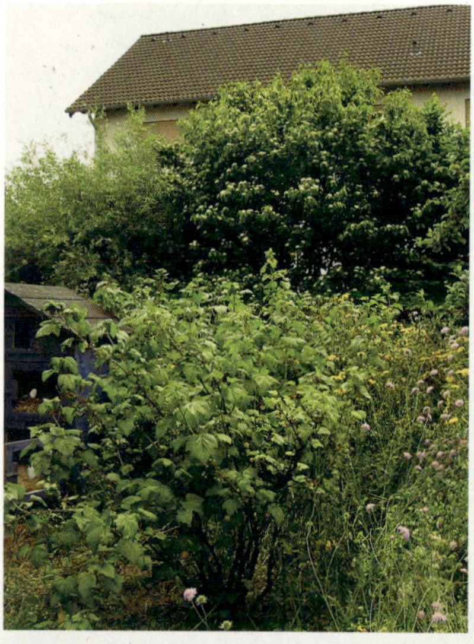

als Sichtschutz im Garten

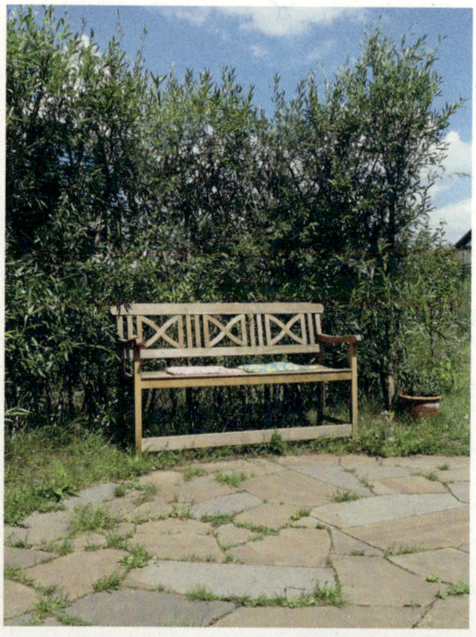

Checkliste für Ihre Vorüberlegungen:
Was möchten Sie in Ihrem Garten erleben?
Welche Funktionen soll Ihr Garten erfüllen?

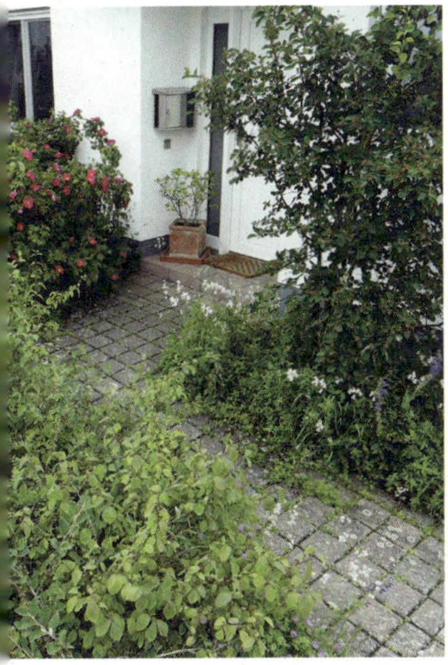

Wege: von Türen im Haus zur Straße

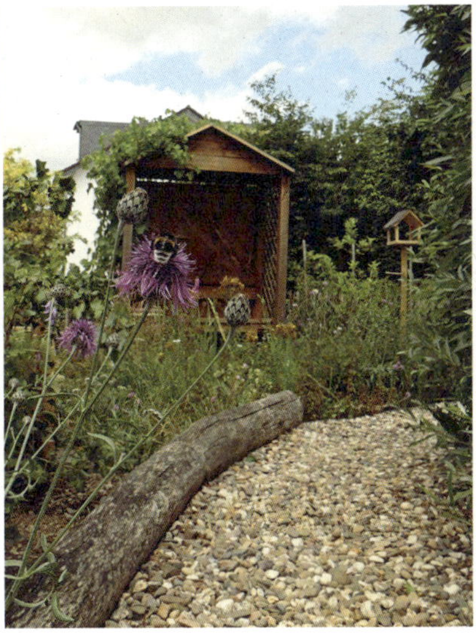

Wege: zu den Sitzplätzen

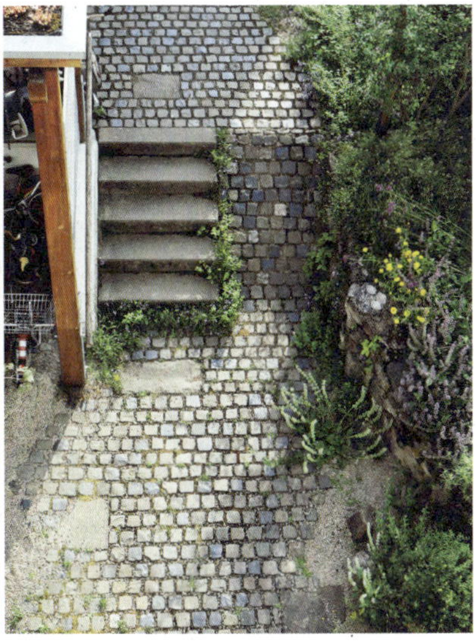

Wege: zu den Stellflächen

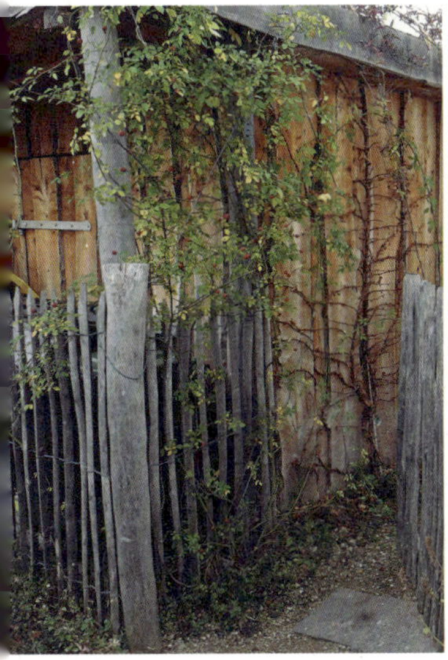

Stellflächen: für Mülltonnen

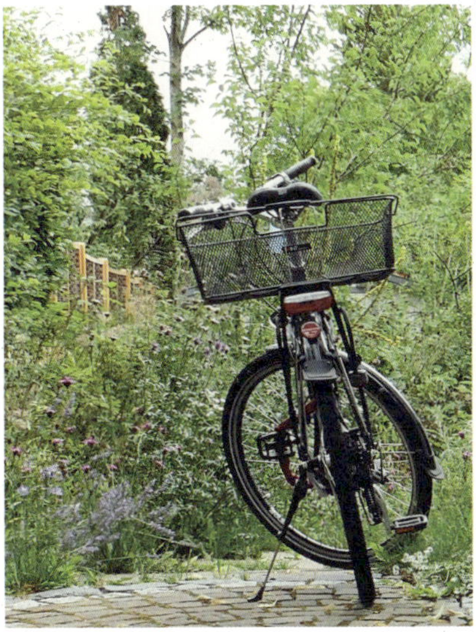

Stellflächen: für nicht motorisierte Fahrzeuge

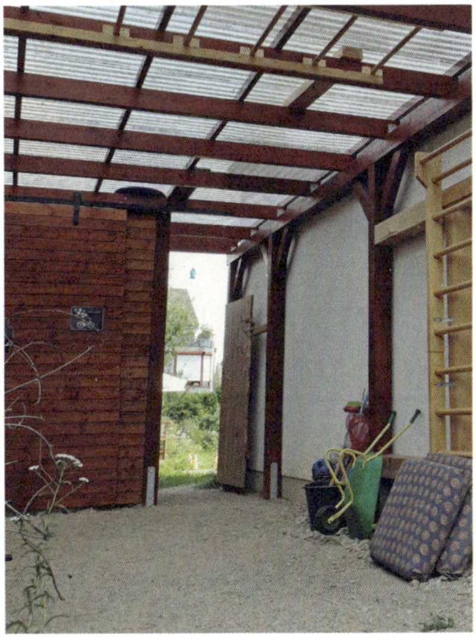

Stellflächen: für PKW

Sitzplätze: vor dem Haus

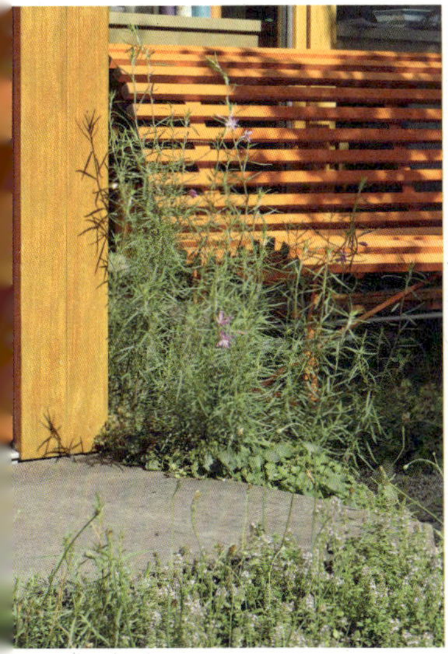

Sitzplätze: Terrasse am Haus

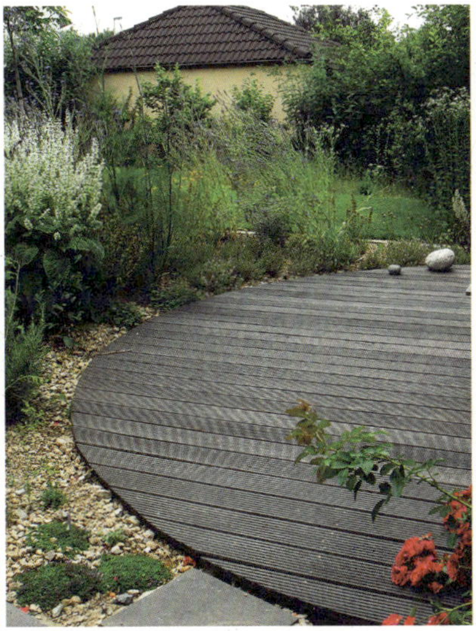

Sitzplätze: im Garten

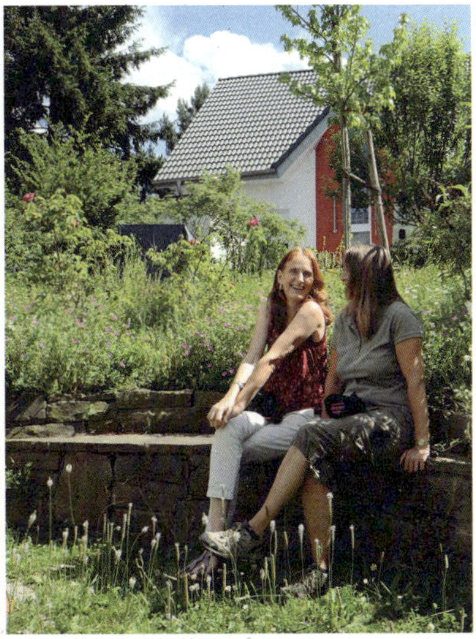

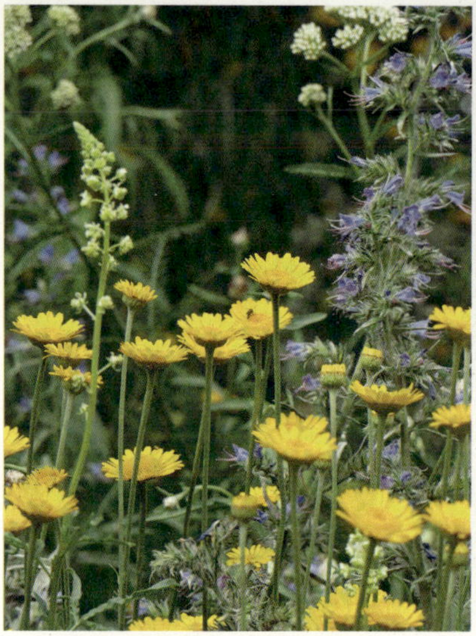

Natur erleben: Wildblumenbeete

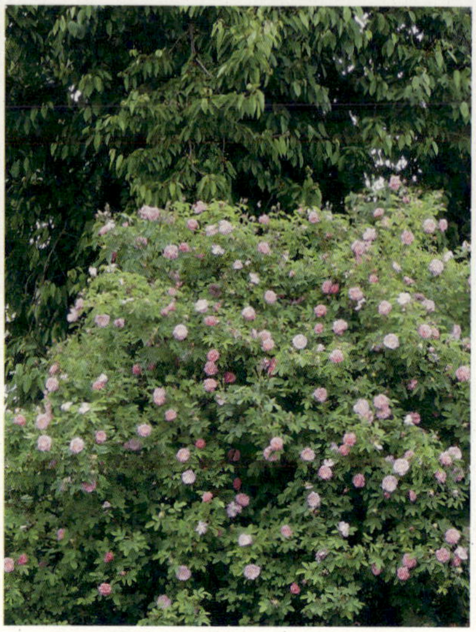

Natur erleben: Bäume und Sträucher

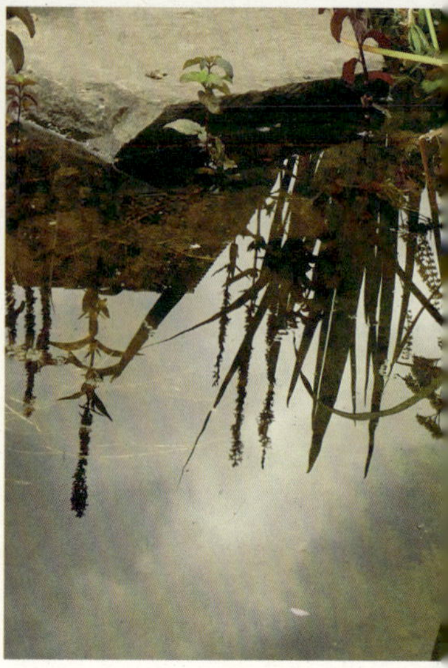

Natur erleben: Wasser

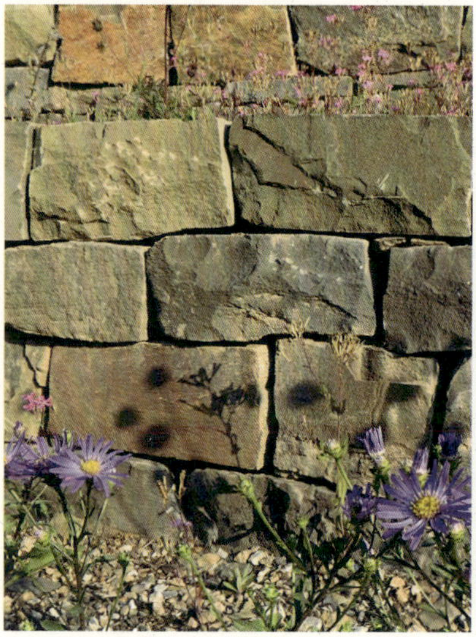

Natur erleben: Mauern und Steinhaufen

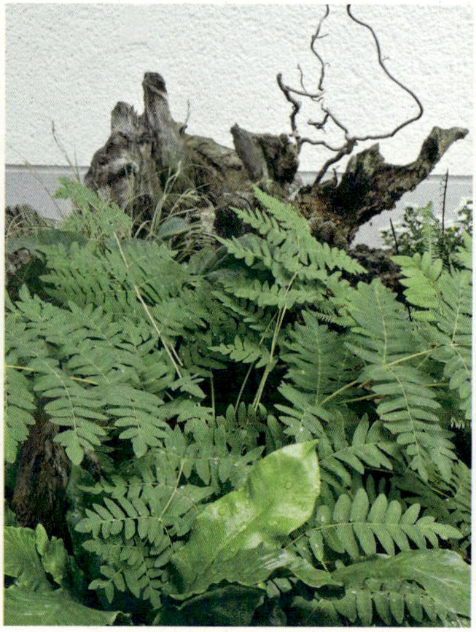

Natur erleben: Lebensraumholz

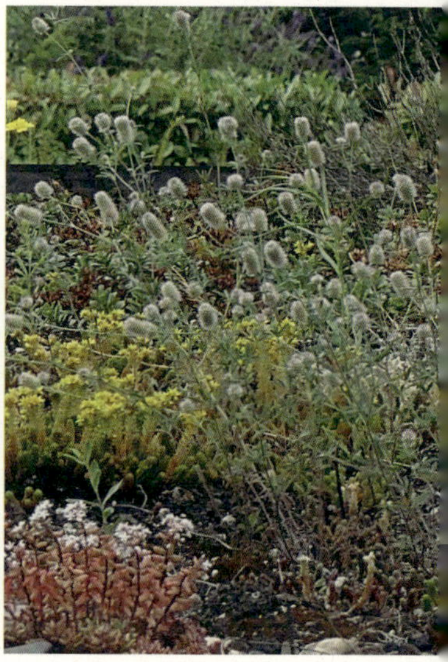

Natur erleben: grüne Dächer

Natur erleben: grüne Wände und Zäune

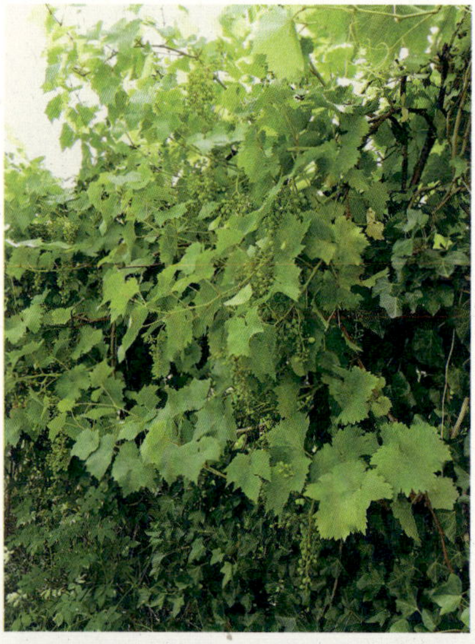

Die Bilder dieser Doppelseite sollen Ihren Vorüberlegungen dienen (siehe Seite 12) (wie die Bilder auf der vorigen Doppelseite und die Bilder auf der nächsten Seite): Was möchten Sie in Ihrem Garten erleben? Welche Funktionen soll Ihr Garten erfüllen?

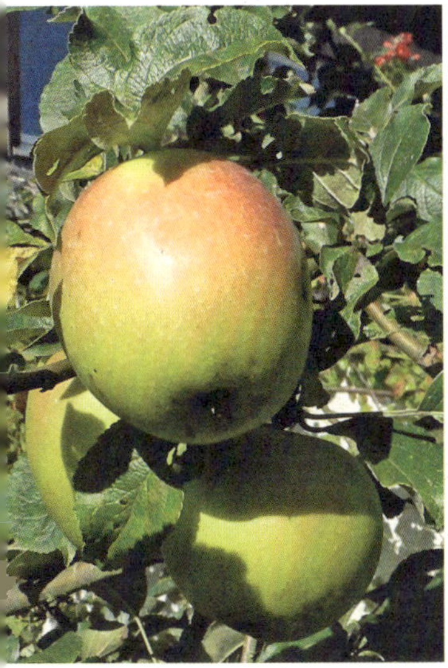

Ernten im Garten: Obst

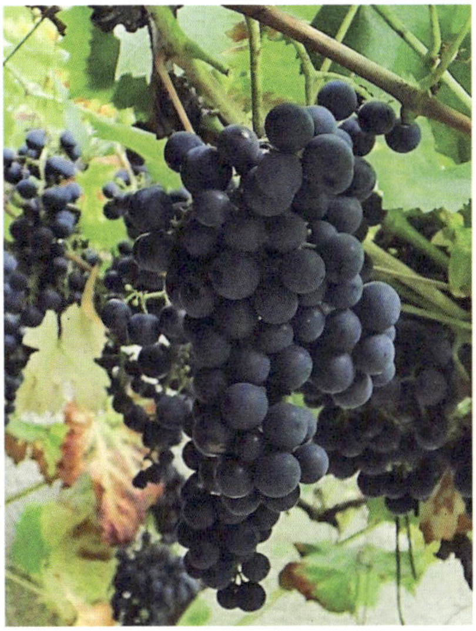

Ernten im Garten: Beeren

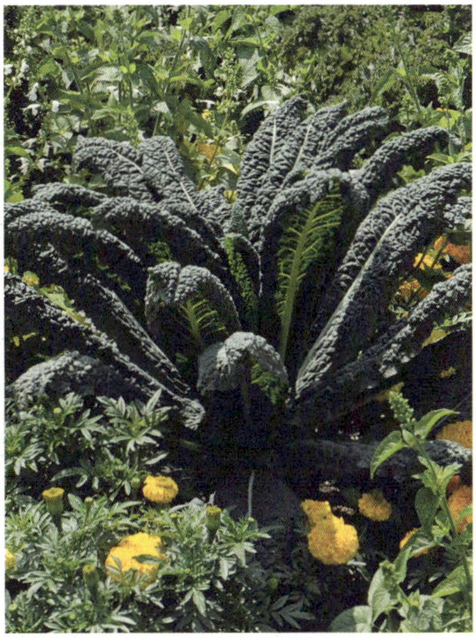

Ernten im Garten: Gemüse

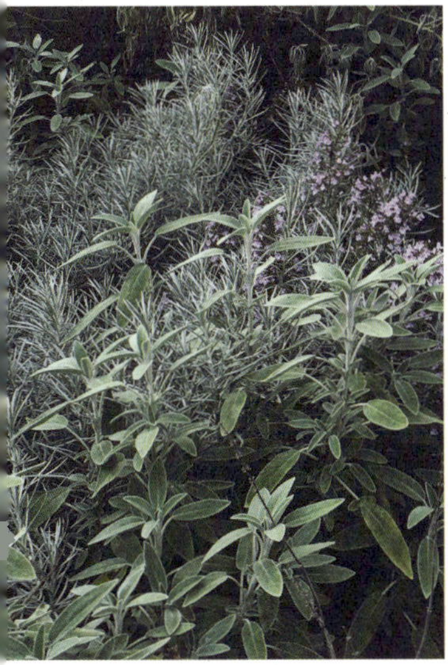

Ernten im Garten: Kräuter

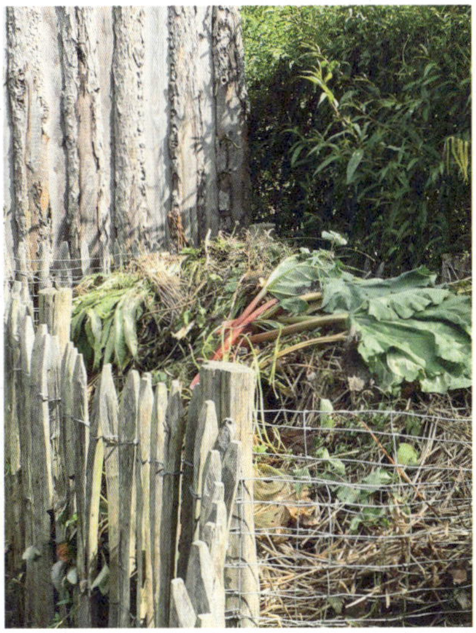

Ernten im Garten: Kompost

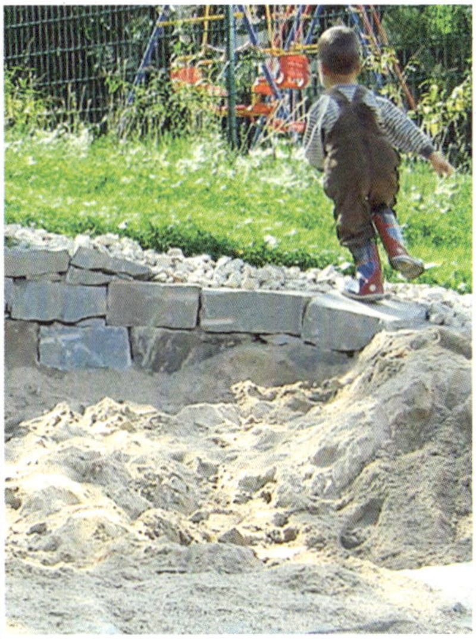

Kinderspiel: Sand

Kinderspiel: Wasser

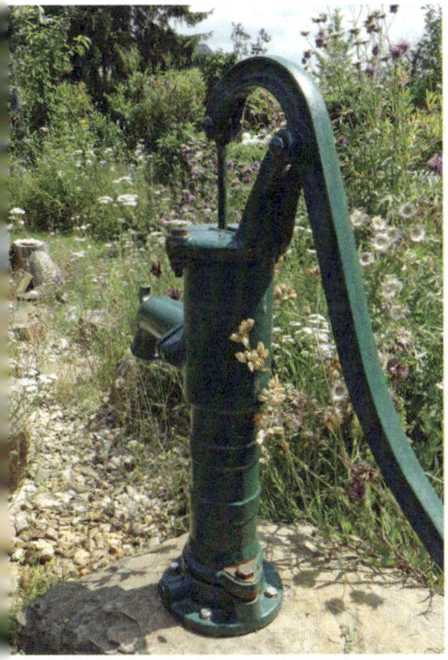

Kinderspiel: Balancieren und Klettern

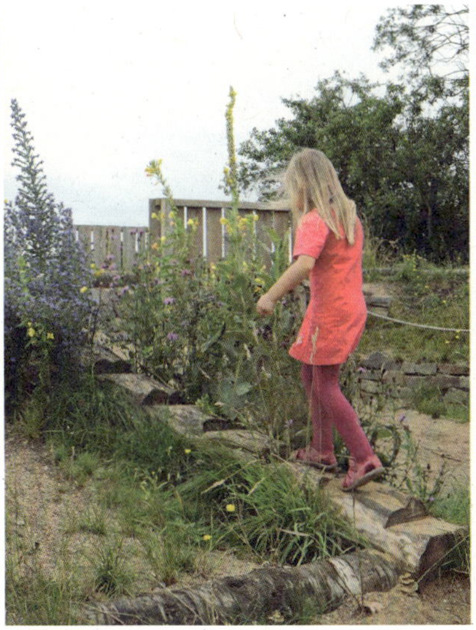

Kinderspiel: Rückzugsräume

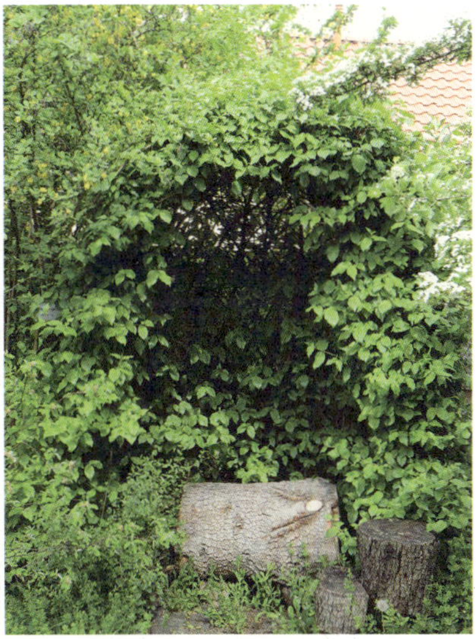

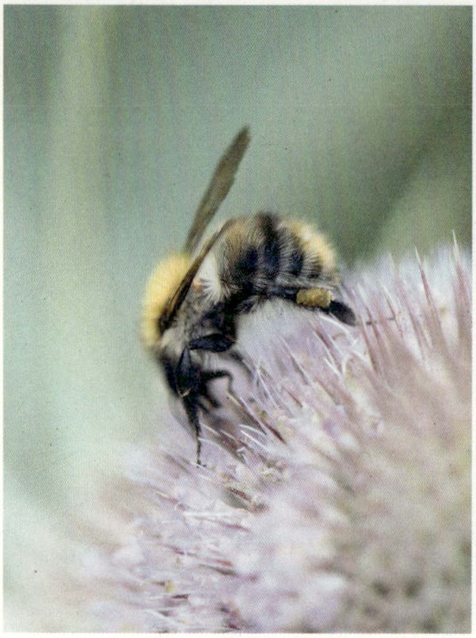

Nisthilfen: für Insekten

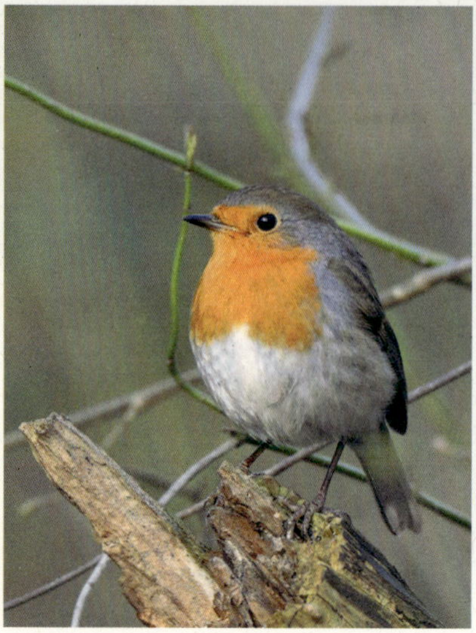

Nisthilfen: für Vögel

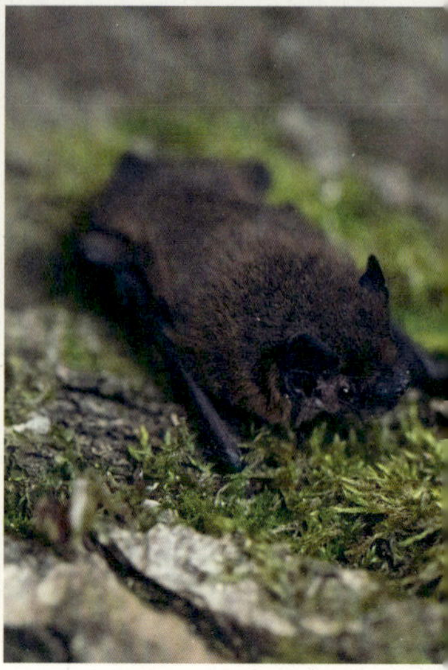

Quartier: für Fledermäuse

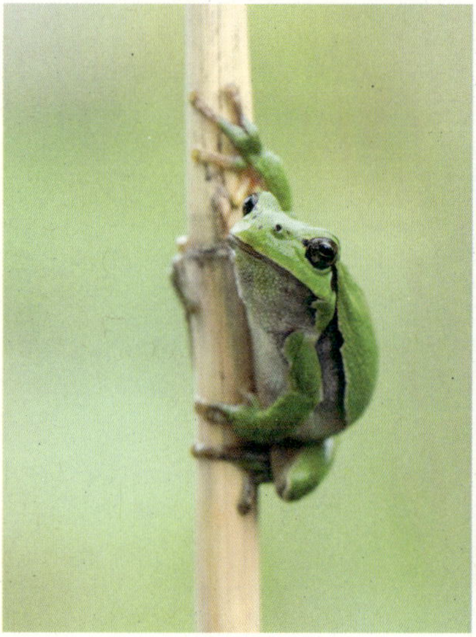

Quartier: für Amphibien und Reptilien

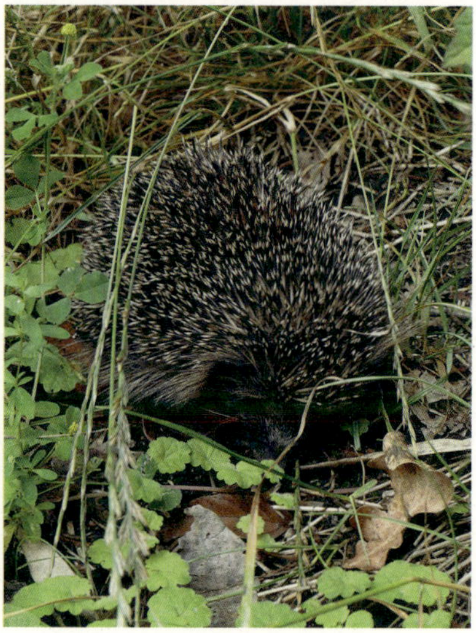

Quartier: für Igel

Die Bilder auf dieser Seite sollen Ihren Vorüberlegungen dienen (siehe Seite 12):
Was möchten Sie in Ihrem Garten erleben?
Welche Funktionen soll Ihr Garten erfüllen?

Jetzt sind Sie schon einen großen Schritt weitergekommen. Nun geht es darum, Funktionen und Erlebnisse, die ganz oben auf Ihrer persönlichen Hitliste stehen, im Garten Wirklichkeit werden zu lassen. Und damit der Garten nicht nur Funktionen erfüllt, also nützlich ist, sondern vor allem durch seine Schönheit das Herz seiner Nutzer erfreut, geht es jetzt darum, sich auf das Wichtigste zu konzentrieren und diese Funktionen in ein schönes und schlüssiges Gestaltungskonzept einzubinden. Durch kleine Gestaltungstricks kann der Garten dann sogar größer erscheinen, als er ist. Tipps und Tricks finden Sie ab Seite 28.

Eine gute und sorgfältige Gestaltung ist aber auch wichtig, weil wir im kleinen Garten nichts verstecken können, was in größeren Gärten hinter Hecken und Sträuchern verschwindet: Mülltonnen, Säcke mit Blumenerde, leere Töpfe und Eimer fallen auf übersichtlichen Flächen genauso ins Auge wie Blumenbeete und Wasserspiel.

Je kleiner die Fläche, desto mehr springen bunte Plastikgeräte ins Auge.
Andererseits wird auf diesem Bild deutlich, dass eine eher ungewöhnliche Gestaltung, hier der runde Vorplatz vor der Haustür, einiges an herumliegenden Lebenszeichen erträglich macht.

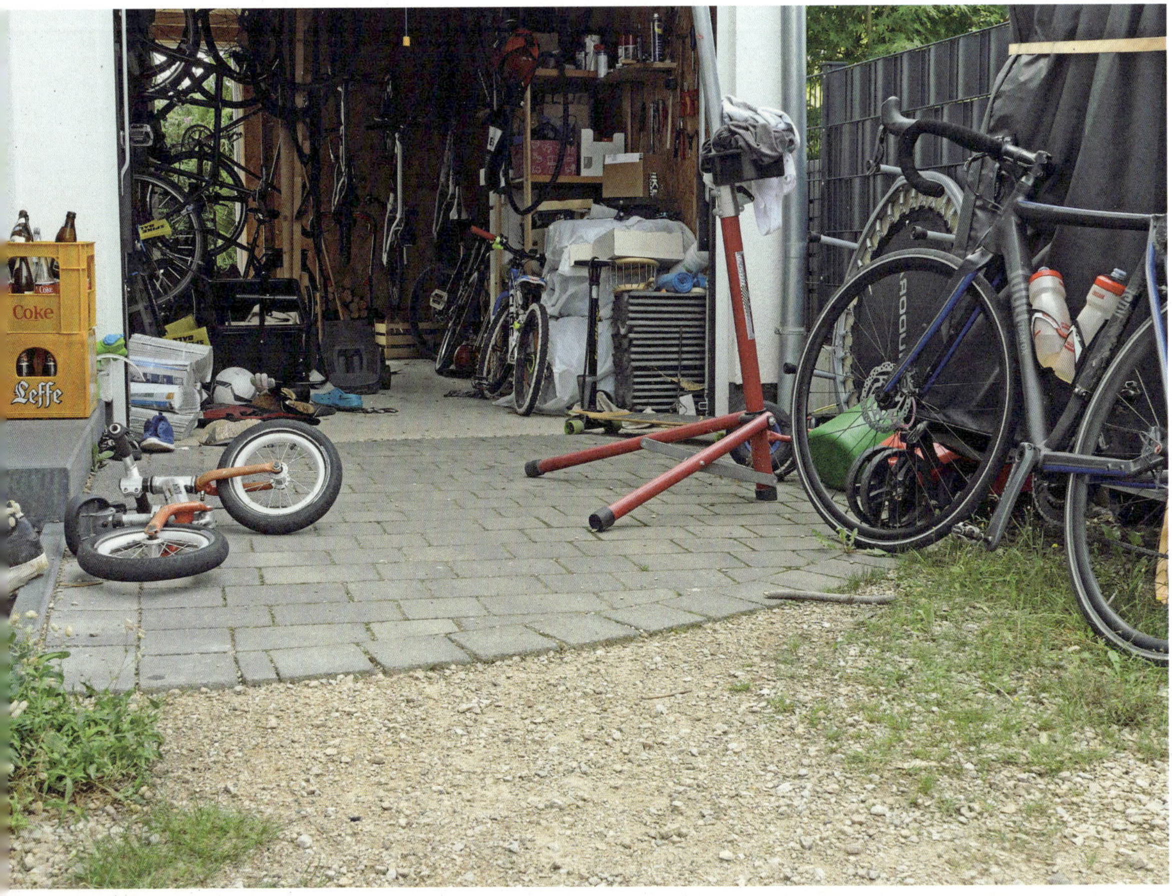

Die Suche nach der »eierlegenden Wollmilchsau«

Mehrfach nützlich

Im naturnahen Garten versuchen wir, aus allem, wirklich allem, einen Lebensraum zu machen, also auch aus Bereichen, die meist ziemlich lebensfeindlich gestaltet werden, wie Dächer, Wände, Zäune, Wege und Plätze. Naturgärtnerinnen und Naturgärtner sind also geübt darin, mehrere Wünsche auf einer Fläche zu erfüllen. »Multifunktionalität« ist das dazugehörige Schlagwort. Flächen mehrfach nützlich zu gestalten, erhöht die Freude am kleinen Garten. Da kann eine begrünte Mülltonneneinhausung Teil der Einfassung eines Vorgartens werden (siehe Seite 85), damit dort ein geborgenes kleines Gärtchen entsteht. Der Carport wird ein Freiluftturnraum (siehe Foto Seite 13), Spalierobst bietet Sichtschutz, ein Schaukelgerüst ist die Raumgrenze eines kleinen Sitzplatzes (siehe Seite 45), der Auffangbereich unter einer Schwengelpumpe dient als Vogeltränke (siehe Foto unten links) ...

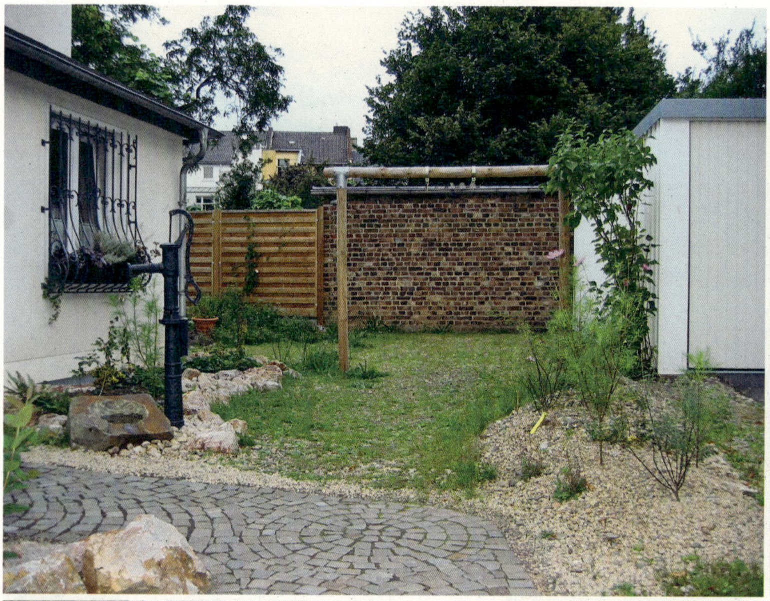

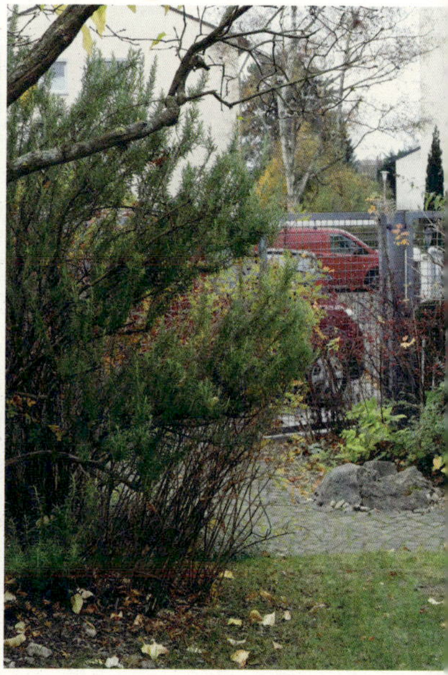

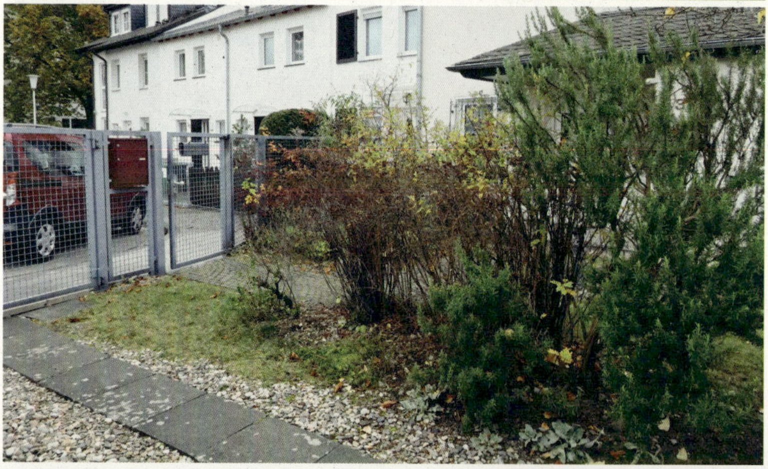

Fotos aus dem Vorgarten der jungen Familie, Gartenplanung links: Durch den flachen Kalkschotterhügel rückt die Garageneinfahrt in den Hintergrund. Das Schaukelgerüst wirkt wie eine Pergola. An der Straße schafft eine kleine Hecke aus Alpen-Heckenrose, Ilex und Berberitze Sichtschutz.

Der Familiengarten im Vorgarten

Dieser jungen Familie steht nur der Bereich des Vorgartens im Nordosten des Hauses als eigener Garten zur Verfügung. Trotzdem soll dort ein geborgener Raum entstehen, wo auch die Tochter spielen kann. Die Garageneinfahrt wird durch einen flachen Kalkschotterhügel in den Hintergrund gerückt. Der Hügel bekommt relativ viel Sonne und ist mit Rosmarin, Bibernellrosen und Schwarzwerdendem Geißklee bepflanzt. An der Straße schafft eine kleine, freiwachsende Hecke mit Alpen-Heckenrose, Berberitze und Ilex Sichtschutz, die im Herbst ein zweites Mal in den Gelb- und Orangetönen der Herbstfärbung aufleuchtet. Bis auf ein kleines Beet vor dem Küchenfenster wird die gesamte Fläche als Blumenschotterrasen angelegt, sodass hier auch größere Gruppen an Tischen draußen sitzen können. Das Schaukelgerüst wirkt wie eine Pergola und schafft einen geborgenen Raum für den Hauptsitzplatz. Die Kinder können an der Schwengelpumpe, die auf dem Schachtdeckel der Regenwasserzisterne aufgeschraubt ist, Wasser zum Spielen holen. Ein schöner Grauwackefindling fängt verschüttetes Wasser auf und dient als Vogeltränke, wenn die Kinder gerade nicht im Garten spielen. Kräuter für die Küche wachsen an der besonnten Garagenwand und in einem kleinen Topfgärtchen im Süden des kleinen Sitzplatzes. Vom Sitzplatz aus ist die Sichtbeziehung zur Straße durch die verschiedenen Pflanzungen gut abgeschirmt.

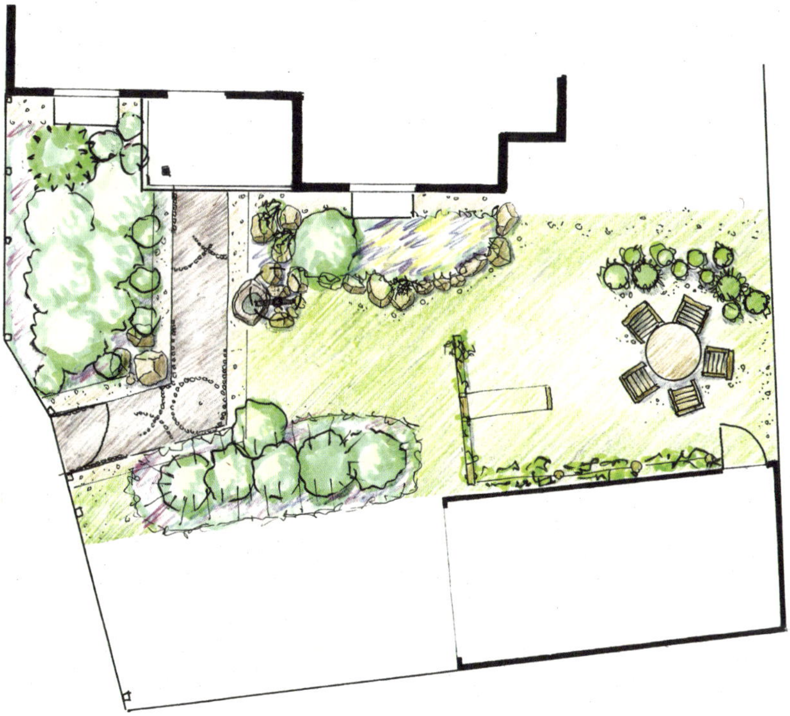

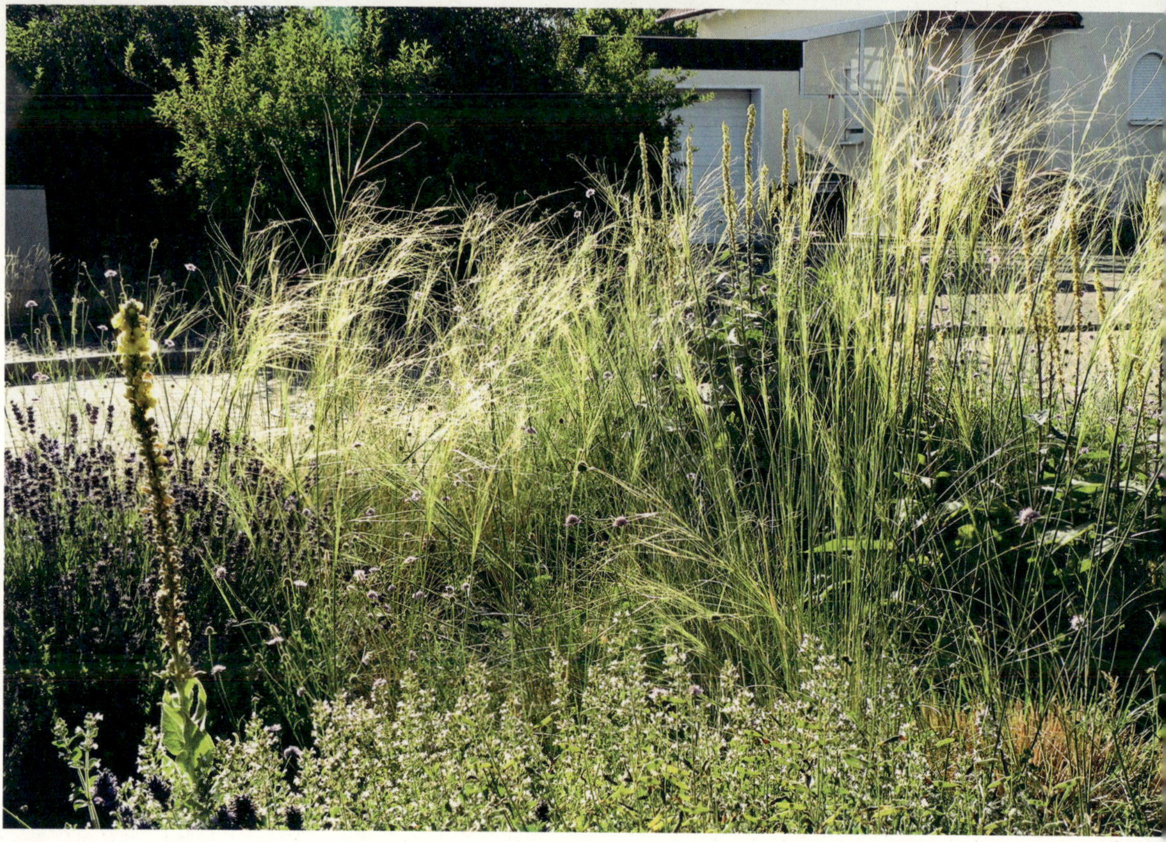

Öffentlich oder privat

Wer darf meinen Garten erleben?

Wir haben nun eine Idee davon bekommen, was wir in unserem Garten erleben wollen. Nun können wir uns mit der Frage beschäftigen, ob unser Garten eine kleine persönliche Naturoase werden soll oder ob er sich zu Nachbarn und Passanten hin öffnet. Meist ist es so, dass der Hauptgarten hinter dem Haus eher privat sein soll und der Vorgarten zum Straßenraum geöffnet ist. Der Garten vor der Haustür hat dann die Funktion einer Visitenkarte, mit der die Bewohner des Hauses zeigen, wer sie sind – selbst, wenn das nicht beabsichtigt ist. Manche Vorgärten öffnen sich auch komplett zur Straße, eine Gartengrenze ist nicht mehr richtig erkennbar. Diese Flächen werden dann Teil des öffentlichen Raumes.

Aber das muss nicht so sein. Auch vor dem Haus können Gartenräume geschaffen werden, die den Bewohnern des Hauses als Rückzugsraum dienen. Dazu werden dann Gestaltungselemente, die wir eher auf Gartenflächen an der Terrasse erwarten würden, vor dem Haus eingesetzt: Sitzplätze, die von der Straße nicht einsehbar sind, eine deutliche Markierung der Grundstücksgrenze mit Zaun und Tor. Bei solchen privaten Naturoasen direkt vor der Haustür ist es besonders wichtig, dass es keine direkte Blickbeziehung von der Haustür zum Tor im Zaun gibt. Nur so

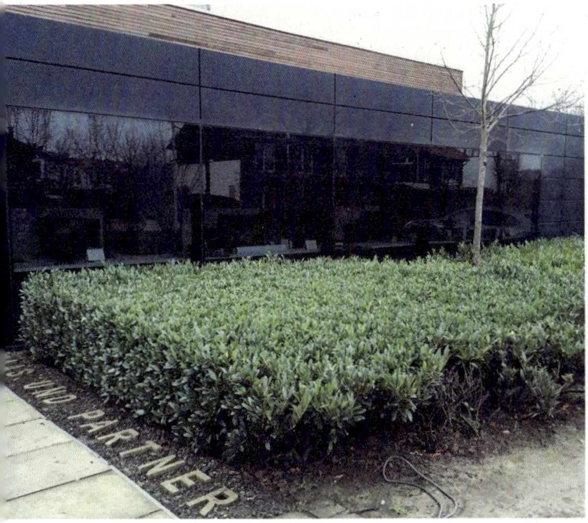

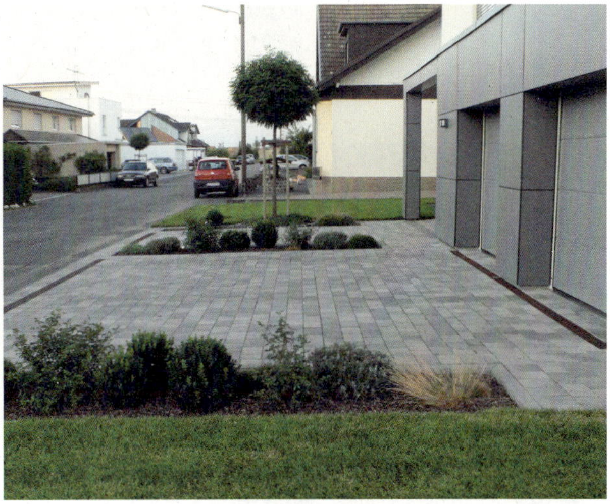

Bild oben links: Vorgarten als Teil des öffentlichen Raumes, naturfern begrünt
oben rechts: Vorgarten als Teil des öffentlichen Raumes, versiegelt
rechts: Ein gut einsehbarer Vorgarten ist eine Visitenkarte.

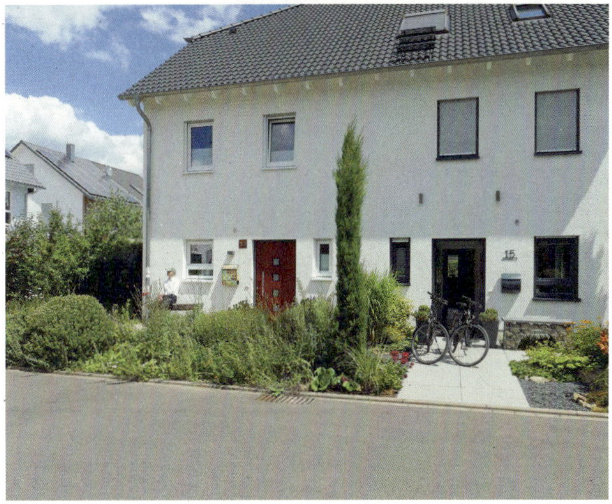

nks: Vorgarten als Teil des öffentlichen Raumes,
nah begrünt

entsteht das Gefühl: »Ich trete in meinen Garten«. Wenn ich von der Haustür direkt auf das und meist auch durch das Tor sehen kann, dann bin ich vor der Haustür auf der Straße, im öffentlichen Raum, selbst wenn ein Grünstreifen dazwischen ist.

Aber nicht nur Ruhezonen sind vor der Haustür möglich, auch Spielgärten oder Nutzgärten können dort angelegt werden, wenn an anderer Stelle kein Platz dafür ist oder die Bedingungen schlecht sind, zum Beispiel weil der Garten hinter dem Haus schattig ist und die Tomaten dort schlicht zu wenig Licht bekommen, also verhungern würden.

Je kleiner der Garten ist, desto mehr wird er eine Fläche, in der ich mich vielleicht gar nicht mehr regelmäßig aufhalte. Das sind dann Gärten zum Anschauen, die wie ein gebautes und gepflanztes Bild gestaltet werden können. Aber dies Bild lebt und verändert sich von Minute zu Minute, von Stunde zu Stunde, von Tag zu Tag. Das Fenster in den Garten wird dann zum Bildschirm. Bei der Gestaltung solcher Bildergärten sind die ab Seite 38 beschriebenen Tricks besonders hilfreich, denn diese Minigärten werden immer nur aus einer Perspektive betrachtet.

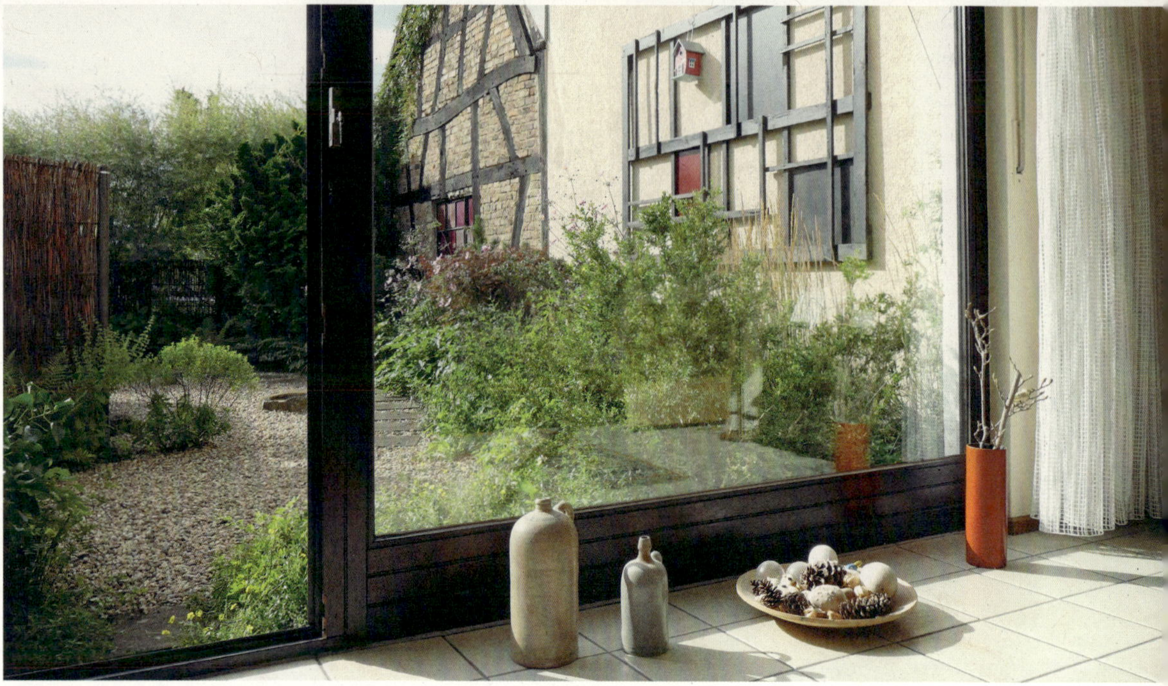

Viele kleine Gärten sind ein lebendiges Bild vor dem Wohnzimmerfenster und sollten auch für diesen Bilck von innen nach außen gestaltet werc

Gerade bei sehr kleinen Grundstücken hinter dem Haus bekommen alle Nachbarn einen Garten, der sich viel größer anfühlt, als er ist, wenn auf starre Grenzen verzichtet werden kann. Natürlich kann das dazu führen, dass meine Nachbarin dann plötzlich in »meinem« Garten steht. Schön ist das nur, wenn der plötzliche Besuch eine positive Überraschung ist, ein freundschaftliches Nachbarschaftsverhältnis ist also die Voraussetzung für solche Gartenkonzepte.

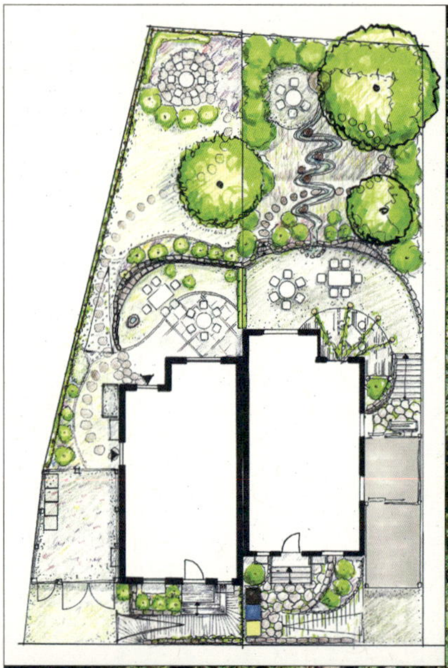

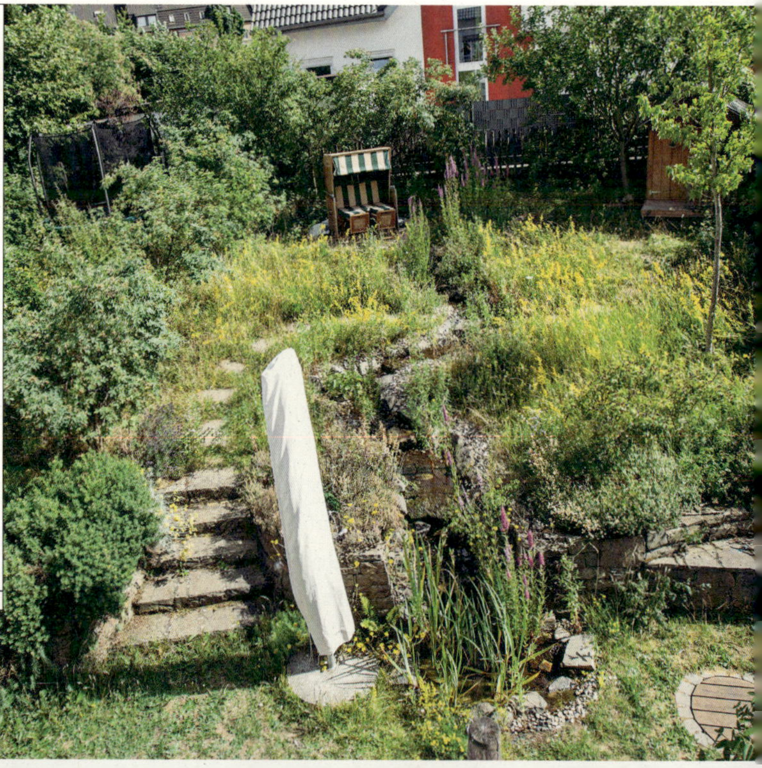

Auch von oben gesehen, lädt die vielgestaltige Mini-Landschaft dieses Gartens zum Betrachten ein.

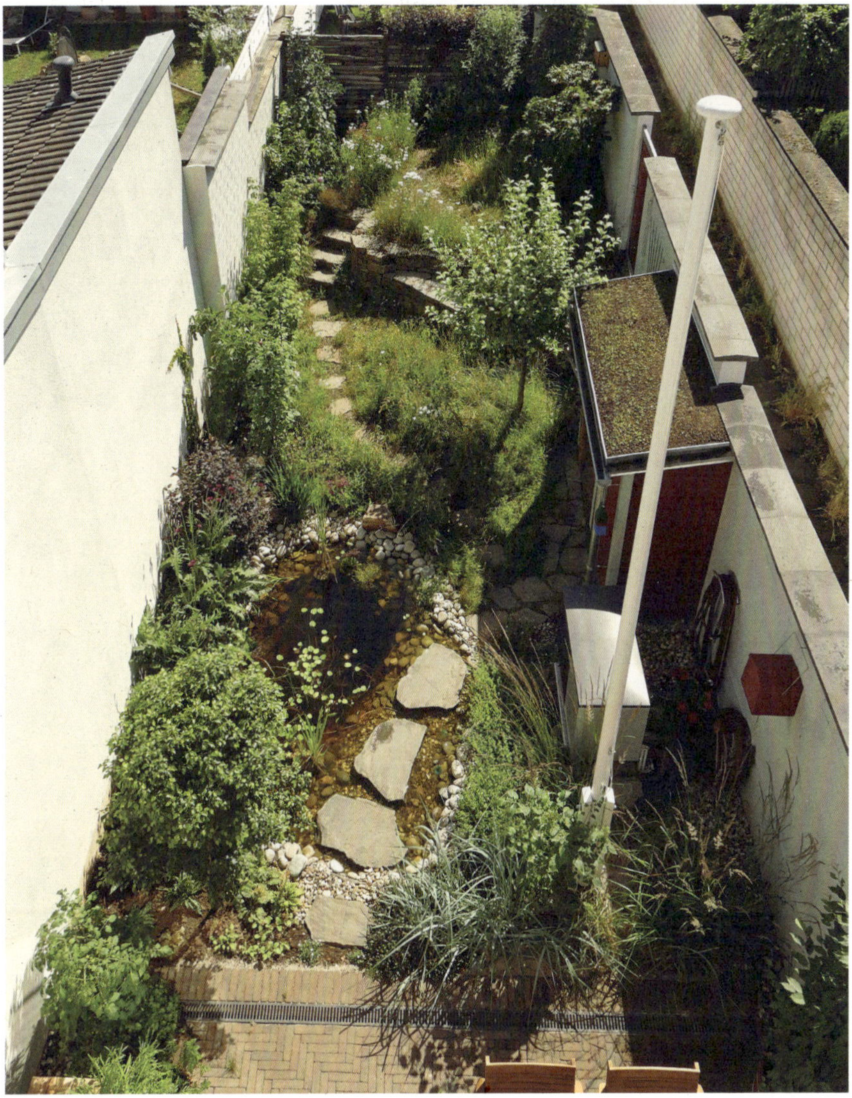

Manchmal erstreckt sich die Wohnung über mehrere Stockwerke. Dann wird der Garten auch von oben, fast aus der Vogelperspektive, betrachtet. Harmonische Flächenaufteilung und eine spannende Linienführung fallen besonders ins Auge und schaffen auch von oben ein schönes Bild. Gute Gestaltung bewirkt oft die erwünschte Gartenstimmung, ohne dass sich das dem Betrachtenden aufdrängt. Von oben betrachtet, wird der hinter der Gartenstimmung liegende Plan offensichtlich. In den Schlossgärten des Barock ist dieser Effekt genutzt worden, indem man die Muster der Beete und die Muster der Tapeten in den Räumen, aus denen sie betrachtet wurden, ähnlich gestaltete. Wenn Gärten von oben betrachtet werden, ergeben sich spannende Möglichkeiten, verschiedene Ebenen zusammenzubinden. So kann man Linien, die den Garten gliedern, auf einer anderen Ebene, zum Beispiel auf einer Dachbegrünung, die auch von oben einsehbar ist, weiterlaufen lassen.

Bild links: Kann auf starre Grenzen zwischen zwei Grundstücken verzichtet werden, bekommen die Bewohner einen Garten, der sich viel größer anfühlt.

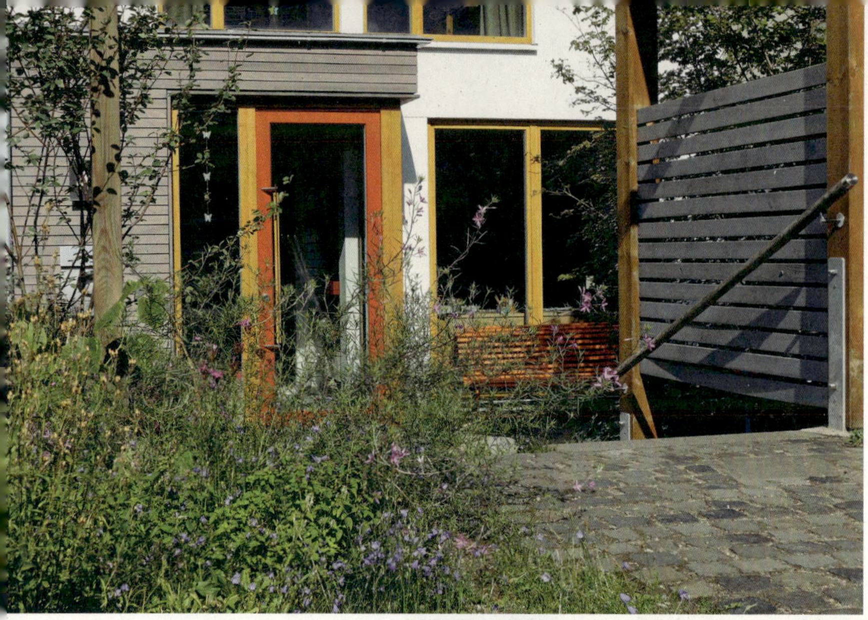

Der Höhenunterschied und Mehrfachnutzungen machen es möglich ...

Auf 80 Quadratmetern finden sich ein Stellplatz, ein Carport, ein Mülltonnen- und Fahrradunterstand ...

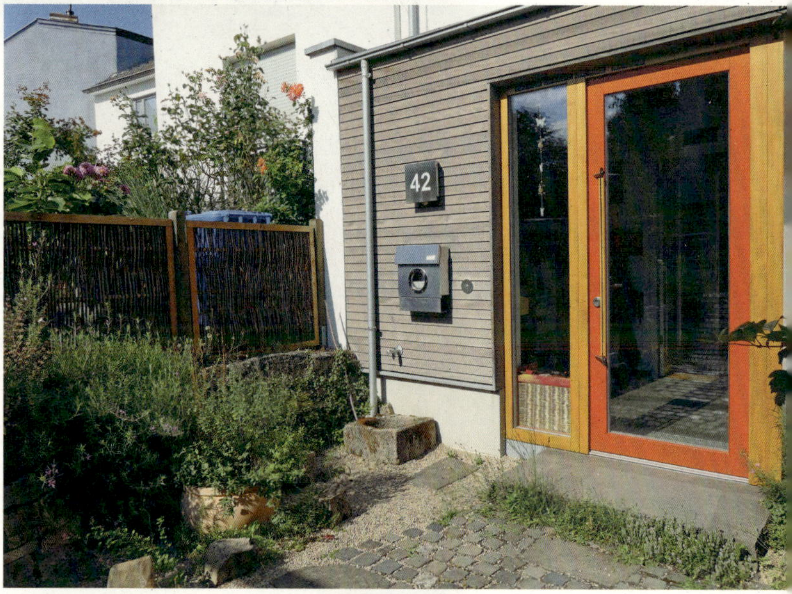

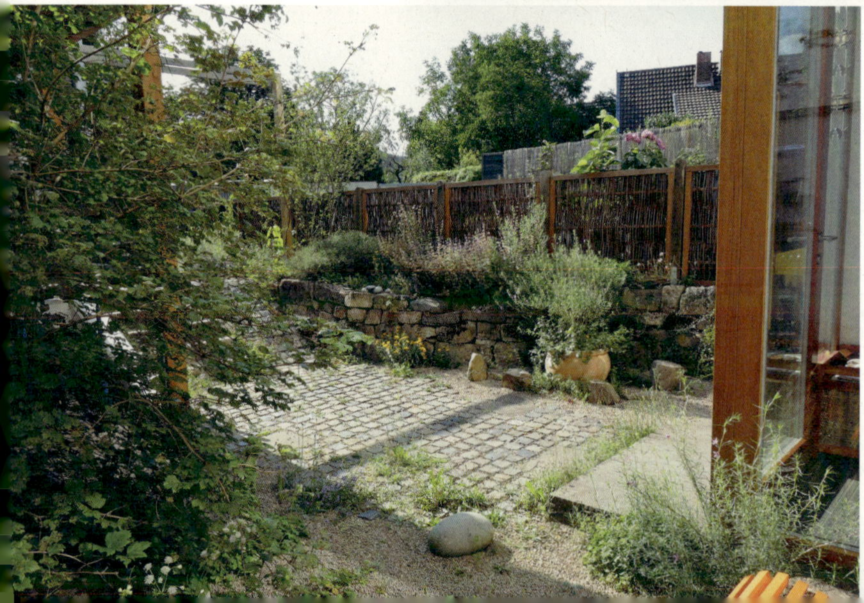

... und ein lauschiger Garten.

Höhenunterschiede helfen, lauschige Räume zu schaffen

Dieser Vorgarten erfüllt alle notwendigen Funktionen: Ein Carport, Stellplätze für Mülltonnen und Fahrräder, und trotzdem ist er ein lauschiges Gärtchen, in dem sich Familienmitglieder und Gäste zu einem gemütlichen Plausch treffen können. Der Höhenunterschied zwischen Straße und Eingangstür wurde für eine deutliche Raumkante zwischen öffentlichem und privatem Raum genutzt. Trockenmauern, eine Vogeltränke und zahlreiche einheimische Wildpflanzen sorgen für spannende Naturbeobachtungen.

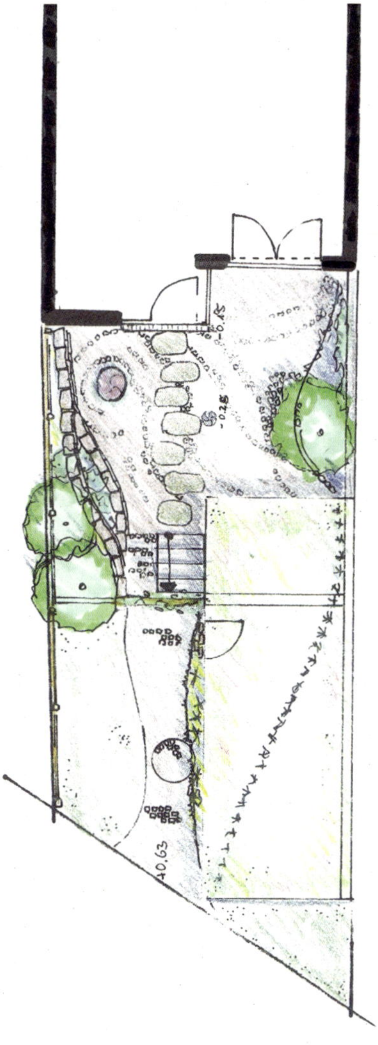

Trotz vieler Funktionsflächen entstand hier zwischen Haus und Straße ein lauschiger Garten: und zwar auch von oben betrachtet, denn das Dach des Carports mit Unterstand für Mülltonnen und Fahrräder wurde begrünt.

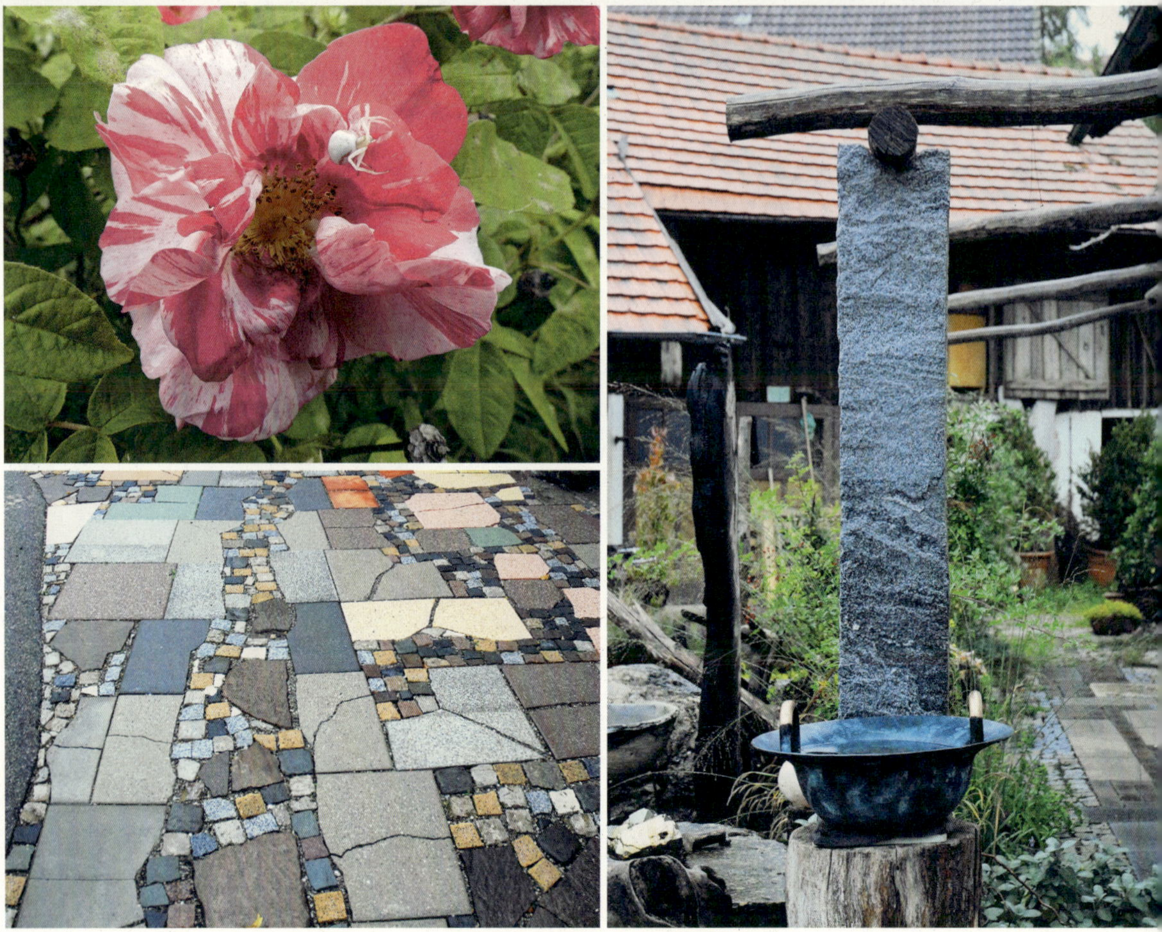

Hingucker: außergewöhnliche Pflanzen wie die Essigrose 'Versicolor', Verlegemuster wie das spannende Recyclingpflaster von Christof Wegner oder Materialien wie Granitstelen und Wasserspringschale

Weniger ist mehr

Materialwahl

Auch bei den Materialien für den Garten geht es um Konzentration, damit ein schönes und ruhiges Gartenbild entsteht. Weil die Fläche nicht riesig ist, dürfen wir aus der ganzen Vielfalt aussuchen, aber wir sollten uns dabei auf wenige Materialien beschränken. Der Vorteil: Materialien, die in großen Gärten oft nicht in Frage kommen, weil sie zu teuer sind, sind in kleinen Gärten eher finanzierbar, weil man nicht so viel davon braucht. Das sind zum Beispiel: handwerklich hergestellte Mülltonneneinhausungen mit Dachbegrünung, handwerklich hergestellte Sichtschutzelemente und Zäune, Teiche und Wasserspiele, aufwendige Wegebeläge wie Natursteinpolygonalplatten mit gestalteten Intarsien, Natursteinpflaster in aufwendigen Verlegemustern, Trockenmauern aus Naturstein oder seltene und hochpreisige Pflanzen.

Checkliste Materialien

Wege
- Natursteinpflaster in der Passée
- Wildverband
- Reihenverband
- Kreativpflaster
- Segmentbogen
- Intarsien

Wegebelag: Platten
- Polygonalplatten
- Bahnenware
- Betonplatten naturnah
- Recycling-Betonplatten

Wegebelag: Klinker
- Parkettverband
- Fischgrätverband
- Reihenverband
- Intarsien aus glasiertem Klinker

Wegebelag: Betonpflaster
- Betonpflaster Arena
- Betonpflaster mit Natursteinintarsien

Mauern
- Trockenmauersitzbank
- Hochbeet aus Trockenmauer, Holz oder Metall
- Trockenmauer als Grundstücksgrenze

Wasser
- Vogeltränke
- Wasserspiel
- Bachlauf
- Weg durchs Wasser

Sichtschutz und Zäune
- Geflochten
  – totes Material
  – lebendes Material
- Holz:
  – aus versetzten Halbhölzern
  – aus versetzten Kanthölzern
  – aus versetzten Brettern
  – Lattenzaun, traditionell
  – Kastanienspaltholzzaun
- Krustenplatten
- Metall:
  – Metallplatten
  – Metallstabzaun, traditionell
  – Metallgitterzaun, berankt
  – Maschendrahtzaun, berankt
- Rahmen, mit Holz gefüllt
- Rankhilfe Robinie-Draht
- Spalier
- Gabionen, bepflanzt

Spielgarten
- Findlinge und Klettermauern
- aus Holz gestaltete Klettertiere
- Spielhaus
- Sand und Matschflächen
- Carport, multifunktional als Spielraum

Gartenschränke und Gartenhütten

Lauben und Sitzbänke
- Philosophenbank
- Sitzstamm
- Pergolen und Rankbogen
  – aus Holz
  – aus Metall

Kleine Gärten ganz groß

Wie ein kleiner Garten durch Gestaltung und optische Tricks spannend und groß erscheint

Diagonalen betonen

Kleine Gärten werden oft aus dem Haus oder von einem Sitzplatz im Garten aus betrachtet, denn viel Platz zum Bewegen gibt es nicht. Damit der Garten attraktiv wirkt, sollte er tatsächlich den Blick der Betrachtenden anziehen und möglichst lange halten – nichts anderes ist die wörtliche Übersetzung von »attraktiv«. Die meisten Gärten haben eine mehr oder wenige rechteckige Form. Um den Blick anzuziehen und zu halten, sollten dem betrachtenden Auge möglichst lange Linien geboten werden, an denen entlang es »wandern« und den Garten erforschen kann. Wie komme ich in einem Minigarten zu einer solch langen Linie? Da gibt es einen einfachen Trick. Am besten wird der Blick des Betrachters diagonal durch den Garten geführt, denn bei einem Rechteck ist die Diagonale immer länger als die Seiten. Strukturen, die das Auge führen können, sind zum Beispiel: Beeteinfassungen, Wege, Mauern, aber auch einfach Blickbeziehungen, die dadurch entstehen, dass sich am Endpunkt der Diagonale ein attraktives Gartenelement befindet. Das kann zum Beispiel eine besonders schöne Pflanze sein, ein kreativ gestaltetes Kunstwerk oder eine Sitzbank.

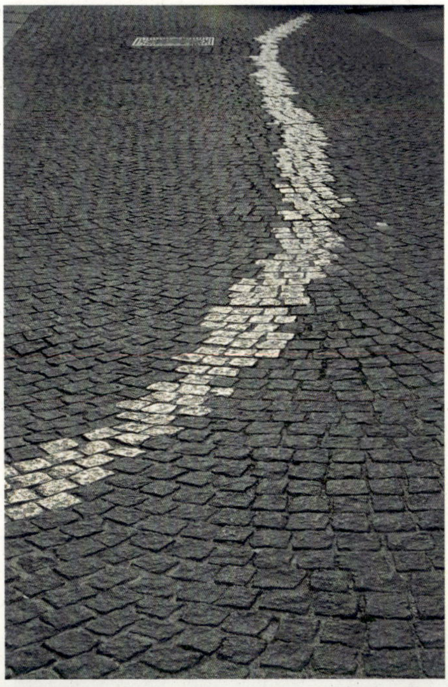

Noch länger wird der Weg für das Auge, wenn die Linienführung entlang der Diagonale geschwungen verläuft, denn je länger die Linie ist, desto größer wirkt der Garten. Elegant geschwungene Linien werden »Linien der Schönheit« (»line of beauty«) genannt und sind seit dem achtzehnten Jahrhundert

»Line of beauty« als Mahnmal in der Viscardigasse in München (links unten), im Landschaftspark von Muskau (rechts unten) …

ein bewusst eingesetztes Mittel in künstlerischen Gestaltungen. Die sogenannten »Englischen Landschaftsparks« sind voll davon, aber auch in manchen modernen Gebäuden oder in Werken der bildenden Kunst finden sich solch sanft geschwungene Linien und Formen wieder.

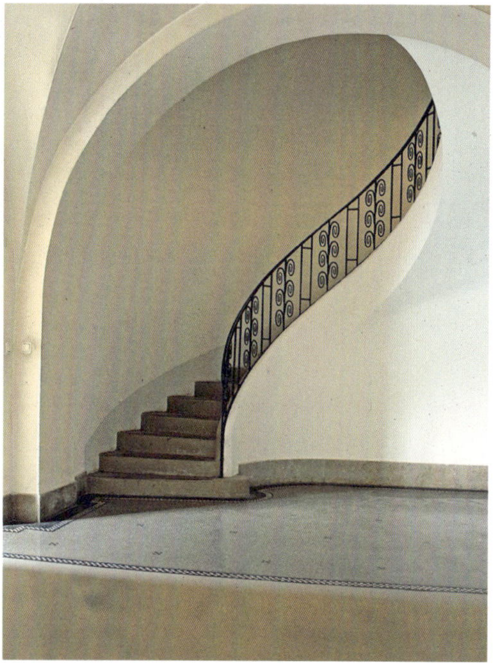

... und im Treppenhaus der Ludwig-Maximilians-Universität in München

Diagonale betonen

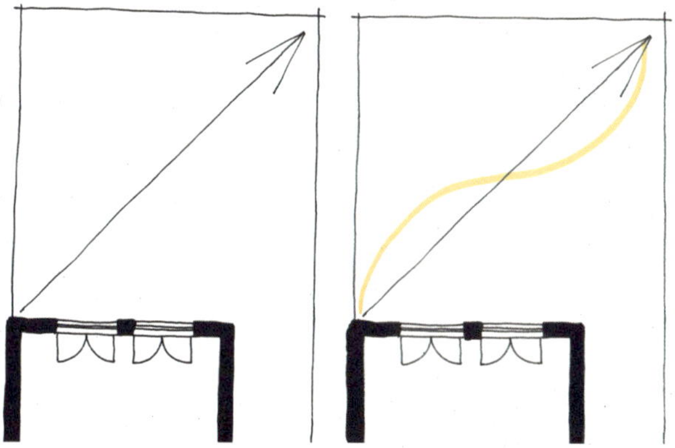

»Linie der Schönheit«, »line of beauty«

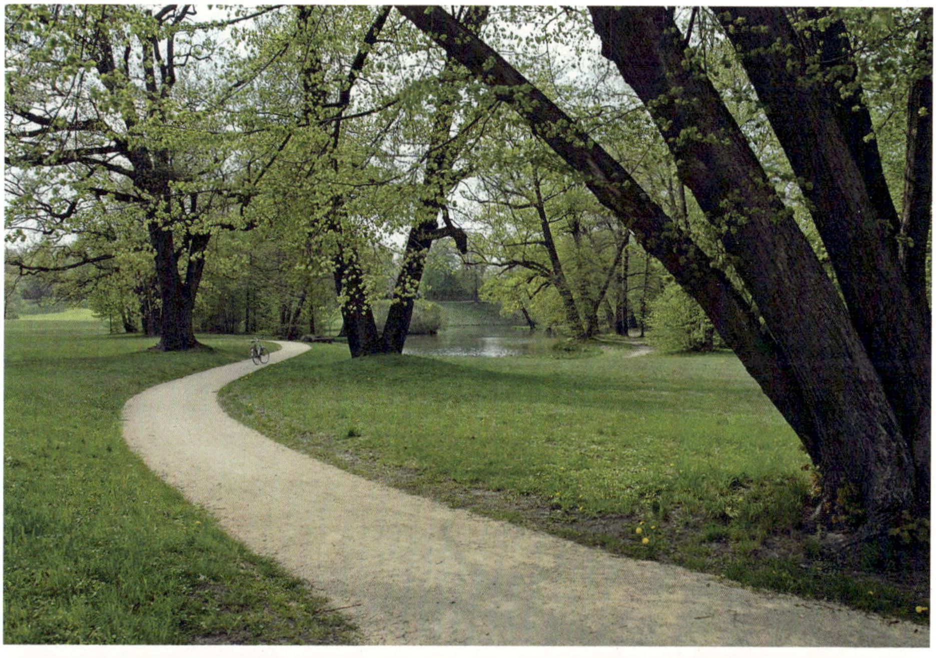

Diagonale als Gestaltungsprinzip

Weite in einem eng bebauten Gebiet durch Betonung der Diagonalen, das verwirklicht ein Projekt meiner Kollegin Barbara Noga, www.garten-design-noga.de

In diesem Garten sind es von der Terrasse bis zur nächsten Anliegerstraße nur wenige Meter. In allen Strukturen des Gartens, der in einem spannenden Kontrast zwischen organischen und geraden Formen angelegt wurde, werden die beiden Diagonalen betont: Das Klinkerpflaster wurde in einem diagonalen Reihenverband verlegt und auch die Begrenzung des Holzdecks am Ende einer der beiden Diagonalen nimmt diese Linienführung auf. Einige Hochstämme und eine Bepflanzung mit hohen Stauden auf der »Insel« schaffen Sichtschutz. So gibt es in dem Garten zahlreiche Plätze, wo die an einen Meeresstrand erinnernde Weite erlebt werden kann. Kleine, an Badehäuschen erinnernde Schränke verstärken diesen Eindruck.

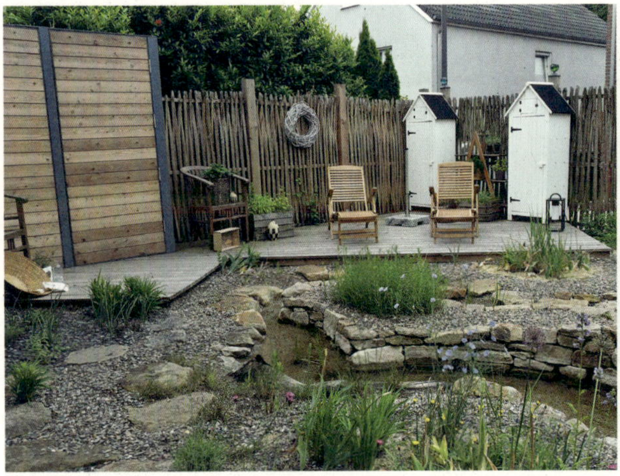

Blick auf die Holzterrasse

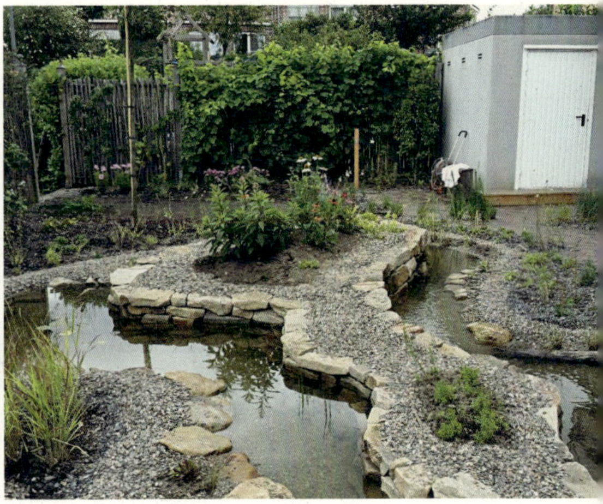

Blick von der Terrasse auf Bachlauf und Insel

Sichtschutzinsel kurz nach der Bepflanzung

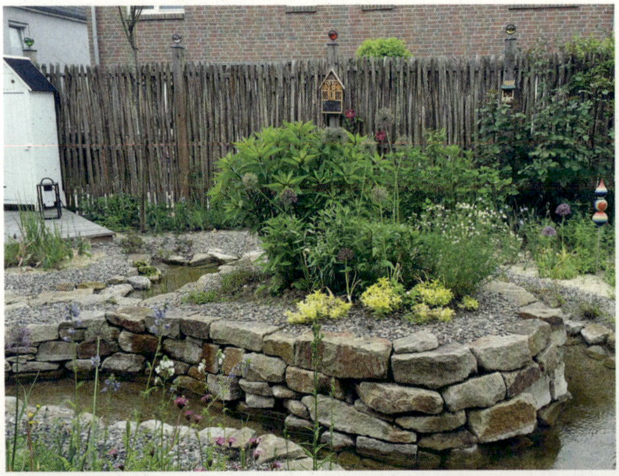

Sandinsel mit Hängematte

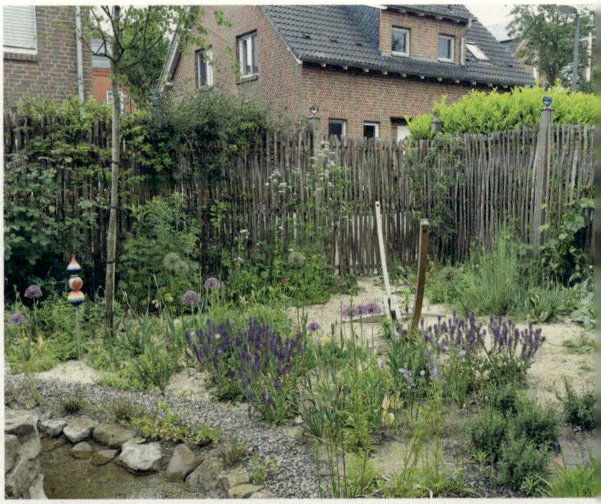

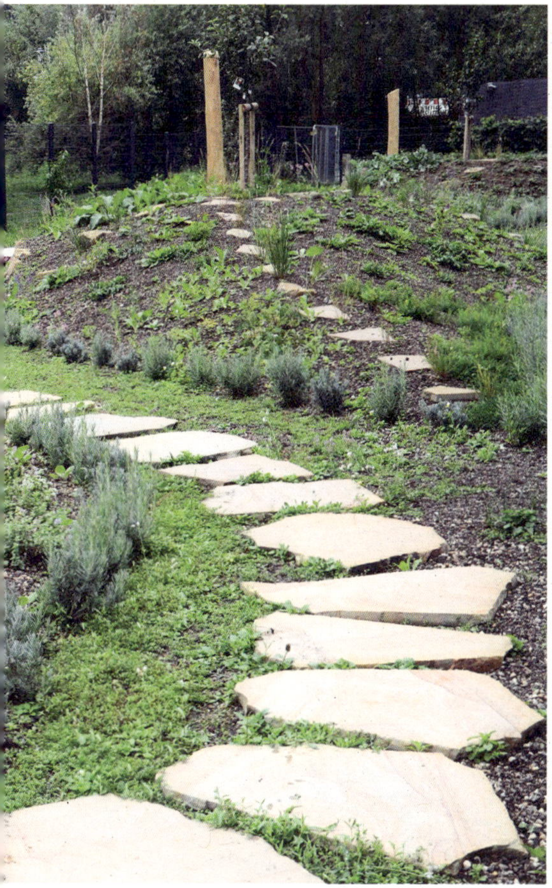

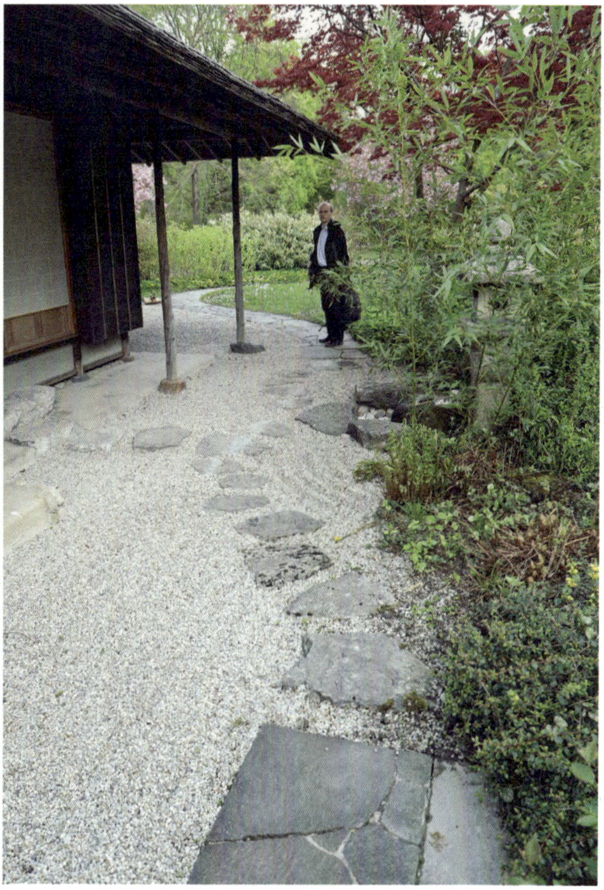

Achtsamkeitswege wie im Außengelände von Mitsubishi Electric in Ratingen (links) oder am Japanischen Teehaus im Englischen Garten in München (rechts) laden ein, bewusst und langsam zu gehen.

Achtsamkeitswege

Je länger ich brauche, um einen Weg entlang zu gehen, desto mehr kann ich erleben. Das kann einmal dadurch erreicht werden, dass der Weg länger ist als unbedingt nötig. Eine weitere schöne Möglichkeit besteht aber auch darin, den Weg so zu gestalten, dass er nicht einfach so unbesehen zu begehen ist. Unregelmäßige aus dem Boden ragende Polygonalplatten oder ein unebener Wegebelag sind schöne Möglichkeiten, das achtsame Wandeln und Verweilen zu fördern.

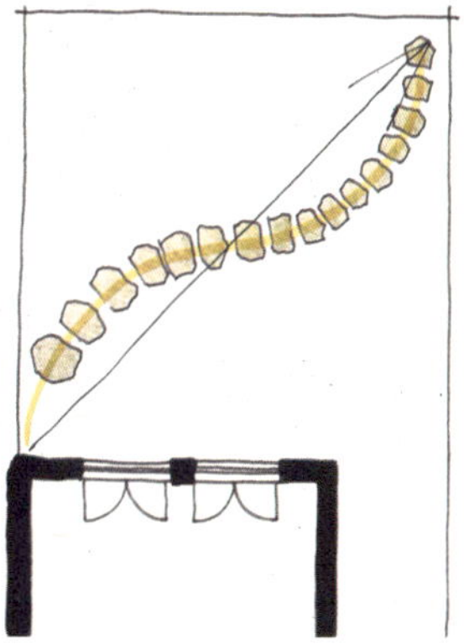

Achtsamkeitsweg

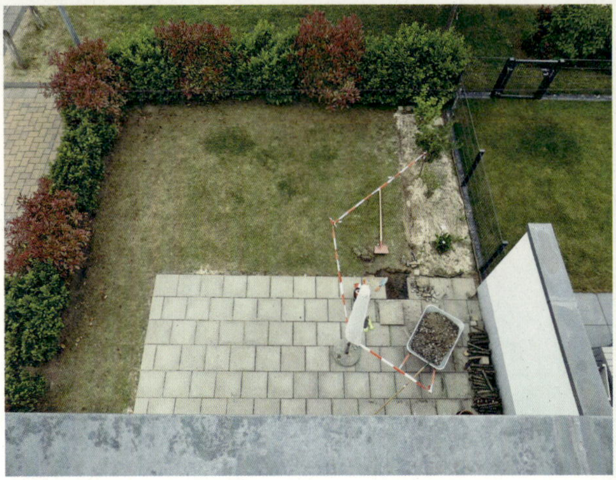

Der Garten vor der Neugestaltung

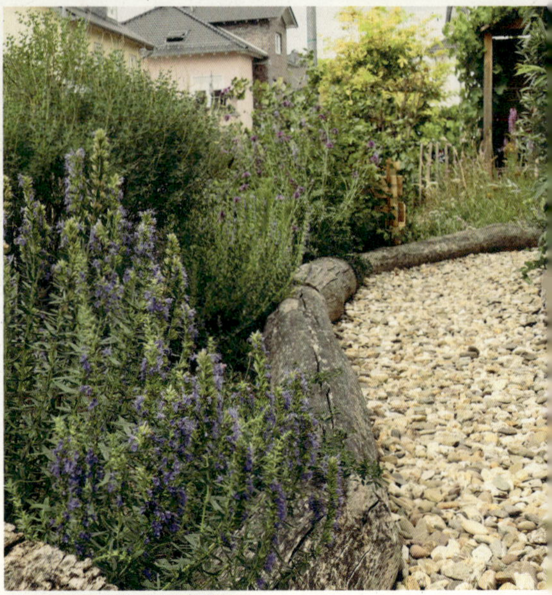

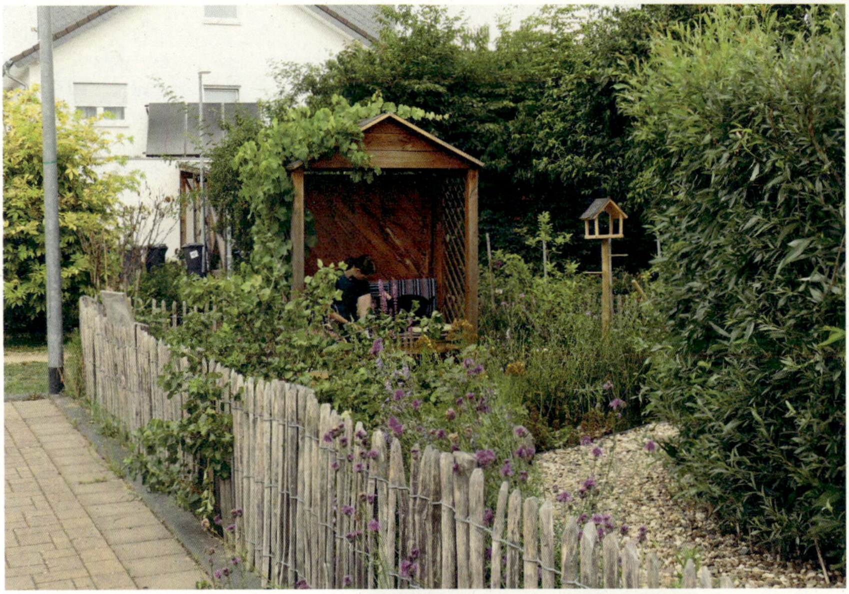

Der schmale Steifen am Haus wird durch liegende Baumstämme in einzelne Bereiche gegliedert.

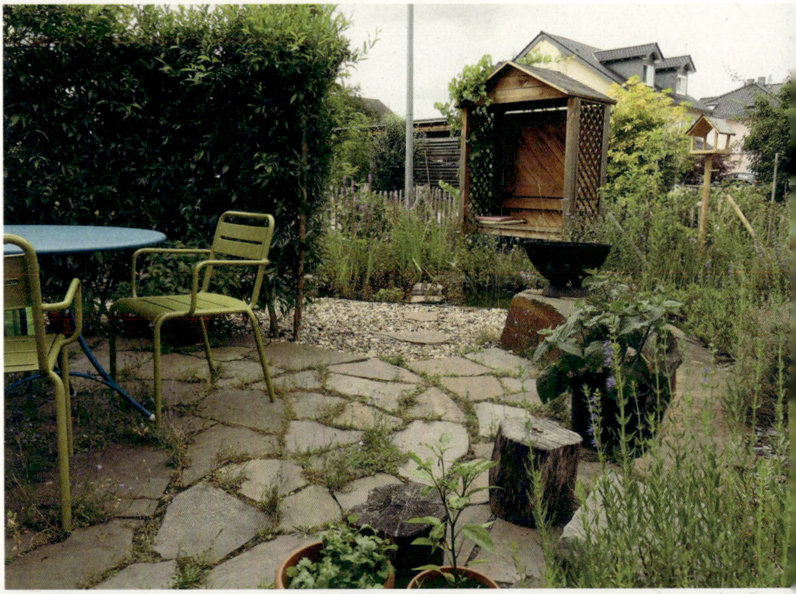

Geborgener Sitzplatz am Teich mit Blick auf die »Philosophenbank«

Auf jeden Fall ein Teich

Dieser Reihenhausgarten war nach dem Rasen-mit-Borte-Konzept angelegt worden: vor der Terrasse eine Rasenfläche, am Rand eine Hecke aus Glanzmispel und Kirschlorbeer. Die zehnjährigen Zwillinge der Familie wünschten sich sehnlich einen Teich in ihrem Garten. Aber wie passt ein Teich in einen Garten, der sieben Meter mal sieben Meter misst? Außerdem braucht die Familie natürlich eine Terrasse mit ausreichend Sichtschutz, Sträucher, eine Blumenwiese oder einen Blumenrasen, die Kinder wollen Obst ernten und für die Küche werden mediterrane Kräuter gewünscht.

Ein schmaler Teich oder – besser gesagt – ein Wassergraben wurde im Zentrum des Gartens angelegt. Er zieht alle Blicke auf sich und lenkt von der eng bebauten Reihenhausumgebung ab. Von der Terrasse zieht sich eine geschwungene Wegelinie diagonal durch den Garten und auch durch den Teich. Auf den Trittsteinen im Teich kann man stehen bleiben und das Leben im Teich beobachten. Von der »Philosophenbank« aus können die stolzen Teichbesitzer nun gut geschützt und entspannt ihren vielfältigen Teichgarten genießen. Der Polygonalplattenbelag wurde aufwendig verlegt, eine durchgehende Linie zieht sich spiralförmig hindurch und schwingt sich weiter ums Haus. Der Streifen am Haus ist nur zwei Meter schmal. Die leicht geschwungene Einfassung gliedert den Schlauch in einzelne Bereiche. Vor dem Fenster des Essplatzes gibt es einen dicken Baumstamm als Sitzgelegenheit. Dahinter wachsen drei Wacholder als Hingucker und zukünftiger Sichtschutz.

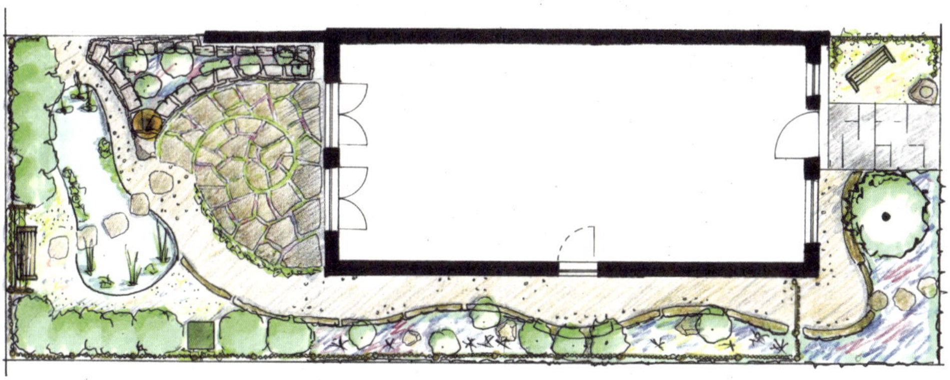

Aus einem konventionellen »Rasen mit Borte« wurde ein spannender Naturerlebnisgarten mit einem geborgenen Sitzplatz am Teich, einer »Philosophenbank« und kleinen Nutzgartenbereichen für Mini-Obstbäume, Beerensträucher, Mittelmeerkräuter im Trockenmauer-Hochbeet und Beeten für Salat und Gemüse.

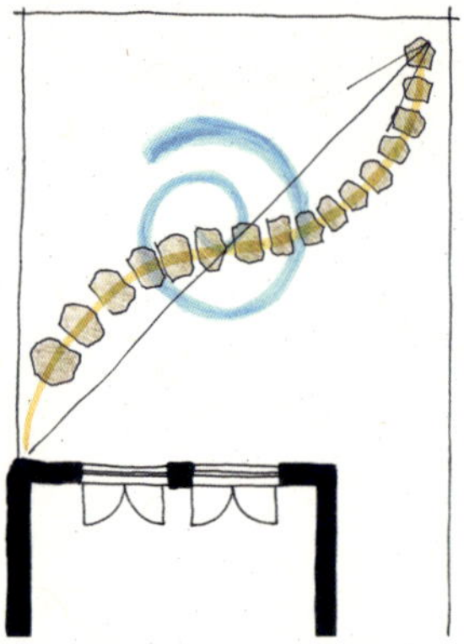

Die Grenzen unwichtig machen

Damit der Blick nicht gleich an der nahen Grenze des kleinen Gartens hängenbleibt, ist es wichtig, dass sich im Zentrum der Fläche ein besonders attraktives Gartenelement befindet. Schauen Sie einmal auf Ihre Prioritätenliste: Welches Erlebnis ist Ihnen besonders wichtig? Ist es ein Teich? Sind es Düfte, die der Nase schmeicheln? Ist es das Geräusch plätschernden Wassers und die Beobachtung badender Spatzen? Oder ist es die Möglichkeit, Wildbienen beim Nestbau zu beobachten? Je mehr uns das, was sich im Zentrum des Gartens befindet, interessiert und freut, desto länger wird es den Blick fesseln und die engen Grenzen in den Hintergrund rücken.

Das Davor und das Dahinter

Wenn die interessanten Elemente im Garten liegen und nicht an dessen Rändern (»Rasen mit Borte«), dann gibt es unweigerlich ein Davor und ein Dahinter. Das schafft Spannung und macht den Garten erlebnisreicher. Es gibt nicht nur Vordergrund, sondern auch Mittelgrund und Hintergrund. Die Linien im Garten können durch das Zentrum führen, so entsteht ein Weg zum Hauptgestaltungselement und darüber hinaus in die (gefühlte) Weite. Oder es gibt eine zweite Sitzgelegenheit am Ende des Weges, von der aus das Zentrum aus einem anderen Blickwinkel betrachtet werden kann.

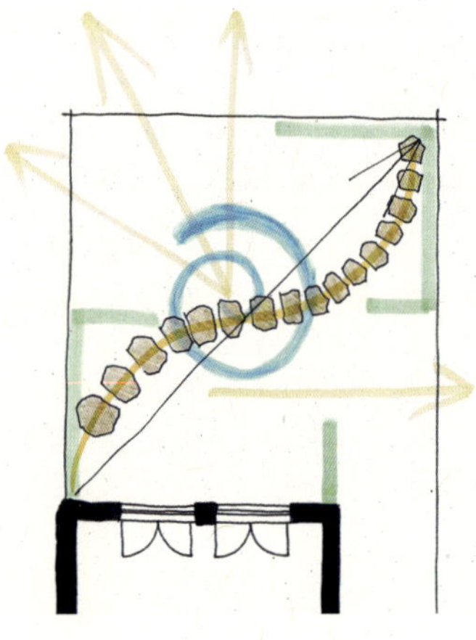

Sichtschutz an den zu schützenden Ort rücken

Ein kleiner Garten kommt meist nicht allein. In einer relativ dichten Bebauung haben oft alle Häuser kleine Gärten. Damit wir uns nicht beobachtet fühlen, ist Sichtschutz hier besonders wichtig. Nicht nur reale Menschenaugen werden als unangenehme Beobachter erlebt. Auch jedes Fenster wirkt wie ein Auge. Vom Aufenthaltsort aus, also wenn wir auf der Terrasse oder einem anderen Platz sitzen, sollten möglichst alle Fenster und Aufenthaltsplätze in den Nachbargrundstücken nicht zu sehen sein.

Meist wird der Sichtschutz an der Gartengrenze errichtet. Dadurch wird diese aber betont – was, wie wir gesehen haben, den Garten klein erscheinen lässt. Wenn wir den Sichtschutz jedoch an den zu schützenden Platz rücken, kann er niedriger ausfallen. Die Abbildung auf dieser Seite zeigt die einfache geometrische Beziehung, die dem zugrunde liegt. So ist es auch leichter, das Nachbarschaftsrecht einzuhalten, das oft die Höhe von Pflanzen in der Nähe der Grundstücksgrenzen beschränkt.

Sichtschutz muss nicht unbedingt blickdicht sein. Auch eine leicht durchsichtige Pflanzung oder Konstruktion schafft eine deutliche Raumgrenze und sorgt dafür, am Sitzplatz ein geborgenes Gefühl entstehen zu lassen.

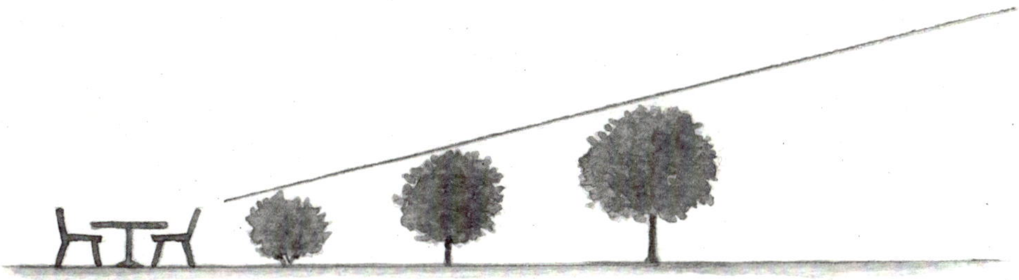

Je näher der Sichtschutz am zu schützenden Ort platziert ist, desto niedriger kann er sein.

Wie bestimme ich, wie hoch der Sichtschutz sein muss?

- Überlegen Sie, wo Sie sich länger im Garten aufhalten und wo Sie Sichtschutz brauchen.
- Nehmen Sie die Körperhaltung ein, in der Sie sich auf diesem Platz aufhalten werden. Setzen Sie sich dort auf Ihren Lieblingsgartenstuhl.
- Schauen Sie, welche Fenster Sie von diesem Platz aus sehen und wo Sie Passanten auf nahegelegenen Wegen sehen.
- Jetzt brauchen Sie einen Helfer oder eine Helferin, der oder die sich mit einem Meterstab dorthin stellt, wo Sichtschutz gebaut oder gepflanzt werden kann.
- Sie können nun peilen, wie hoch der Sichtschutz sein muss. Wenn Sie selber die Oberkante der Fenster nicht mehr sehen können oder die Köpfe der Passanten, dann wird der Platz uneinsehbar.

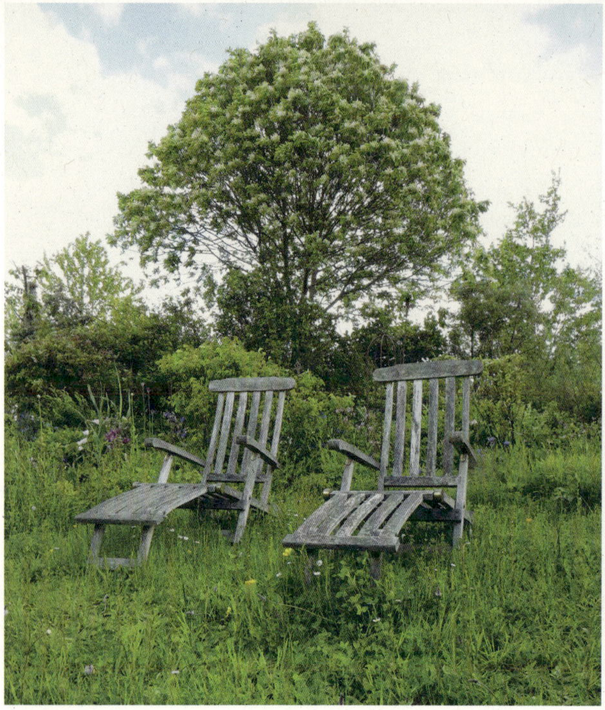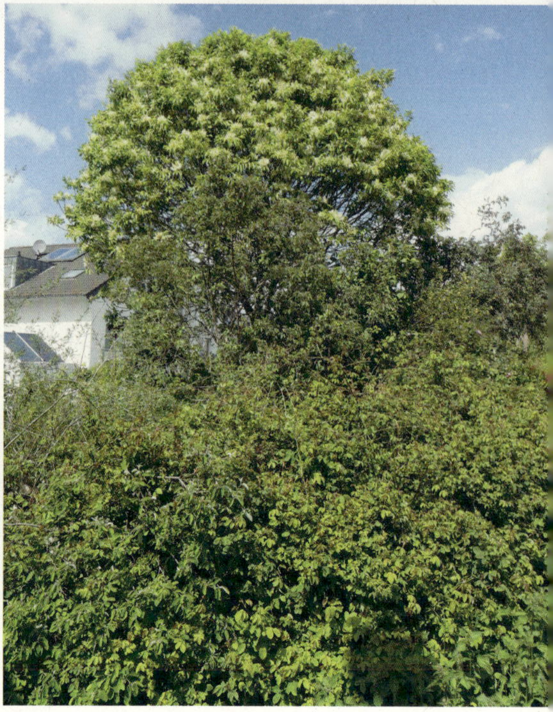

Von innen betrachtet, ist die Grenze dieses Gartens nicht erkennbar, denn sie liegt hinter einem mit Wildstauden und Gehölzen bepflanztem Wall.

Grenzen verundeutlichen, Landschaft in den Garten holen

Wenn wir nur dort Sichtschutz schaffen, wo wir uns länger aufhalten, können wir den Garten an anderen Stellen zur Umgebung hin öffnen und diese damit »in den Garten holen«. Diese Blickbeziehungen sollten zu attraktiven Elementen außerhalb des Gartens aufgebaut werden. Da gibt es vielleicht einen schönen Baum oder ein historisches Gebäude, den weiten Blick über Wiesen und Hecken? Das wäre doch schade, wenn wir die »wegpflanzen« würden. Außerdem vermeiden wir mit solchen Ausblicken, dass die Grenze unseres Gartens betont wird.

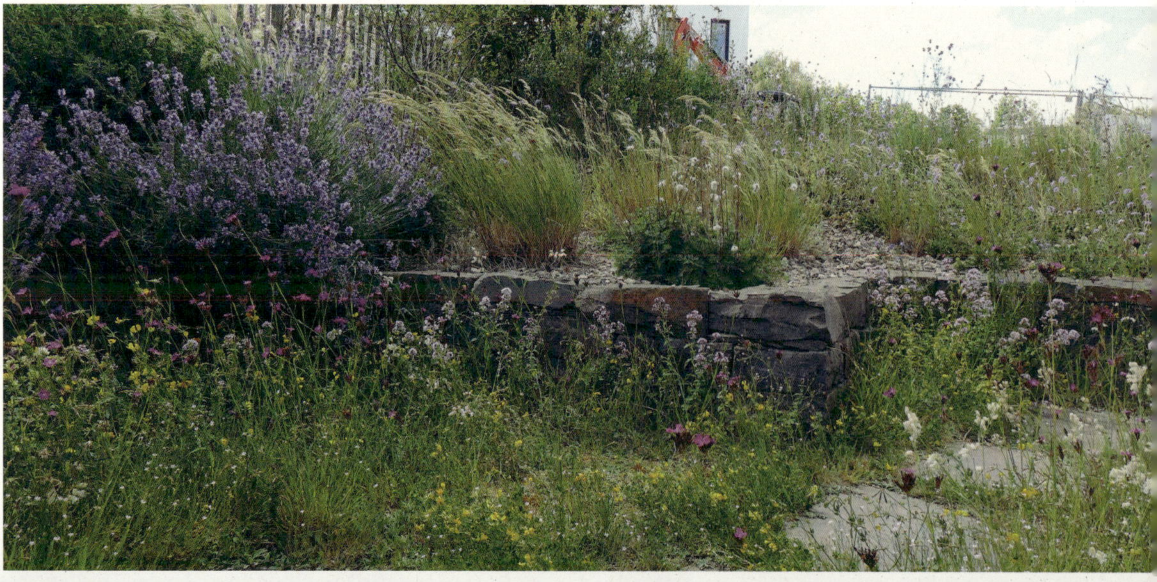

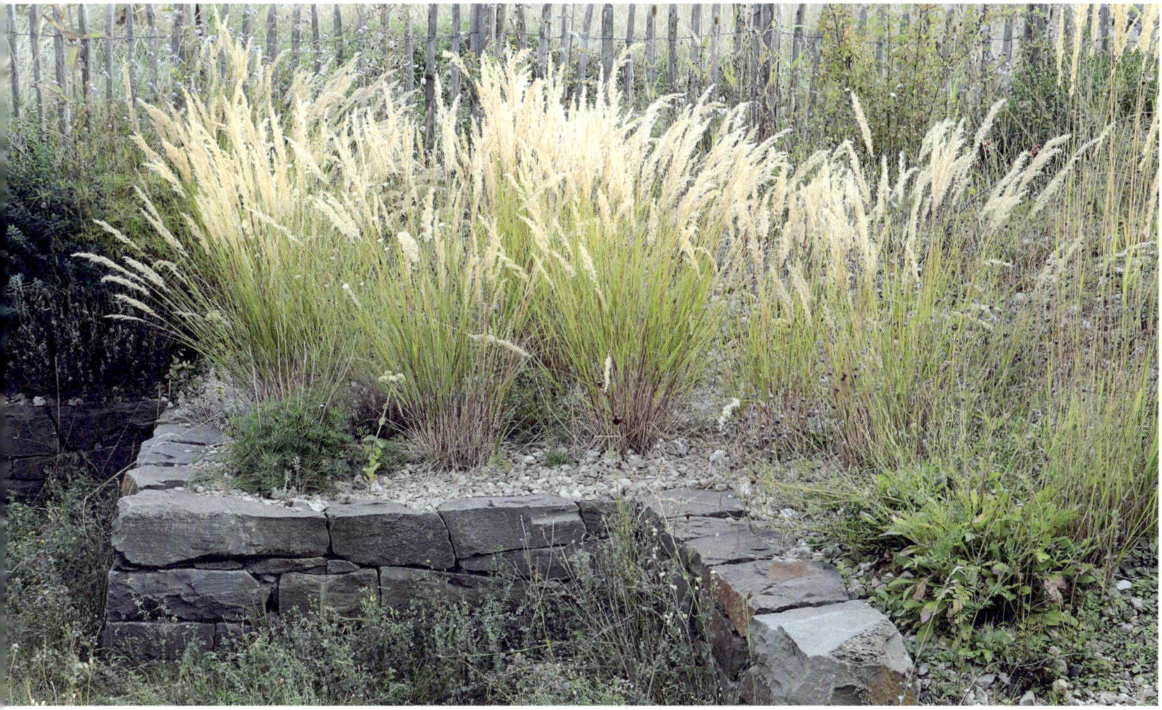

Hier wurde die Erhöhung des Geländes zur Grundstücksgrenze hin mit Trockenmauern abgefangen und ein Senkgarten geschaffen.

Wer weiß, vielleicht haben Sie das Glück, dass sich auch eine Nachbarfamilie einen Naturgarten wünscht. Wenn mehrere benachbarte Gärten in einem ähnlichen Stil gestaltet sind, dann wird der Garten um die Fläche der ähnlich gestalteten Nachbargärten optisch vergrößert (siehe auch Seite 22).

Eine weitere Möglichkeit, die Grenzen zu verundeutlichen, besteht darin, den Garten wie eine Schale zu modellieren, die Gartenmitte also tiefer zu legen oder das Gelände am Rand zu erhöhen. Mithilfe von Trockenmauern kann auch ein richtiger Senkgarten gebaut werden. Wenn die Grundstücksgrenze hinter einer kleinen Erhöhung verborgen liegt, fällt sie nicht mehr ins Auge, der Garten wirkt größer.

Hochwertige Materialien und Bepflanzung

Auch die Materialien, die, wie wir gesehen haben, nicht so sehr ins Geld gehen, selbst wenn sie hochwertig sind, tragen dazu bei, den Blick im Garten zu halten (siehe Seite 26). Auf den Oberflächen von Natursteinen ist immer wieder etwas Neues zu entdecken: eine Versteinerung, eine Schattenlinie im speziellen Licht, die Wellenlinien am Wasserspiel. Bei der Auswahl der Bepflanzung sollte auf hochwertige Gestaltung geachtet werden: Wir wählen möglichst Pflanzen, die das ganze Jahr attraktiv sind, also neben einer möglichst langen Blütezeit interessante Fruchtstände und einen schönen Herbst- und Winteraspekt haben. Beete können in verschiedenen Farbklängen geplant werden.

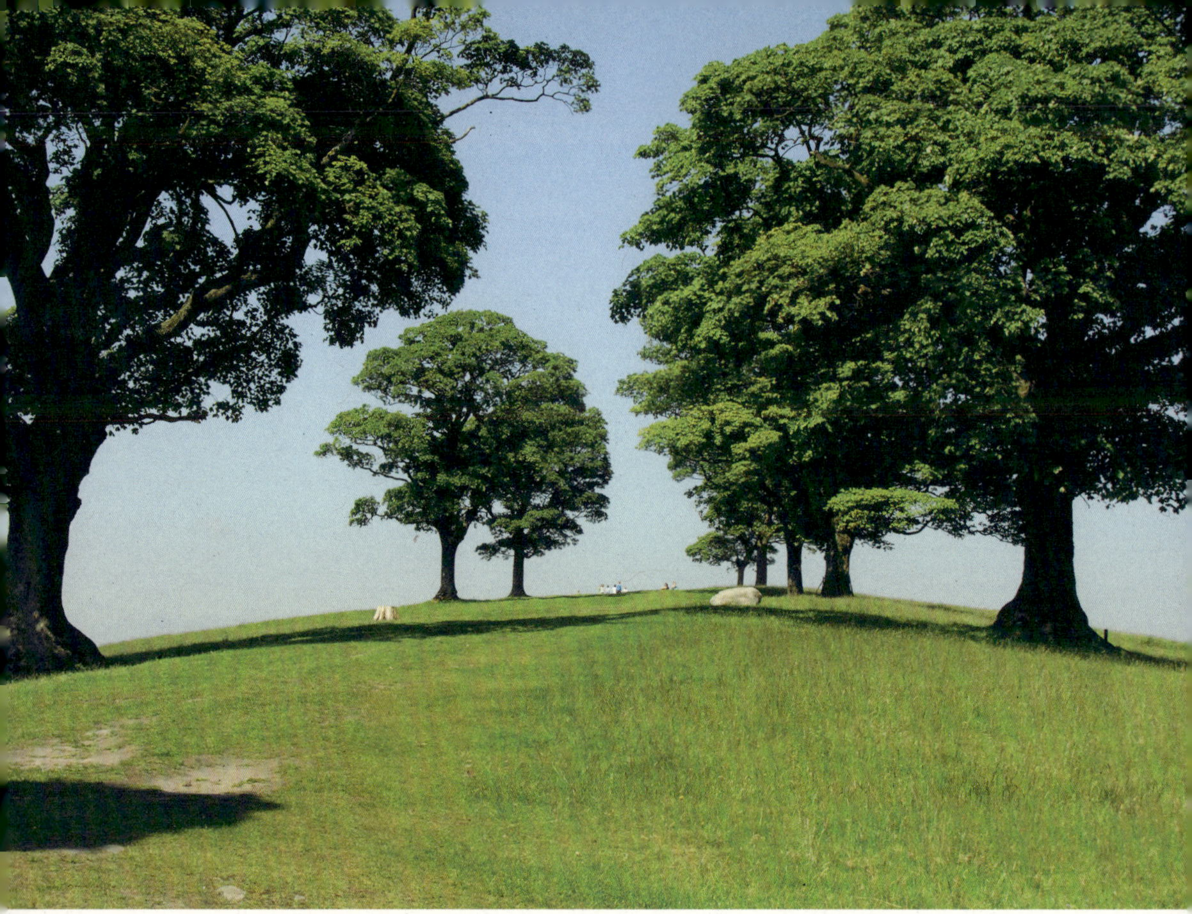

Gleich große Objekte im Raum sind auf eine Fläche projiziert umso kleiner, je weiter sie entfernt sind.

Raumperspektive verstärken

Optische Tricks können den Garten aus der Hauptbetrachtungsrichtung (meist vom Wohnzimmer aus) noch größer erscheinen lassen. Diese Tricks können wir uns von den Bühnenbildern am Theater abschauen.

Eine Bühne erscheint oft viel größer, als sie ist. Dafür bauen die Bühnenbilder eine Zentralperspektive nach. »Perspektive« ist ein Begriff aus der Malerei. Wenn Maler eine Situation realistisch darzustellen versuchen, dann müssen sie die drei Dimensionen des Raumes (Länge, Breite, Tiefe) auf zwei Dimensionen abbilden, nämlich Länge und Breite. Das heißt, gleich große Bildelemente werden verschieden groß dargestellt, abhängig davon, ob sie sich weiter vorne oder weiter hinten befinden. Damit wird ein Bild erzeugt, wie wir es mit einem Auge sehen – das zweite Auge ermöglicht ja erst das räumliche Sehen. Auf der Netzhaut unseres Auges werden Gegenstände umso kleiner abgebildet, je weiter sie entfernt sind, und unser Gehirn weiß das zu interpretieren. Auch die Abstände in einer Reihe gleichmäßig angeordneter Objekte – zum Beispiel die Bäume einer Allee – werden nach hinten in der Projektion immer kleiner. Sie laufen auf einen sogenannten »Fluchtpunkt« zu – daher der Name »Zentralperspektive«. Wenn wir nun die Gesetzmäßigkeiten

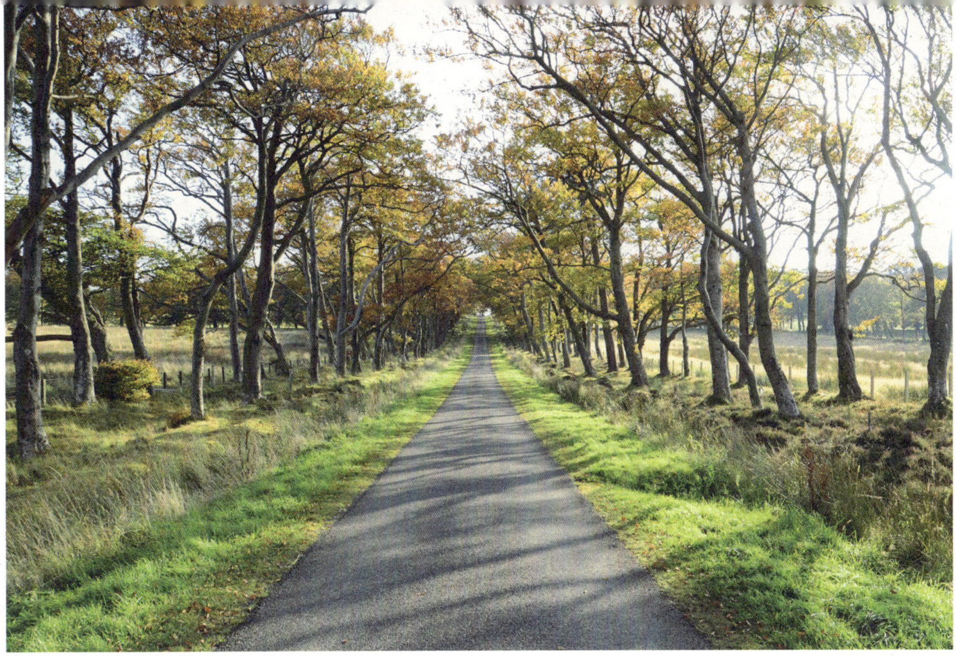

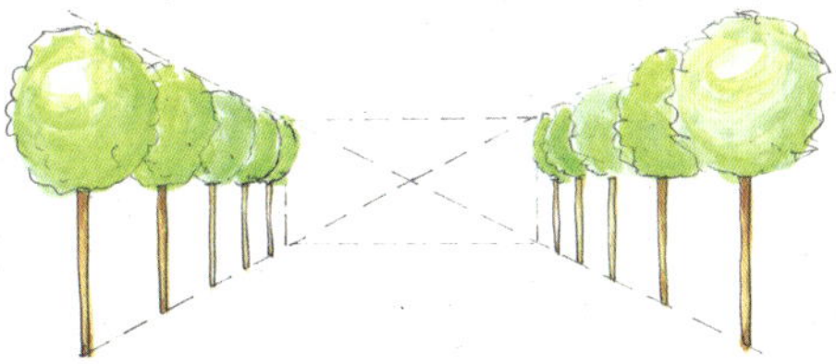

Raumperspektive

der Perspektive bei der Gestaltung von Räumen beachten, schaffen wir optische Täuschungen, und so können Räume dann größer (oder auch kleiner) erscheinen, als sie in Wirklichkeit sind. Bühnenbildner lassen die Bühne deshalb oft hinten leicht ansteigen und bauen gleichartige Elemente vorne größer und hinten kleiner. Zusätzlich müssen natürlich auch die Abstände zwischen gleichartigen Elementen nach hinten verringert werden.

Dies können wir auch auf den Garten übertragen, indem wir zum Beispiel Pfosten nach hinten etwas kürzer wählen und ihre Abstände leicht verringern. Auch die Abstände von Trittplatten können verkleinert werden. Bei Polygonalplatten können wir im vorderen Bereich größere Platten und im hinteren Bereich kleinere Platten wählen. Kies oder Schotter können vorne eine gröbere Körnung aufweisen als hinten.

Dasselbe Prinzip kann auch auf Pflanzen angewendet werden. Wir wählen Pflanzen, die eine ähnliche Gestalt haben, und wählen im Vordergrund die größere Art: So können wir im vorderen Bereich des Gartens Märzenbecher, hinten Schneeglöckchen pflanzen oder vorne großblütige Narzissen und hinten kleinblütige, vorne Geflecktes Lungenkraut mit breiten Blättern und hinten Schmalblättriges Lungenkraut mit schmaleren Blättern. Weitere Pärchen sind Kartäuser-Nelke und Heide-Nelke oder Pfirsichblättrige Glockenblume und Rundblättrige Glockenblume. Es gibt eine Vielzahl an Möglichkeiten ... siehe auch die Vorschläge auf der folgenden Seite.

Pflanzenpaare: Stauden und Zwiebelpflanzen (Erklärung siehe Seite 39)

Pflanzenart im Vordergrund	*Pflanzenart im Hintergrund*	*Anmerkungen*
Märzenbecher Leucojum vernum Höhe: 20 cm Blüte: weiß, Blütezeit (Monate): 2–4	**Kleines Schneeglöckchen** Galanthus nivalis Höhe: 15 cm Blüte: weiß, Blütezeit (Monate): 2–3	Beide Arten brauchen Schatten.
Großes Windröschen Anemone sylvestris Höhe: 30 cm Blüte: weiß, Blütezeit (Monate): 4–6	**Busch-Windröschen** Anemone nemorosa Höhe: 15 cm Blüte: weiß, Blütezeit (Monate): 3–5	Die beiden Arten werden nicht in jedem Jahr gleichzeitig blühen.
Gelbe Narzisse Narcissus pseudonarcissus Höhe: 30 cm Blüte: gelb, Blütezeit (Monate): 3–4	**Osterglocken,** kleine Gartensorten, z. B. 'Tete a Tete' Höhe: 15 cm Blüte: gelb, Blütezeit (Monate): 3–4	
Geflecktes Lungenkraut Pulmonaria officinalis Höhe: 25 cm Blüte: rosa-violett Blütezeit (Monate): 3–5	**Schmalblättriges Lungenkraut** Pulmonaria angustifolia Höhe: 25 cm Blüte: blau-violett Blütezeit (Monate): 3–5	Eher im Schatten, das Schmalblättrige Lungenkraut meidet Kalk.
Europäische Trollblume Trollius europaeus Höhe: 50 cm Blüte: gelb, Blütezeit (Monate): 5–6	**Knolliger Hahnenfuß** Ranunculus bulbosus Höhe: 25 cm Blüte: gelb, Blütezeit (Monate): 5–7	Die Trollblume braucht feuchten Boden, der Knollige Hahnenfuß mageren, trockenen Boden.
Gewöhnlicher Wundklee Anthyllis vulneraria Höhe: 30 cm Blüte: gelb, Blütezeit (Monate): 5–8	**Hufeisenklee** Hippocrepis comosa Höhe: 20 cm Blüte: gelb, Blütezeit (Monate): 5–7	Beide Arten lieben trocken-sonnige Standorte, der Hufeisenklee hat kleinere Blüten und wächst niederliegend.
Pfirsichblättrige Glockenblume Campanula persicifolia Höhe: 80 cm Blüte: blau, Blütezeit (Monate): 6–9	**Rundblättrige Glockenblume** Campanula rotundifolia Höhe: 25 cm Blüte: blau, Blütezeit (Monate): 5–10	Beide Arten lieben Sonne, gedeihen aber auch im Halbschatten.
Kartäuser-Nelke Dianthus carthusianorum Höhe: 50 cm Blüte: purpurrot, Blütezeit (Monate): 6–9	**Heide-Nelke** Dianthus deltoides Höhe: 15 cm Blüte: hellpurpur, Blütezeit (Monate): 6–9	Die Heide-Nelke meidet Kalk.
Großblütige Braunelle Prunella grandiflora Höhe: 20 cm Blüte: violett, Blütezeit (Monate): 6–8	**Kleine Braunelle** Prunella vulgaris Höhe: 15 cm Blüte: violett, Blütezeit (Monate): 6–9	Die Kleine Braunelle braucht mehr Feuchtigkeit und Nährstoffe als die Großblütige.
Großer Odermennig Agrimonia procera Höhe: 1,8 m Blüte: gelb, Blütezeit (Monate): 6–8	**Gewöhnlicher Odermennig** Agrimonia eupatoria Höhe: 50 cm Blüte: gelb, Blütezeit (Monate): 6–9	
Großblütiger Fingerhut Digitalis grandiflora Höhe: 1,2 m Blüte: gelb, Blütezeit (Monate): 6–8	**Gelber Fingerhut** Digitalis lutea Höhe: 80 cm Blüte: gelb, Blütezeit (Monate): 6–8	Der Gelbe Fingerhut braucht mehr Kalk und weniger Nährstoffe als der Großblütige.

Pflanzenart im Vordergrund	*Pflanzenart im Hintergrund*	*Anmerkungen*
Skabiosen-Flockenblume Centaurea scabiosa ssp. scabiosa Höhe: 1 m Blüte: violett Blütezeit (Monate): 7–8	**Wiesen-Flockenblume** Centaurea jacea ssp. jacea Höhe: 50 cm Blüte: hellviolett Blütezeit (Monate): 6–11	Beide Arten lieben trocken-sonnige Standorte.
Weidenblättriges Ochsenauge Buphthamum salicifolium Höhe: 60 cm Blüte: gelb, Blütezeit (Monate): 6–9	**Weidenblättriger Alant** Inula salicina Höhe: 40 cm Blüte: gelb, Blütezeit (Monate): 6–10	Beide Arten lieben trocken-sonnige Standorte.
Langblättriger Ehrenpreis-Hybrid Veronica maritima × spicata Höhe: 80 cm Blüte: blau, Blütezeit (Monate): 7–9	**Ähriger Ehrenpreis** Veronica spicata Höhe: 40 cm Blüte: blau, Blütezeit (Monate): 6–8	Beide Arten wachsen gerne auf trockenen, mageren Standorten, die reine Art des Langblättrigen Blauweiderichs braucht feuchten Boden.
Wald-Witwenblume Knautia maxima Höhe: 1 m Blüte: lila, Blütezeit (Monate): 6–9	**Wiesen-Witwenblume** Knautia arvensis Höhe: 50 cm Blüte: lila, Blütezeit (Monate): 7–8	Die Wald-Witwenblume braucht weniger Sonne als die Wiesen-Witwenblume.
Rosen-Malve Malva alcea Höhe: 80 cm Blüte: tiefrosa, Blütezeit (Monate): 6–10	**Moschus-Malve** Malva moschata Höhe: 60 cm Blüte: rosa, Blütezeit (Monate): 6–10	Die Moschus-Malve ist wintergrün.
Großblütige Königskerze Verbascum densiflorum Höhe: 1,3 m Blüte: gelb, Blütezeit (Monate): 7–9	**Schwarze Königskerze** Verbascum nigrum Höhe: 1 m Blüte: gelb, Blütezeit (Monate): 6–9	Die Großblütige Königskerze ist zweijährig, Selbstaussaat, gegebenenfalls jäten, um den Effekt zu erhalten.

Pflanzenpaare: Gräser (Erklärung siehe Seite 39)

Pflanzenart im Vordergrund	*Pflanzenart im Hintergrund*	*Anmerkungen*
Wald-Segge Carex sylvatica Höhe: 70 cm Blüte: grünlich, Blütezeit (Monate): 6–7	**Vogelfuß-Segge** Carex ornithopoda Höhe: 20 cm Blüte: grünlich, Blütezeit (Monat): 5	Beide Arten gedeihen auch im trockenen Schatten, wintergrün.
Schmalblättrige Hainsimse Luzula luzuloides Höhe: 50 cm Blüte: weiß, Blütezeit (Monate): 6–7	**Schneeweiße Hainsimse** Luzula nivea Höhe: 40 cm Blüte: weiß, Blütezeit (Monate): 6–8	Beide Arten gedeihen auch im trockenen Schatten, wintergrün.
Silber-Raugras Achnatherum calamagrostis Höhe: 1,2 m Blüte: gelblich, Blütezeit (Monate): 6–9	**Siebenbürger Perlgras** Melica transsilvanica Höhe: 90 cm Blüte: gelblich, Blütezeit (Monat): 6	Beide Arten sind schöne Wintersteher.

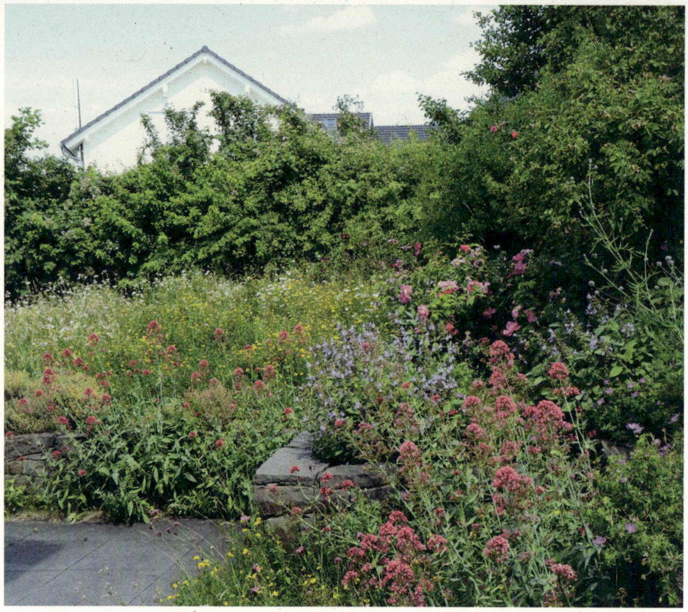

Kräftige Farben im Vordergrund und schwache Farben im Hintergrund verstärken die Luftperspektive und lassen den Garten größer wirken.

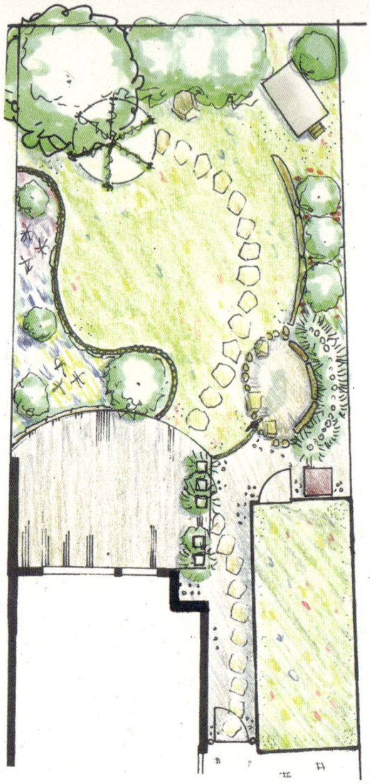

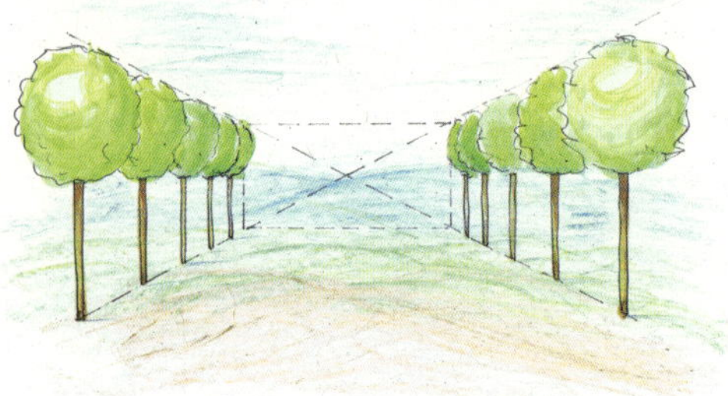

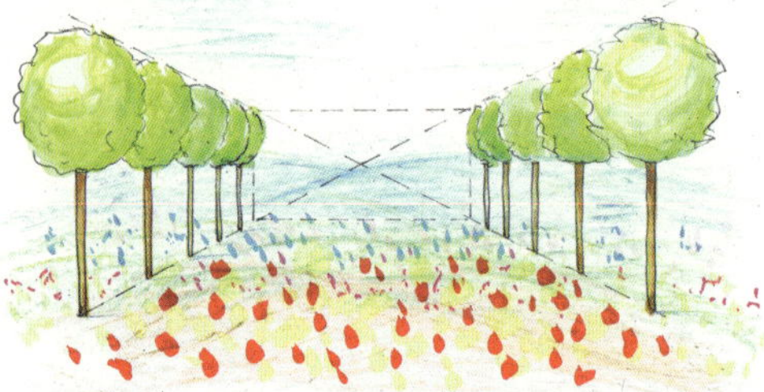

Luftperspektive verstärken

In der klassischen Landschaftsmalerei dominieren vorne bräunliche und rötliche Töne, im Mittelgrund Grüntöne und hinten Blautöne. Damit wird die sogenannte Luftperspektive dargestellt. Sie können das beim nächsten Spaziergang überprüfen: Je weiter entfernt ein Landschaftselement ist, desto blauer und pastelliger sind die Farben. Das können wir auch im Garten nutzen, indem wir vorne Pflanzenarten mit kräftigen Blütenfarben wie Gelb, Rot oder Pink wählen und im Hintergrund eher schwache Farben wie Rosa, Mauve und Hellblau.

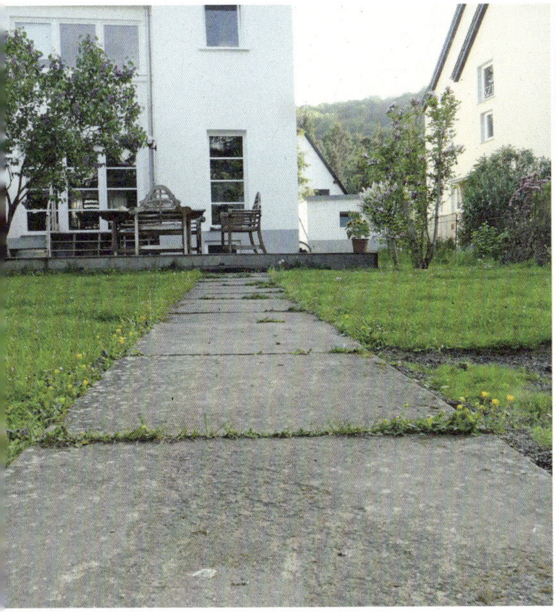
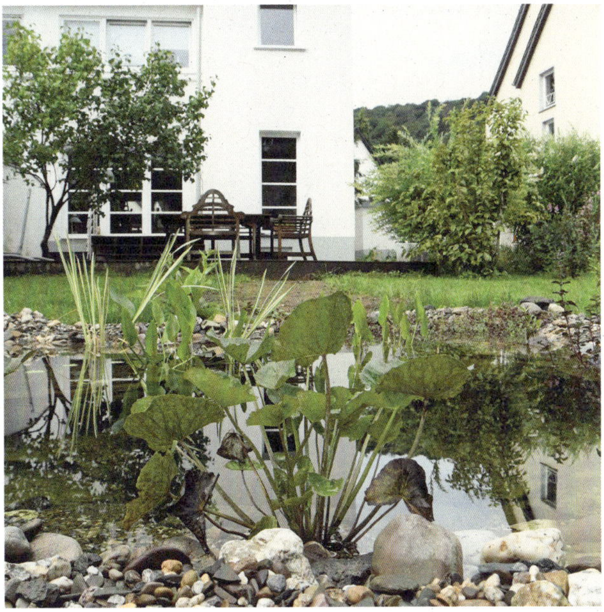

Vorher und nachher: An die Stelle des zentralen Plattenwegs dieses Gartens ist ein naturnaher kleiner Teich getreten.

Vom Durchgang zum Garten

Harmonische Raummaße

Schöne Gartenerlebnisse entstehen dort, wo wir gerne verweilen, weil es etwas Interessantes zu sehen gibt oder weil eine Bank, ein Stein oder ein Baumstamm dazu einladen, sich zu setzen und zur Ruhe zu kommen. Um einen Ort in Ruhe genießen zu können, brauchen wir noch etwas, nämlich das Gefühl von Geborgenheit.

In einem Gang fühlt sich niemand wohl, selbst wenn da eine Bank steht. Lange, schmale Flächen sind immer in Gefahr, zu einem solchen Gang zu verkommen. Das gilt übrigens unabhängig von der Dimension, also der absoluten Größe des Grundstücks. Ein zwei Meter breiter Streifen neben dem Haus wirkt wie ein Weg, ein dreißig Meter breiter Garten wie eine Autobahn, wenn die Länge ein Vielfaches der Breite beträgt und wenn der Streifen oder der Garten ungegliedert ist. Oft finden sich solche Gärten in Form großer »Handtuchgärten« bei Siedlerhäusern, wo früher der Streifen hinter dem Haus landwirtschaftlich genutzt wurde oder als Nutzgarten diente. Meist gibt es dann noch einen geraden Weg, der die Länge des Gartens noch betont und manchmal wie ein Mittelstreifen wirkt. So etwas ist praktisch bei der Bewirtschaftung, zum Entspannen und Genießen laden solche Flächen nicht ein.

Oft gibt es neben einem freistehenden Haus einen langen Streifen, der meist nur als Weg von vorne nach hinten dient. Aufgrund der Bestimmungen des Baurechts sind diese »Abstandsflächen« mindestens drei Meter breit, manchmal, aufgrund von Ausnahmegenehmigungen, sogar noch schmaler. Dort schlummern meist drei kleine Gärtchen! Denn wir können den Durchgang in eine Abfolge von Gartenzimmern verwandeln, indem wir ihn in Räume unterteilen. Das wirkt dann logisch, wenn jeder Raum eine ablesbare Funktion hat und eine harmonische Dimension. Und eine harmonische Raumdimension ist wichtig, um ein Gefühl der Geborgenheit entstehen zu lassen. Das Verhältnis der beiden Seiten sollte irgendwo zwischen einem Quadrat (beide Seitenlängen gleich) und dem Verhältnis 3:2 liegen (die lange Seite ist eineinhalb Mal so lang wie die kurze Seite). Wenn das Haus zwischen neun und fünfzehn Meter lang ist, dann gibt es die Möglichkeit, dort drei Teilflächen zu schaffen. Damit eine solche Aufteilung nicht gezwungen wirkt, ist es jedoch wichtig, den einzelnen »Räumen« erkennbare Funktionen zuzuweisen. Große Fenster oder Türen im Haus bieten solche Funktionen: Vor ihnen entstehen kleine Sitzplätze oder Gärten zum Anschauen. Dazwischen vielleicht eine Schaukel oder ein Sandspielbereich. Oder es entsteht nur vor der Tür ein Plätzchen und dazwischen gibt es tatsächlich einen Durchgang mit breiterer Beetfläche. Wenn wir nun den schmalen Streifen durchschreiten, erleben wir den Rhythmus von Spannung und Entspannung zwischen Gang und Platz. Dieser Rhythmus lässt die Fläche spannend und schön erscheinen, wenn wir sie vom Haus oder von einem anderen Gartenbereich aus betrachten.

Die geschwungene Trockenmauer gliedert den schmalen Streifen neben dem Haus.

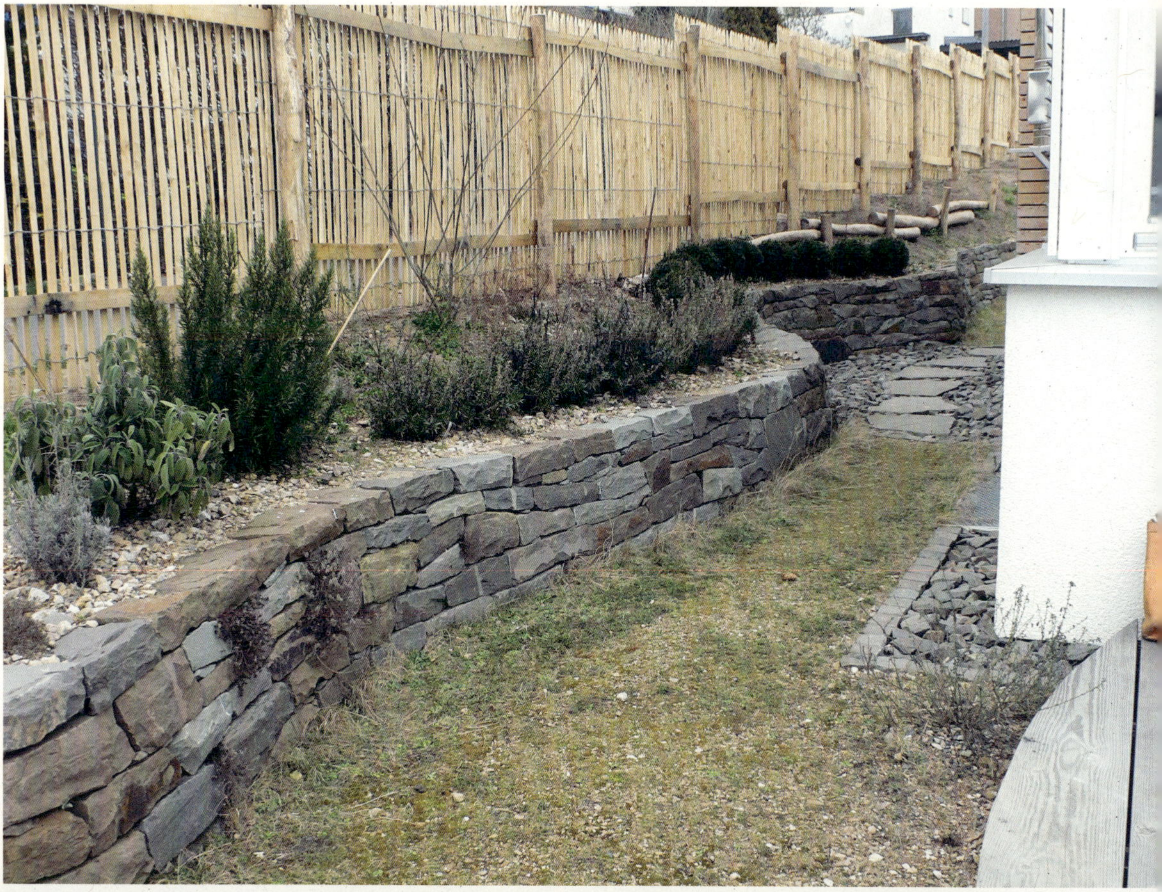

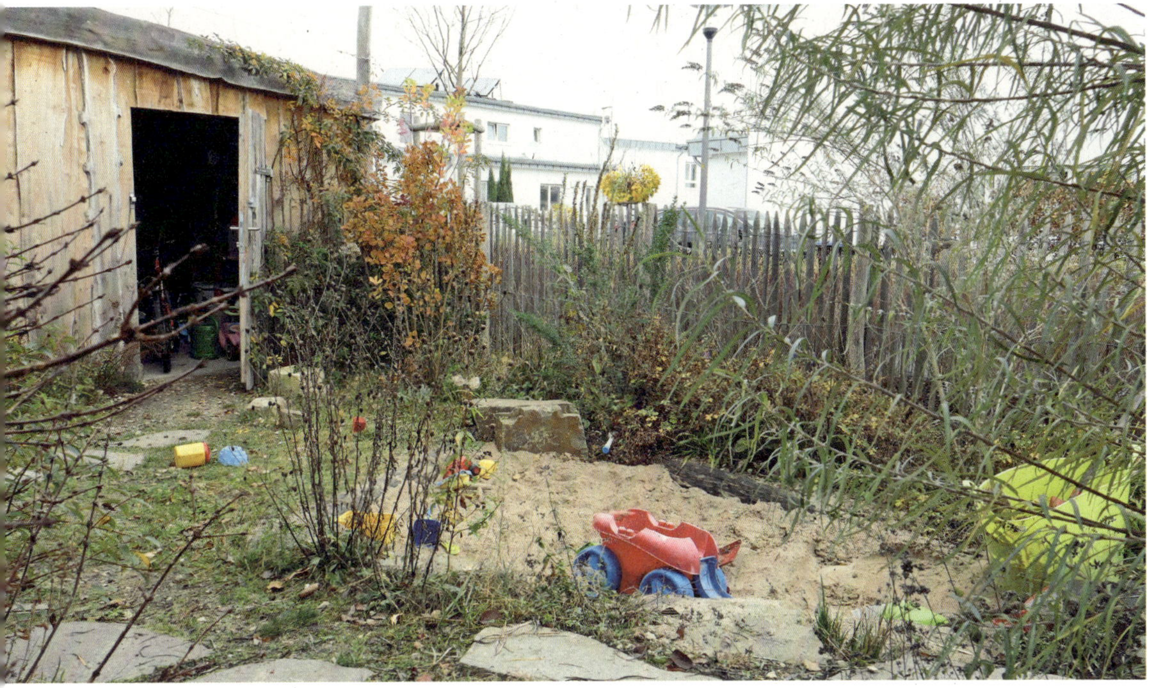

Sandspielplatz vor dem Haus

Aufenthaltsqualität trotz guter Einsehbarkeit

In diesem Baugebiet bekommen die Flächen neben dem Haus den Charakter eines Vorgartens, weil sie an eine Straße oder einen Weg angrenzen und die Höhe der Einfriedung an einer Straße durch die Festsetzungen im Bebauungsplan beschränkt ist. Trotzdem können auch in so einer Situation schöne Gartenräume geschaffen werden. Hier gibt es einen kleinen Platz aus Natursteinpflaster im kreisförmig verlegten Reihenverband. Die Fläche rund um das Plätzchen ist als Blumenschotterrasen angelegt und kann damit auch belastet werden. Geborgenheit entsteht durch eine Rankhilfe, die ein angedeutetes Dach schafft. Wenn alles eingewachsen ist, gibt es dann auch im Haus Sichtschutz am Essplatz hinter der Tür.

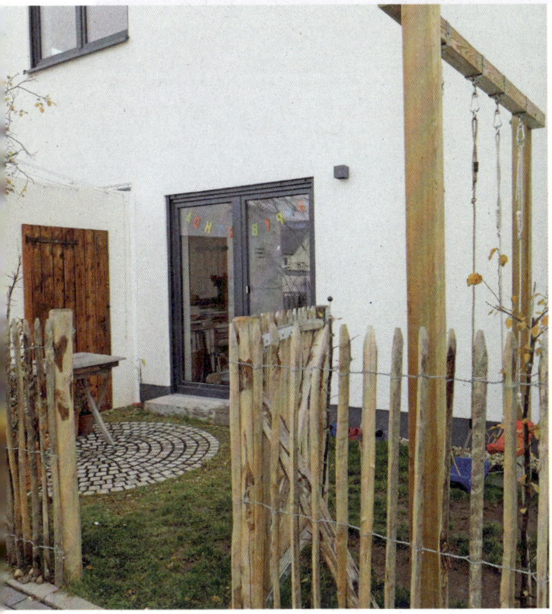

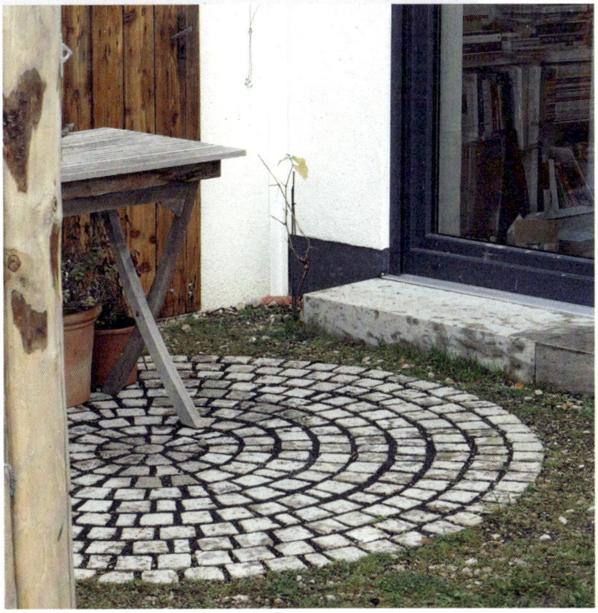

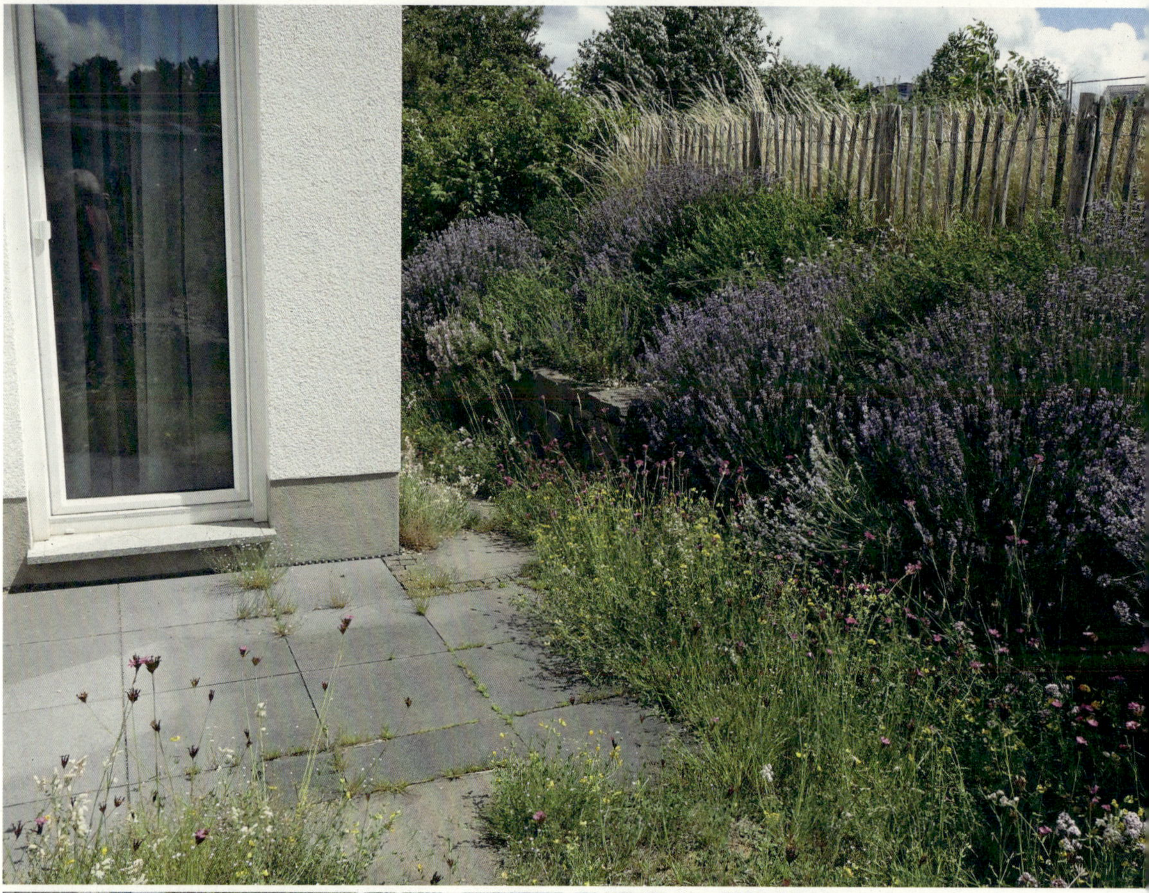

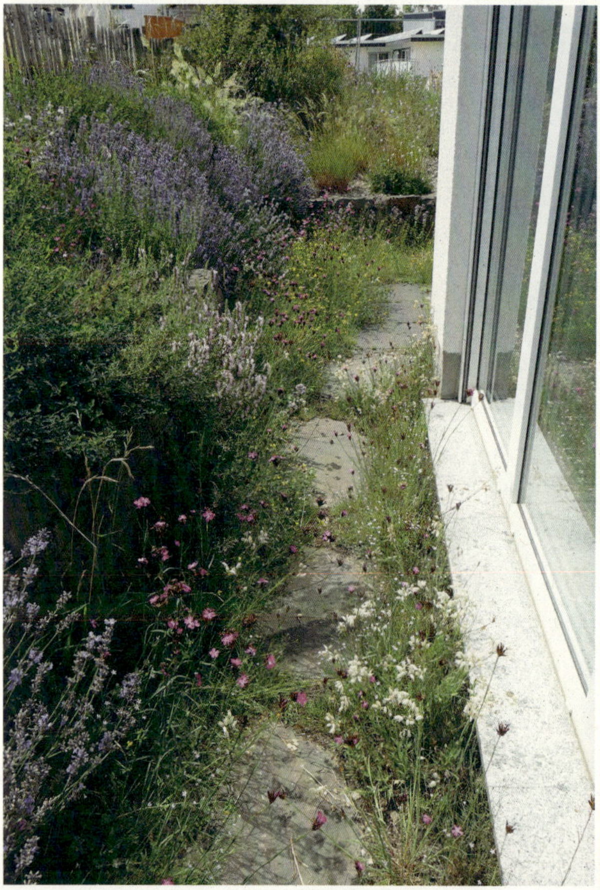

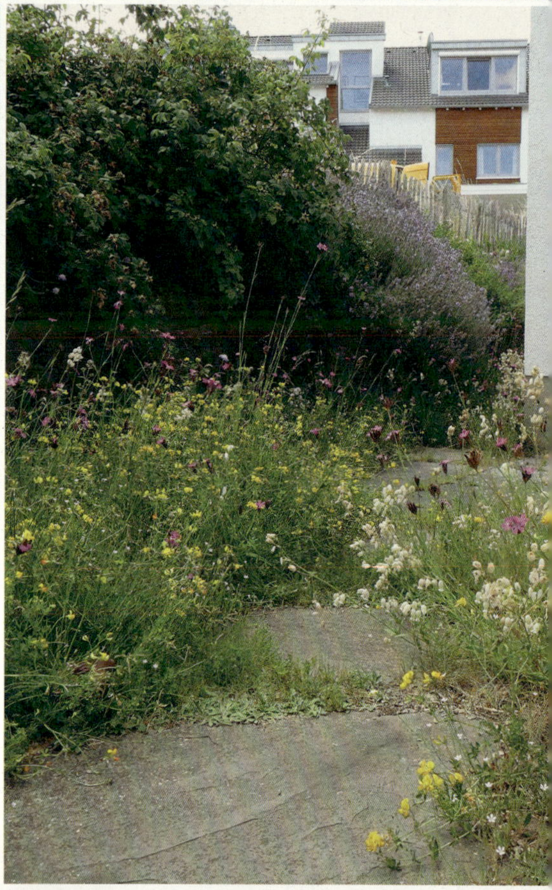

Von Platz zu Platz wandeln, statt nur ums Haus zu gehen

In diesem Garten gibt das Gebäude schon die Aufteilung des Seitenstreifens vor. Es besteht die Möglichkeit für zwei kleine Sitzplätze vor den Terrassentüren. Damit kein lang gestreckter »zugiger« Gang den Aufenthalt ungemütlich macht, wurde das mit einer Trockenmauer eingefasste Beet zwischen den beiden Plätzen bis auf einen schmalen Gang ans Haus herangeführt. Hier wechseln sich Spannung (Durchgang) und Entspannung (Platz) ab. Durch die Tatsache, dass das umgebende Gelände höher liegt, entstand die Möglichkeit, die beiden Sitzplätze als geborgene »Senkgärten« anzulegen.

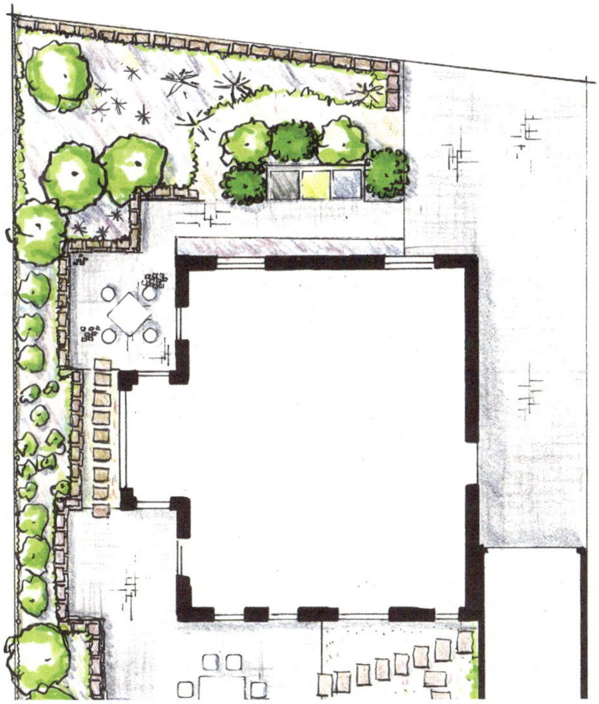

Die Architektur des Hauses wurde in dem schmalen Streifen neben dem Haus fortgeführt und es entstanden zwei in den Hang hineingekuschelte Sitzplätze.

Bilder links: Im schmalen Streifen rund um dieses Haus wechseln sich aufgrund der räumlichen Gestaltung zwischen Durchgang und Platz Spannung und Entspannung ab.

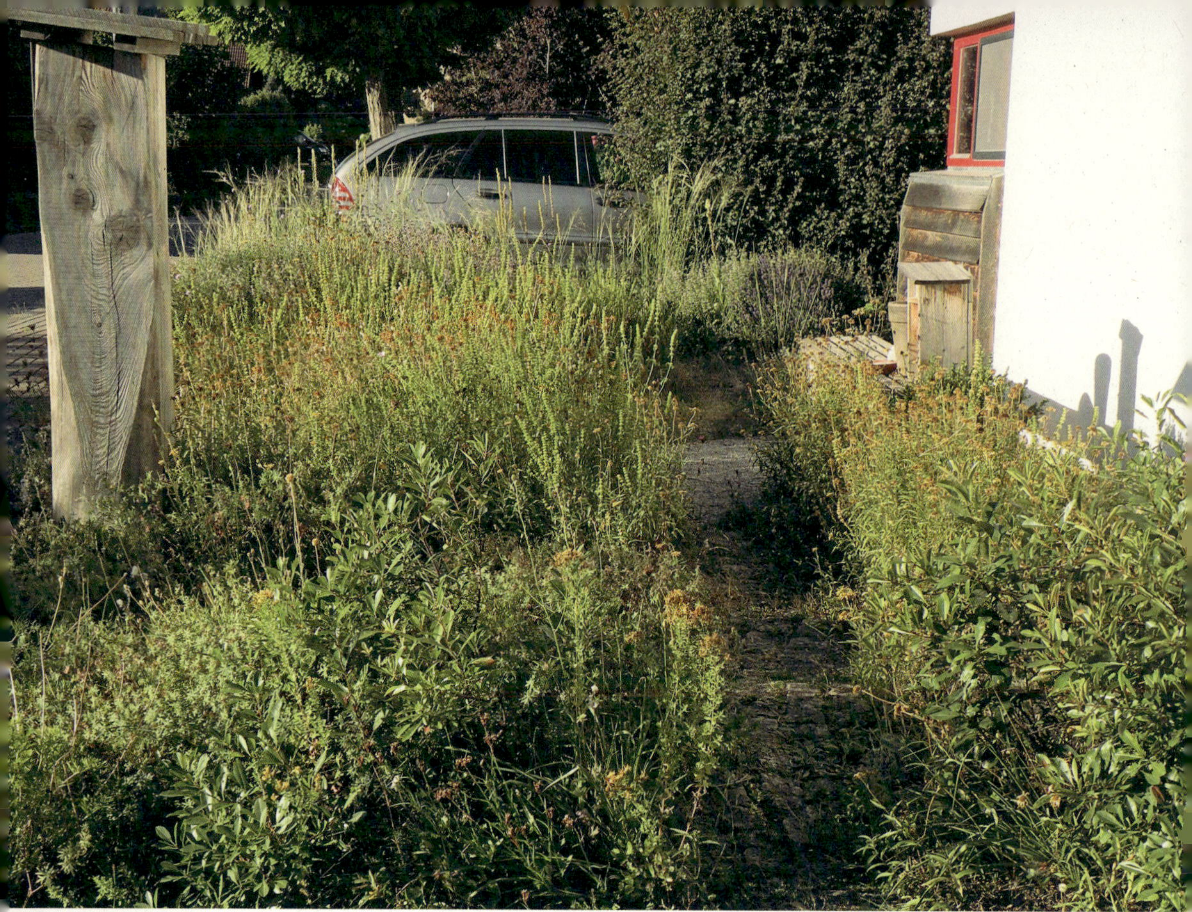

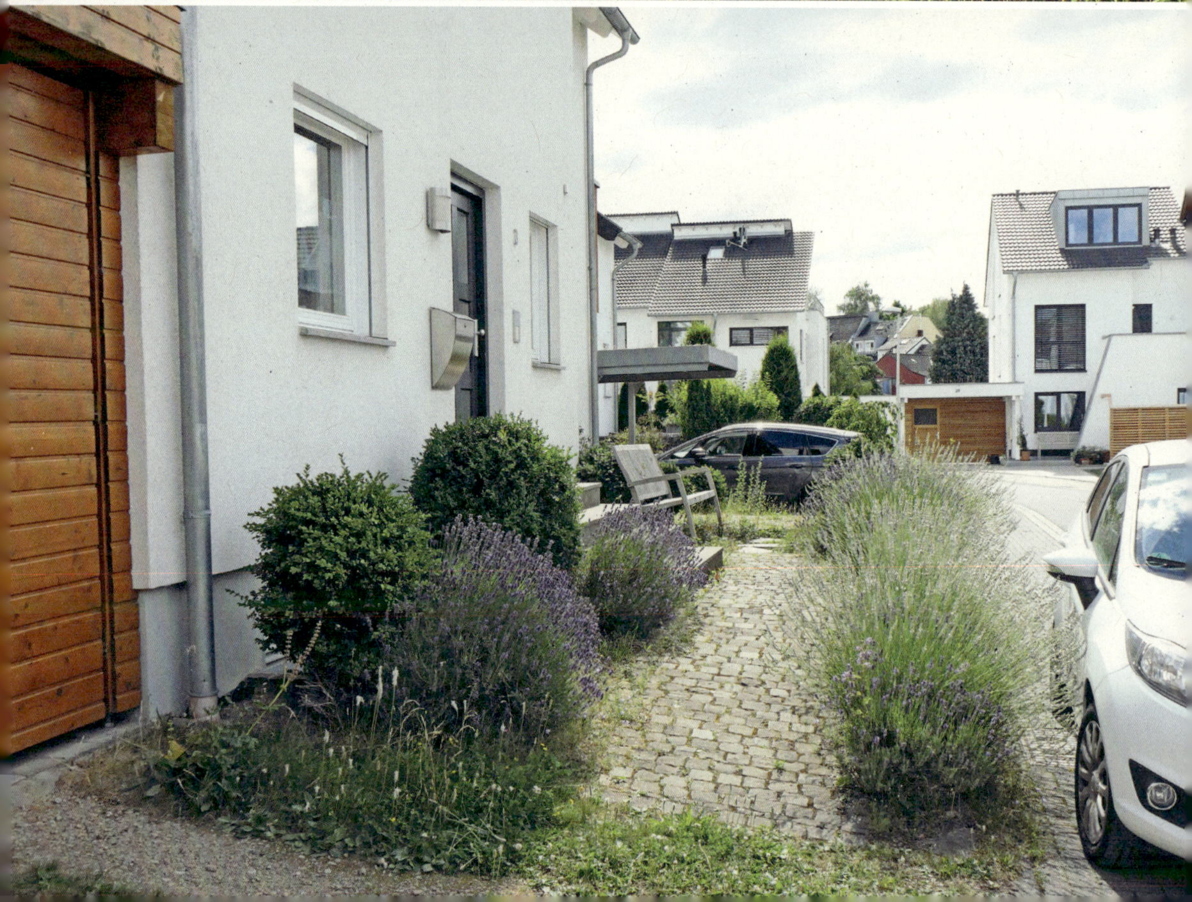

Funktionen lebendig gestalten

Entschleunigung vor der Haustür

Der Vorgarten als Treffpunkt

Im Vorgarten kreuzen sich viele Wege: von der Straße zur Haustür, vom Stellplatz zur Haustür, von der Haustür zu den Mülltonnen, von dort zur Straße oder zum fahrbaren Untersatz, vielleicht auch von der Haustür ums Haus herum in den Garten. Pakete werden geliefert, Nachbarn kommen, Kinder besuchen ihre Spielgefährten. An der Schwelle zum Haus warten Gäste, bis ihnen die Tür geöffnet wird, Kinder ziehen ihre Schuhe aus und leeren den Sand vom Sandkasten aus den Hosenaufschlägen. Auch wenn Gäste das Haus verlassen, ergeben sich oft an der Schwelle noch einige letzte Gespräche, die manchmal sogar besonders wichtig sind. Es liegt also nahe, den Bereich vor der Haustür nicht als Durchgang, sondern als Treffpunkt zu gestalten. Sitzbänke, Baumstämme zum Sitzen oder einzelne Findlinge als informelle Sitzmöglichkeiten betonen den Charakter eines Raumes für Gespräche – und sind auch beim »Entsanden« der Kinderhosen oder zum Abstellen von Einkaufstaschen extrem praktisch.

Wir können nun diesen Treffpunkt zum öffentlichen Raum hin öffnen oder auch geborgener gestalten. Selbst wenn der Vorgarten nicht durch Zaun oder Hecke und Tor von der Straße getrennt ist, so kann allein durch eine diagonale Wegeführung ein geborgenerer Ort geschaffen werden, der zum Verweilen einlädt. Wenn es dann noch ein schönes Gestaltungselement gibt, das den Blick im Garten hält, einen schönen Stein, eine Vogeltränke oder einen bizarren Baumstamm, dann bekommt unser Treffpunkt noch mehr Aufenthaltsqualität. Außerdem wirkt der Vorgarten dadurch größer, wie wir auf Seite 34 gesehen haben.

Je kleiner der Garten hinter dem Haus ist, desto mehr steigt die Lebensqualität, wenn auch der Vorgarten als Naturerlebnisraum gestaltet wird. Wenn wir dann auf der Sitzbank ausruhen oder uns unterhalten, dann können wir auch die vielen kleinen Mitbewohner betrachten, die sich in den naturnah angelegten Beeten tummeln – oder die Vögel beim Baden in der Vogeltränke. In Mehrfamilienhäusern verbessert ein Vorgarten mit Aufenthaltsqualität den Zusammenhalt unter den Bewohnern und die Stimmung im Haus.

Bilder links: Sitzbänke in der Nähe der Haustür laden zu Gesprächen an der Schwelle und zur ruhigen Naturbeobachtung ein.

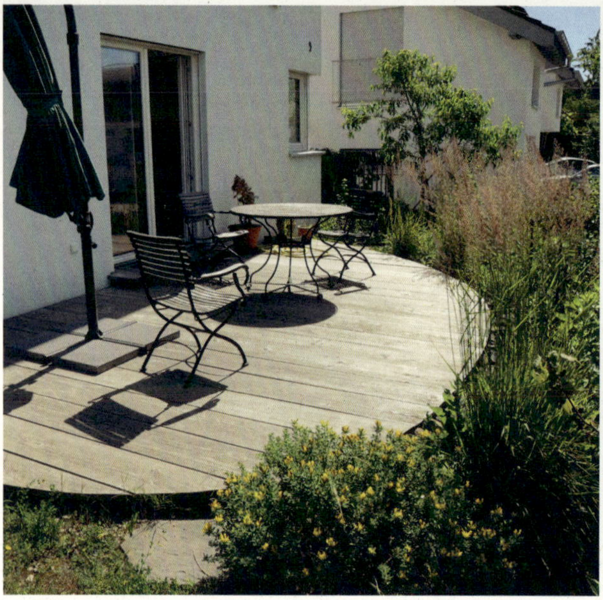

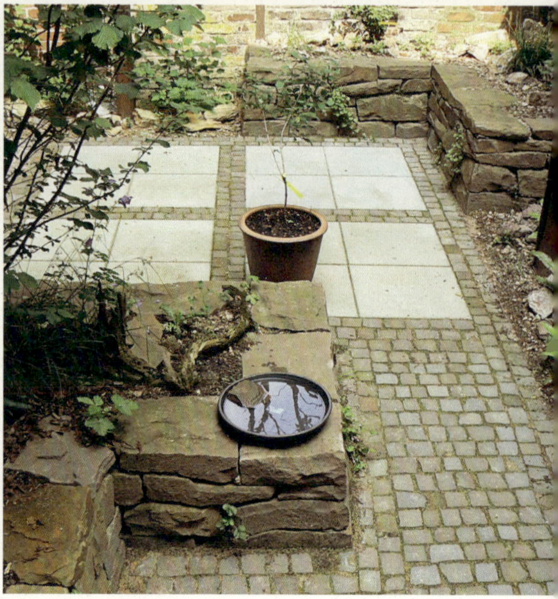

Die Terrasse vor der Wohnzimmertür erweitert den Wohnraum ins Freie.

Mindestens ein Platz muss sein

Terrassen im kleinen Garten

Kleine Gärten können Oasen der Ruhe sein, auch Weite kann erlebbar gemacht werden, aber raumgreifende Bewegungen sind nicht möglich. Eher geht es darum, möglichst viele Möglichkeiten für geborgenes Sitzen, vielleicht sogar Liegen zu schaffen. Auf der Terrasse empfangen uns Tisch und Stühle. Plätze für Sitzmöbel müssen eben sein, sonst wackeln Tische und Stühle. Hier treten wir vom Haus ins Freie, atmen tief durch und werden von den Düften der Blumen und der Erde empfangen. Es lohnt sich, genau zu überlegen, welche Oberflächenbefestigung unserer Familie am besten gefällt und wie groß die Terrasse sein sollte.

Bei einem rechteckigen Tisch brauchen Sie pro Person mindestens 60 cm Breite und 40 cm Tiefe. Ein Tisch für sechs Personen misst also mindestens 2 m × 80 cm, meist sind die Tische aber etwas breiter. Dann addieren Sie auf allen Seiten, an denen Stühle stehen, 80 cm dazu und schon haben Sie die Mindestgröße der Terrasse, in unserem Fall wäre das 3,60 m × 2,40 m. Runde Tische sind platzsparender, da passen sechs Personen bequem an einen Tisch mit 1,40 m Durchmesser, der befestigte Platz müsste also mindestens 3 m Durchmesser haben.

Planen Sie am besten für die Anzahl an Personen, die sich regelmäßig im Garten aufhält. Gerade im kleinen Garten ist es wenig sinnvoll, für die größte anzunehmende Festgemeinschaft große Flächen zu versiegeln. Vielleicht reicht auch eine kleine befestigte Fläche vor der Tür und der Rest der Fläche wird begrünt als Blumenschotterrasen angelegt?

Neue Perspektiven

Sitzplätze im Garten

Mit Wegen können wir unseren kleinen Garten gestalten, ihn erlebbar und damit größer machen. Wege wirken aber nur dann sinnvoll und schön, wenn sie zu einem anziehenden, attraktiven Ziel führen, zum Beispiel zu einem weiteren Sitzplatz. Hier sitzen wir nicht mehr am Haus, sondern im Garten, es eröffnen sich neue Perspektiven, zum Beispiel auf das gestalterische Zentrum des Gartens. Dieser zweite Sitzplatz muss nicht aufwendig befestigt werden. Da reichen eine Bank, ein Gartensessel, ein Baumstamm oder einige Findlinge, die zum Sitzen einladen. Vielleicht mögen Sie einen der Findlinge als Vogeltränke gestalten? Dann könnte es sein, dass ein besonders mutiger gefiederter Freund Sie bei Ihrer Lesestunde im Garten besucht. Oder der zweite Platz wird durch ein beranktes Sichtschutzelement geschaffen, ohne dass dort dauerhaft Sitzmöbel stehen. Wenn die Rankhilfen dann mit Nutzpflanzen wie Wein, Kiwi oder Brombeeren begrünt sind, gibt es einen weiteren Grund, den Weg in den Garten zu gehen.

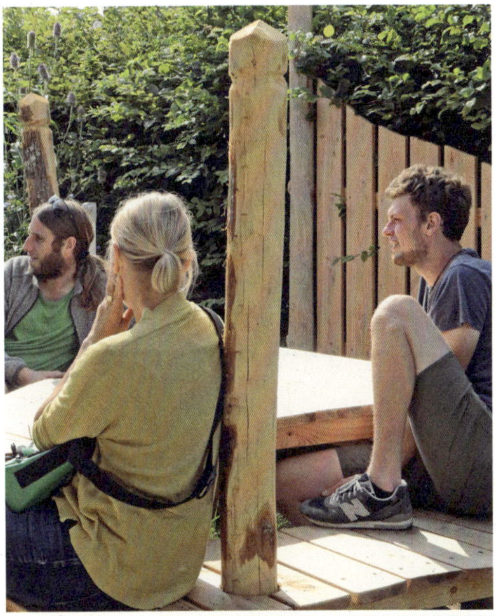

Jeder noch so kleine Sitzplatz ist ein guter Grund, um in den Garten zu gehen.

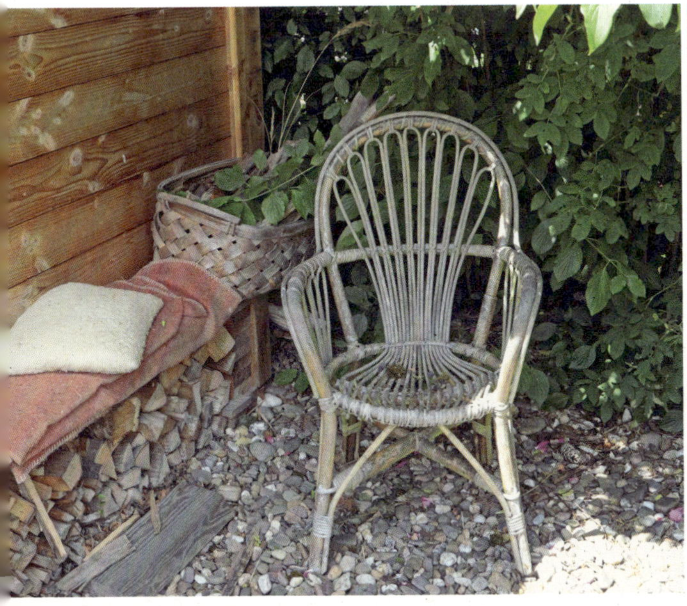

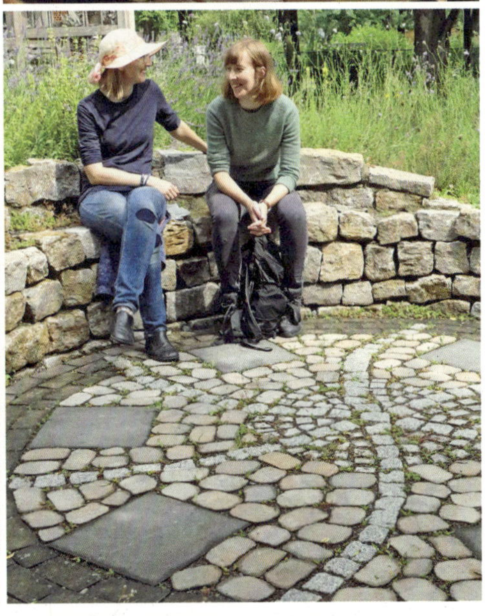

Die Räder stehen still – vor der Haustür

Stellplätze

Der Bereich vor dem Haus ist nicht nur ein Ort der Begegnung, dort wird auch alles Mögliche abgestellt: Fahrräder samt Anhängern, Kinderfahrzeuge, Autos, Mülltonnen ... Die Gestaltungsaufgabe im Vorgarten besteht also darin, trotz und mit diesen ganzen Gerätschaften einen schönen Garten zu gestalten. Manche geben auf, und der Vorgarten wird zum Auto- und Mülltonnenparkplatz mit einem kleinen Durchgang zum Haus.

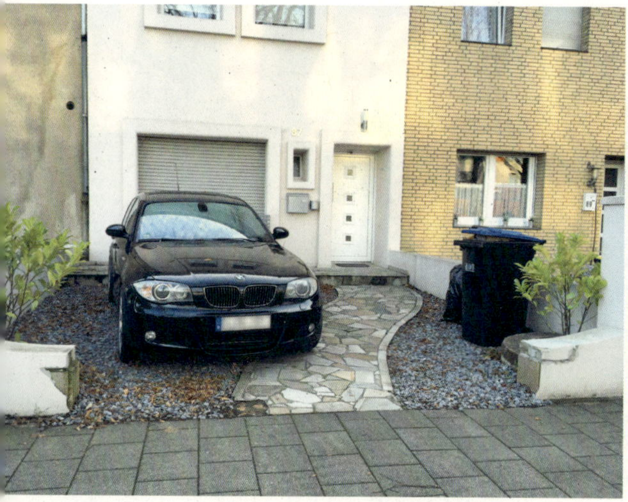

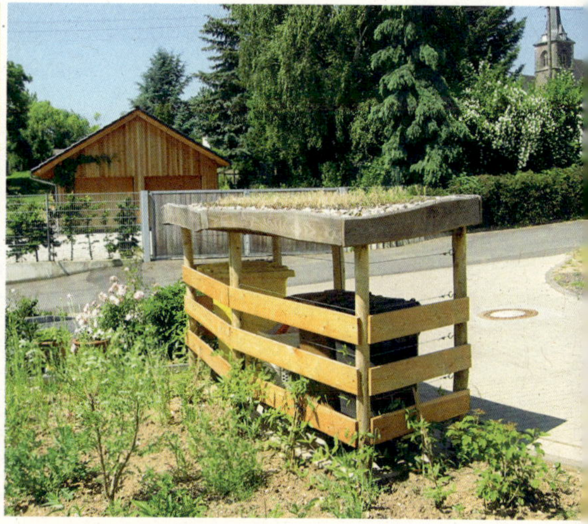

Statt den Vorgarten nur als Stellplatz zu nutzen, können fahrbare Untersätze und Mülltonnen in ansehnlichen Einhausungen verschwinden.

Mülltonnen

Widmen wir uns also gleich den Mülltonnen, diesen riesigen farbigen Klötzen, meist in Braun, Grau, Blau und Gelb, die alle Blicke auf sich ziehen, sobald sie sichtbar sind, und die gelegentlich nicht besonders gut riechen. Von der Haustür aus sollten sie auch bei Regen gut zu erreichen sein, außerdem ist es hilfreich, wenn der Weg zum Aufstellplatz für die Müllabfuhr möglichst kurz und möglichst eben ist. Mülltonnen brauchen wir nah an der Haustür und trotzdem sollen sie möglichst unsichtbar sein. Wie kann das gehen?

Zuerst können wir überlegen, ob in der Garage oder dem Carport wirklich kein Platz mehr ist. Stehen da nicht viele Dinge, die wir nie wieder brauchen werden? Eine Entrümpelungsaktion kann uns da viel Aufwand und Geld ersparen. Wenn wir in vorhandenen Gebäuden tatsächlich keinen Platz finden können, bekommen

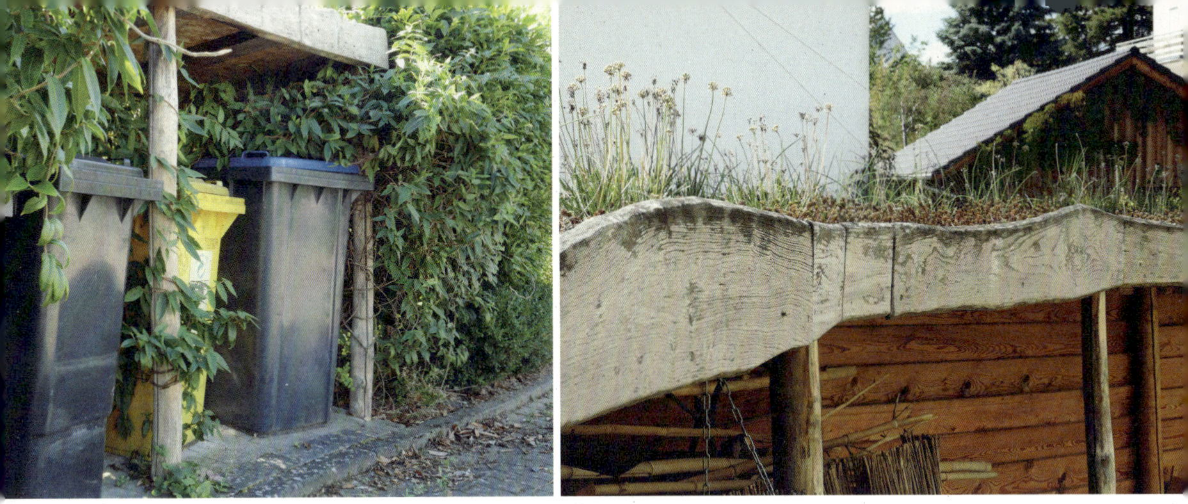

Dachbegrünungen auf Einhausungen schaffen kleine Naturgärtchen in Augenhöhe.

die bunten Tonnen am besten ihr eigenes kleines Häuschen, die »Mülltonneneinhausung«. Zum Glück gibt es da inzwischen recht schöne Modelle auf dem Markt. Auch Selbstbau ist möglich.

Die Mülltonneneinhausung sollte sich in den Stil des Vorgartens gut einfügen, damit ein stimmiges Bild entsteht. Wenn sie auffällt, sollte sie durch ihre Schönheit auffallen. Die Wände der Einhausung können Baumaterialien und Bauweisen aufnehmen, wie sie am Haus, am Carport oder als Einfriedung vorkommen: die Holzfassade des Hauses, die Zaunelemente der Einfriedung, die Sichtschutzelemente an der Garage. Sie alle können, kleiner dimensioniert, an der Mülltonneneinhausung wieder auftauchen.

Eine besondere Chance bietet das Dach der Mülltonneneinhausung: Schließlich befindet es sich in Augen- oder Nasenhöhe. Dort kann, wenn das Dach begrünt ist, ein ansprechendes, duftendes Dachgärtchen gestaltet werden. Wir müssen uns zur Beobachtung unserer kleinen Mitbewohner auf diesem übergroßen flachen Blumenkasten noch nicht einmal bücken. Geeignete Pflanzen finden Sie in der Pflanzenliste ab Seite 158 (Markierung: »D«, »Dachbegrünung«).

Wie alle vertikalen Flächen können natürlich auch die Wände der Mülltonneneinhausung begrünt werden. Eine besonders einfach zu erstellende Einhausung besteht aus Robinienpfosten, die ein begrüntes Dach tragen und zwischen denen als Rankhilfen für Kletterpflanzen Zaunelemente eingebaut oder Drahtseile gespannt sind. So wird der Gang zur Mülltonne zum Naturerlebnis.

Um den Vorgarten zu einem kleinen geborgenen Gärtchen zu machen, sind deutliche Raumgrenzen und Sichtschutz an den Sitzplätzen nötig. Da liegt es nahe, die Mülltonneneinhausung, wenn sie denn schon gebaut werden muss, genau für diesen Zweck zu nutzen. An der richtigen Stelle gebaut, kann sie die Funktion von Zaun oder Sichtschutz übernehmen. Wie Sie bestimmen, wie hoch der Sichtschutz sein muss, lesen Sie auf Seite 35.

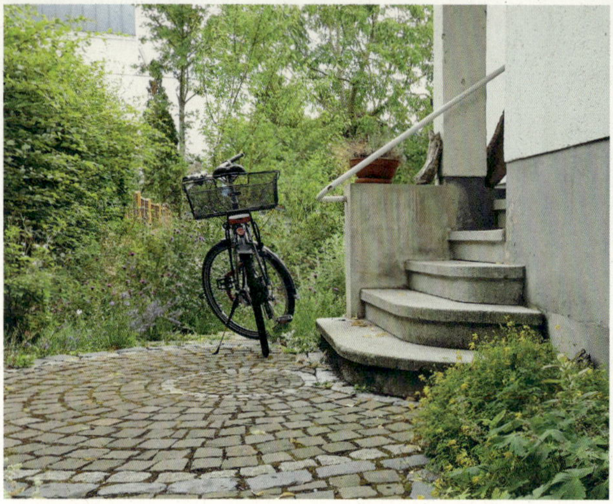 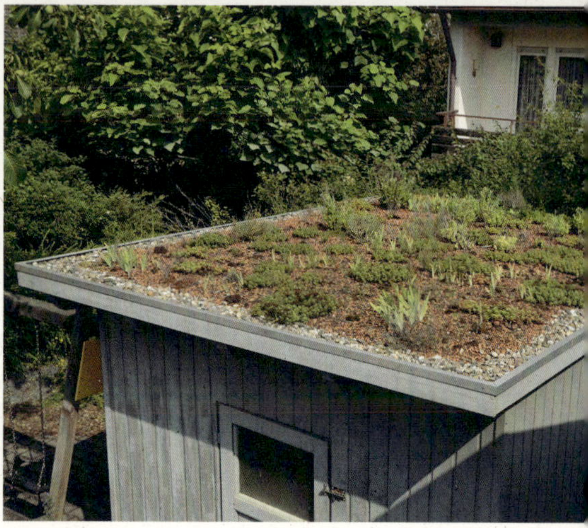

Um wie viel schöner ist es doch, auf ein begrüntes Schuppendach zu schauen – hier der Fahrradschuppen – als auf schwarze Dachpappe.

Fahrräder

So wie für die Mülltonnen suchen wir auch einen Platz für die Fahrräder: Wenn sie nicht im Haus, in der Garage oder dem Carport untergebracht werden können, dann brauchen sie eine eigene Einhausung, möglichst mit ansprechenden, begrünten Wänden und einer Dachbegrünung. Schließlich sind die Dächer von Nebengebäuden meist vom Haus aus einsehbar. Es sprechen also nicht nur ökologische Gründe dafür, sie zu begrünen, sondern auch der viel angenehmere Anblick einer begrünten, bunt blühenden Fläche, verglichen mit schwarzer Dachpappe oder schmutzigem Kies.

So viel wie nötig, so wenig wie möglich: Wegeflächen

Wer aus einem (Vor-)Platz einen Naturerlebnisgarten machen möchte, räumt Pflanzen und Lebensraumelementen möglichst viel Platz ein. Wir überlegen also, wie breit die Wege wirklich sein müssen. Meist reichen 1,50 Meter, da können zwei Menschen ohne Probleme aneinander vorbeigehen, auch ein Rolli kann auf einem Weg dieser Breite wenden. Wenn Sie von der Haustür aus in Ihren Garten und nicht auf die Straße treten wollen (siehe ab Seite 20), dann können wir zwei Funktionen auf eine Fläche bringen, die zumeist getrennt nebeneinander verlaufen: den Weg zur Haustür und die Zufahrt zur Garage oder zum Carport. Wir führen also den Weg zur Haustür am Anfang über die Garagenzufahrt und ersparen so dem Garten und unserem Portemonnaie eine Menge befestigter Fläche. Der Weg zum Haus kann durch eine höherwertige Gestaltung von der Zufahrt für das Auto getrennt werden. So bekommt man nicht das Gefühl, über einen Nebenweg ins Haus zu gelangen. Im Vorgarten kommt, auch wenn der Weg zum Eingang verschwenkt wird und deshalb etwas länger ist, trotzdem nicht viel Fläche zusammen. Wir können also ein hochwertiges Material wählen, zum Beispiel Natursteinpflaster oder Natursteinplatten, und dies in dem Stil, der uns am besten gefällt, kreativ und schön einbauen lassen.

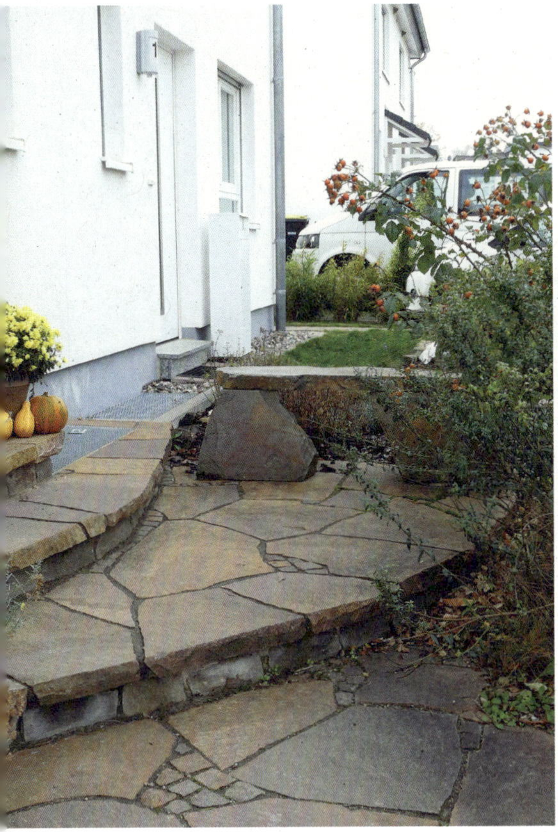

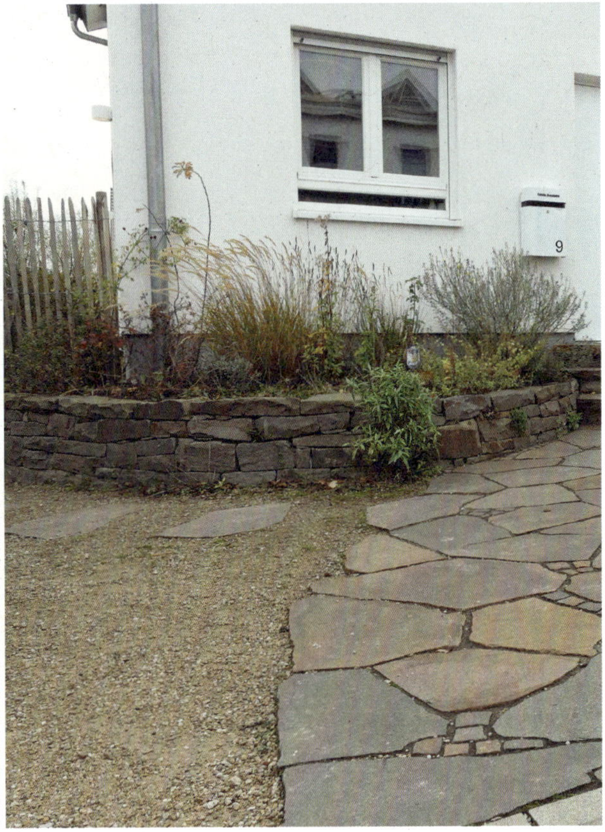

Hier wurde der Weg zum Haus mit hochwertigen Natursteinplatten, einer Trockenmauer und einer Sitzbank gestaltet.

Wenn der Weg nicht geradeaus auf die Straße führt, entsteht vor der Haustür ein kleiner geborgener Garten.

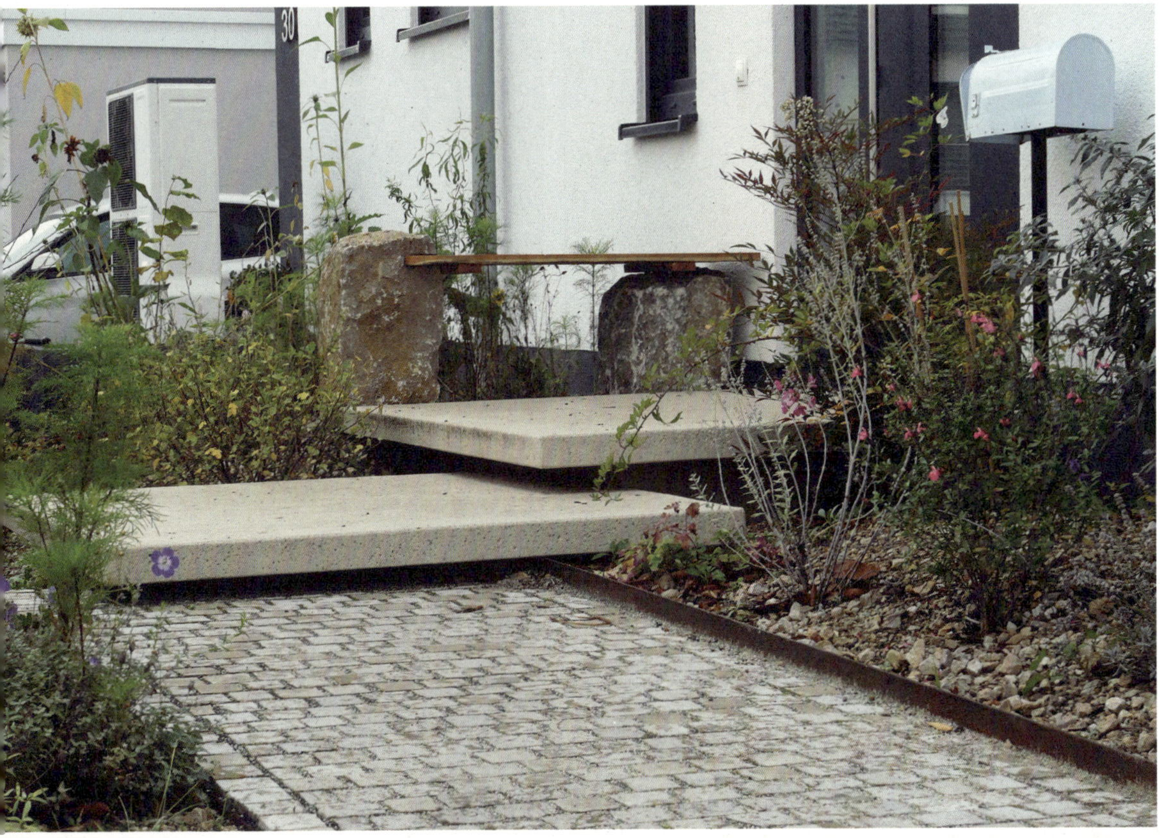

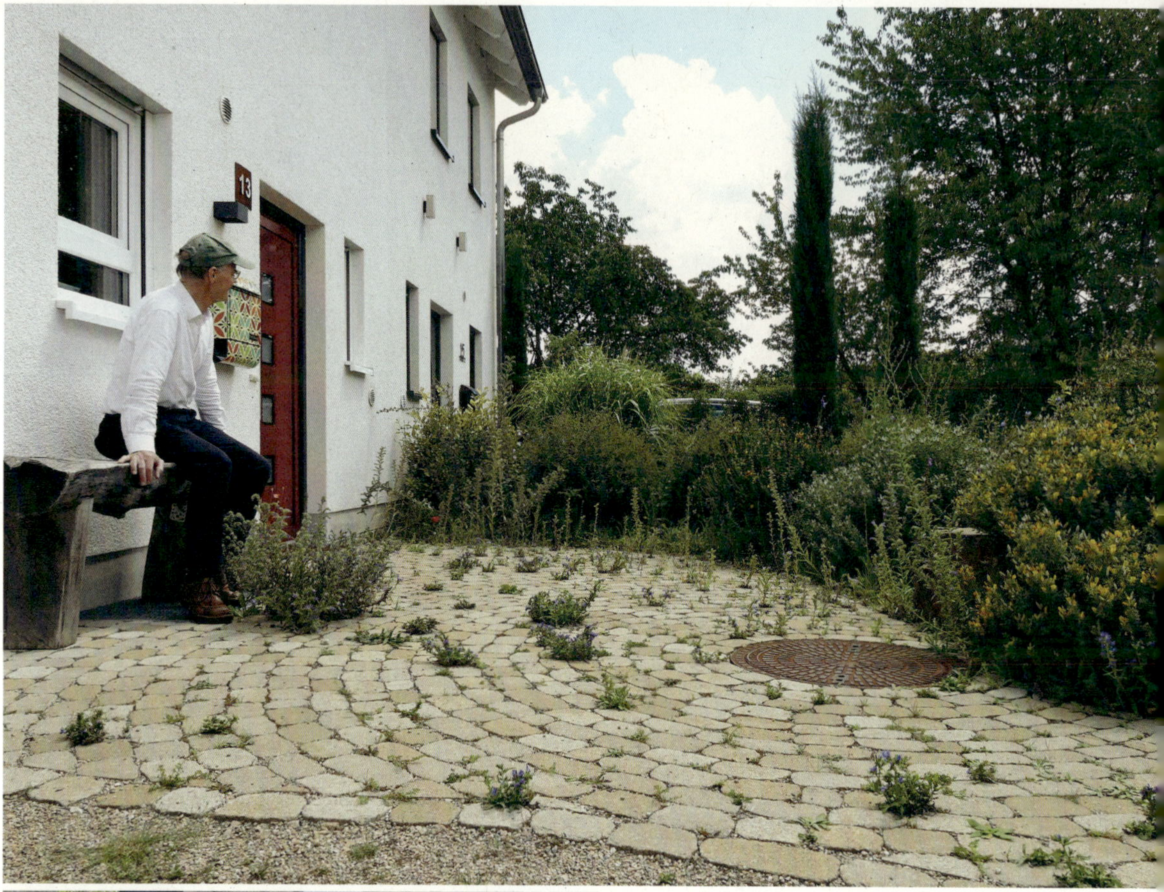
13
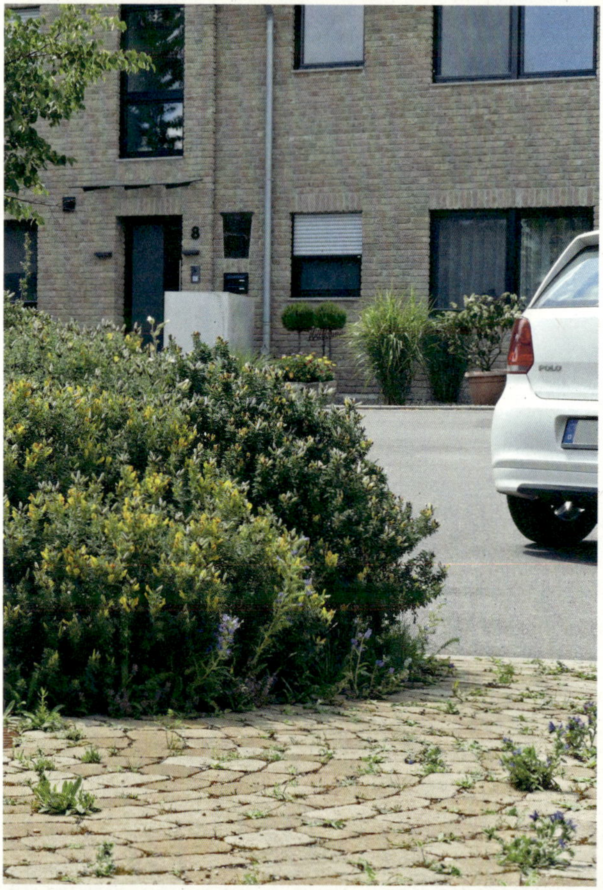
8
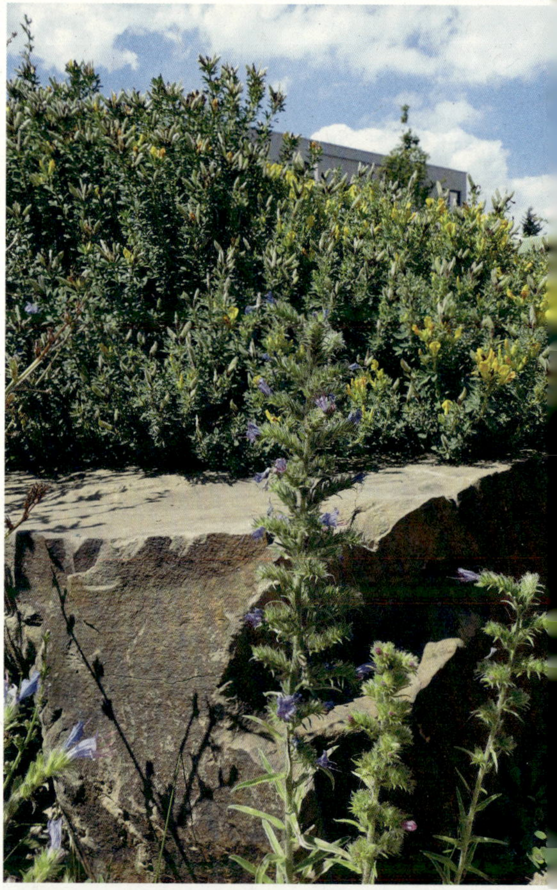

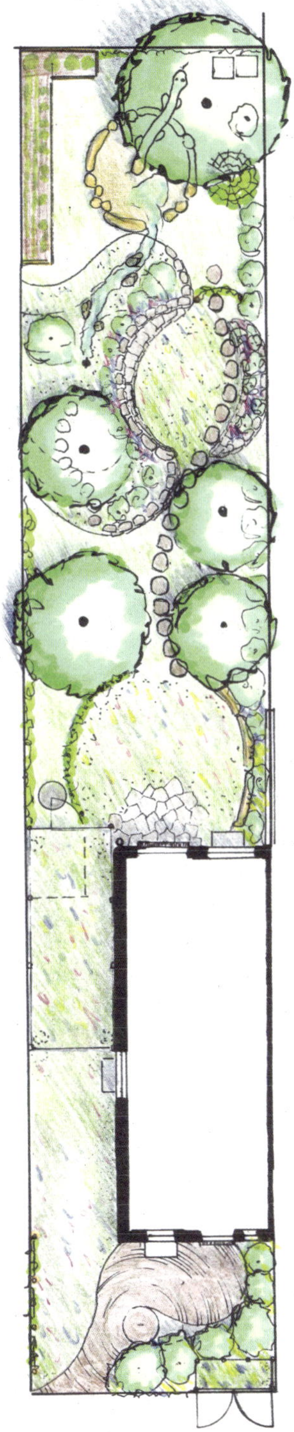

Sonniger Platz vor der Haustür

Dieser Vorgarten ist nach Süden ausgerichtet, die Terrasse hinter dem Haus liegt also die meiste Zeit des Tages im Schatten. Da ist es schön, vor dem Haus ein sonniges Plätzchen zu haben. Der Vorgarten soll einladend wirken und Kommunikation ermöglichen, aber auch die nötige Geborgenheit für gute Gespräche schaffen. Der verschwenkte Weg zur Haustür schafft die Möglichkeit, vor dem Eingang solch einen zugleich offenen und geborgenen Raum zu schaffen. Der Schachtdeckel des im Vorgarten recht störend liegenden Revisionsschachtes wird kurzerhand zum Mittelpunkt des kreisförmig verlegten Betonpflasters und so vom »Problemdeckel« zum Schmuckstück. In den Fugen des Betonpflasters hat sich violettblauer Natternkopf ausgesät.

Der über die Einfahrt geführte Weg zur Haustür rückt den Carport in den Hintergrund und schafft einen gemütlichen Treffpunkt vor der Haustür.

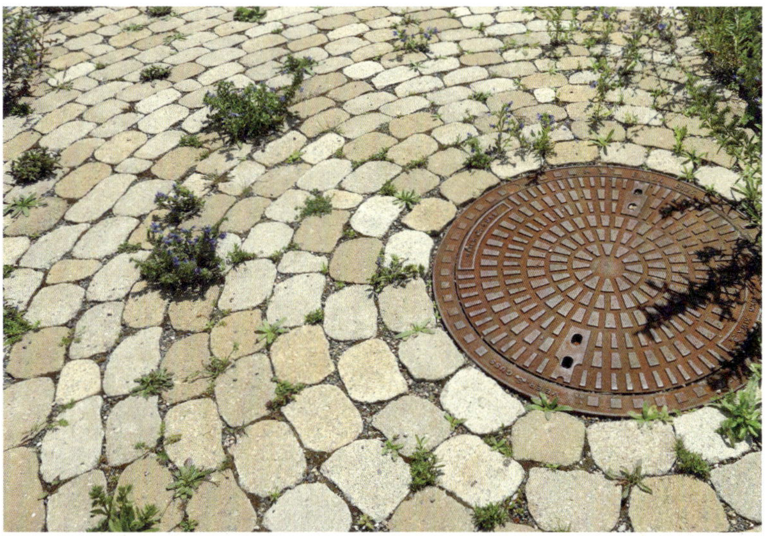

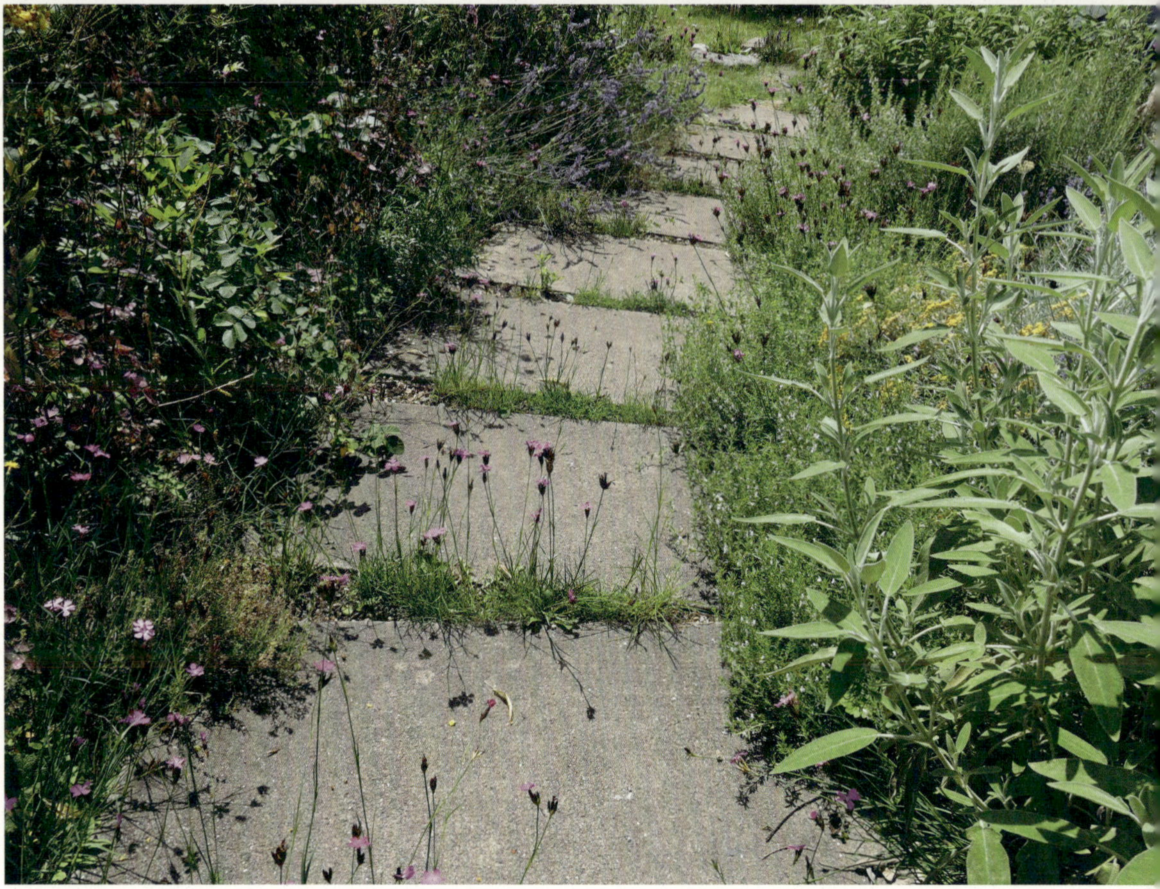

Hier sind die breiten Fugen zwischen den wiederverwendeten großen Betonplatten mit Kartäuser-Nelke begrünt.

Biologische Vielfalt in Fugen und Blumenschotterrasen

Lebendige Wege

Die unbedingt notwendige Wegefläche kann dann, in dem Bestreben der Naturgärtnerinnen und Naturgärtner, auf möglichst allen Flächen im Garten die biologische Vielfalt zu fördern, nicht nur praktisch und schön, sondern auch als Lebensraum gestaltet werden. Wir bauen also versickerungsoffen und schließen die Fugen im Belag nicht mit Mörtel oder Epoxidharz. Die Fugen im Belag sollten so breit wie bautechnisch noch möglich sein, aber gleichzeitig auch so eng, dass die Flächen bequem genutzt werden können. High Heels brauchen engere Fugen als flache Sandalen.

Statt zu warten, welche Pflanzen sich von alleine in den Fugen ansiedeln – wenn die angrenzenden Flächen nicht schon naturnah gestaltet sind, siedeln sich meist wenig interessante Allerweltspflanzen wie Einjähriges Rispengras, Löwenzahn und Nelkenwurz an –, säen wir die Fugen mit den Pflanzen ein, die uns besonders gut gefallen. So können an den Stellen, wo nicht so viel gelaufen wird, Glockenblumen, Thymian oder Taubenkropfleimkraut aus den Fugen schauen.

Abgesehen vom Weg zur Haustür und von den Flächen unmittelbar vor Terrassentüren können alle anderen Wegeflächen und Stellflächen auch weniger aufwendig befestigt werden. Dort bietet sich vor allem der Tausendsassa des naturnahen Wegebaus an, der Blumenschotterrasen. Es handelt sich dabei um eine einfache »wassergebundene Wegedecke«, die mit den Blumen und Gräsern der mageren, trockenen Standorte begrünt wird. Blumenschotterrasen werden aus reinem Schotter aufgebaut und mit Pflanzen eingesät, die wir in der Landschaft eigentlich nur noch in Naturschutzgebieten finden. Denn gerade die mageren, besonnten Standorte sind aus unserer Landschaft, so wie wir sie zugerichtet haben, fast vollständig verschwunden. Außerdem sind sie durch den Verzicht auf Oberboden tragfähiger und haltbarer als ihr konventioneller Gegenpart. Denn bei den konventionellen Schotterrasen ist es das Ziel, möglichst einen Bewuchs zu fördern, der einem Scherrasen – also einer Gras-Monokultur – ähnelt. Deshalb wird hier oft mit der Beimischung von Oberboden gearbeitet.

Mit der Anlage untergeordneter Wege- und Platzflächen als Blumenschotterrasen vergrößern wir die als Garten erlebte Fläche, denn so sind sie grün und es blühen dort interessante Pflanzen, die wiederum viele Tiere anziehen. Das eignet sich auch gut, um eine Erweiterungsfläche für Terrassen zu schaffen: Die Fläche für die Bewohner des Hauses wird aufwendiger befestigt, die Fläche, die zusätzlich gebraucht wird, wenn Gäste kommen, wird als Blumenschotterrasen angelegt.

Dieser Schotterrasen ist mit duftendem Thymian begrünt.

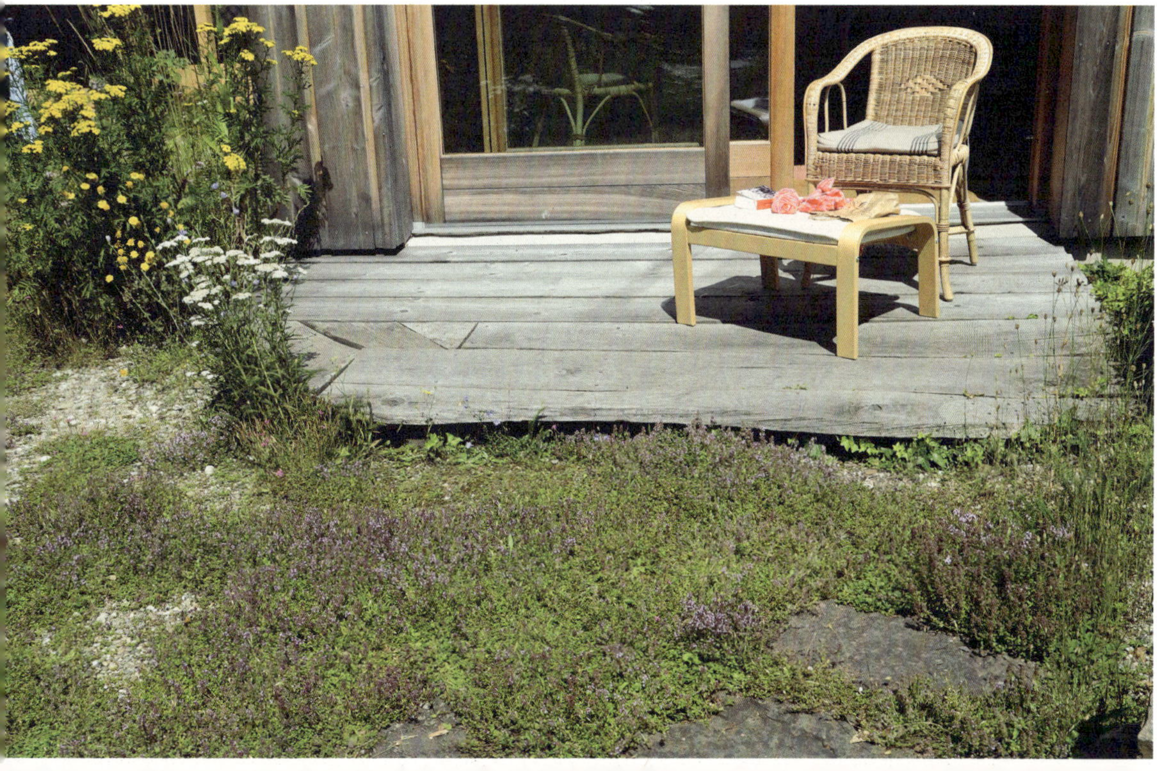

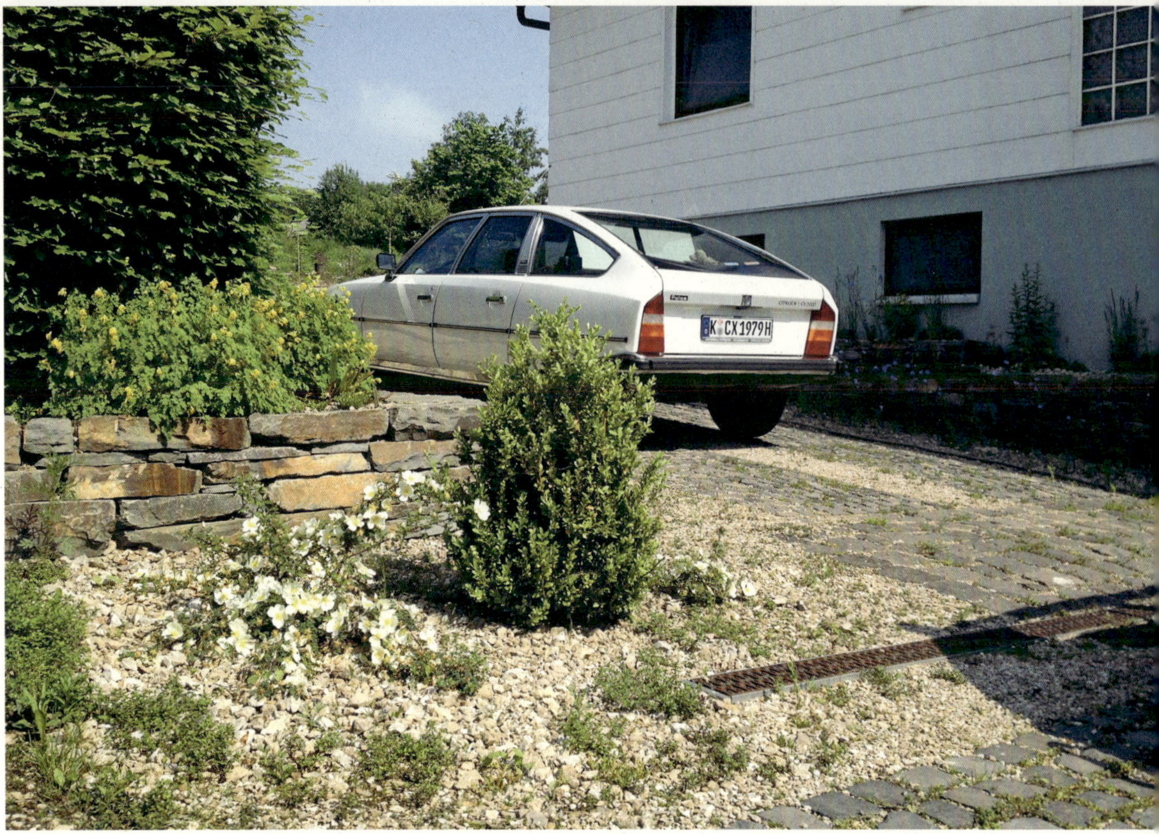

Begrünte Wege und Plätze: befestigte Fahrspuren eines Stellplatzes (oben), Fugenbegrünung (unten links) und Blumenschotterrasen mit Feldwegcharakter (unten rechts)

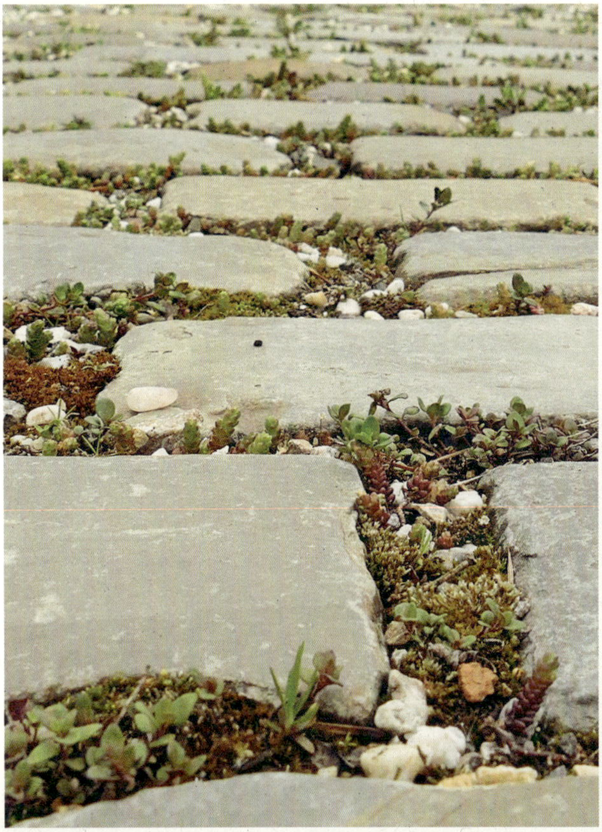

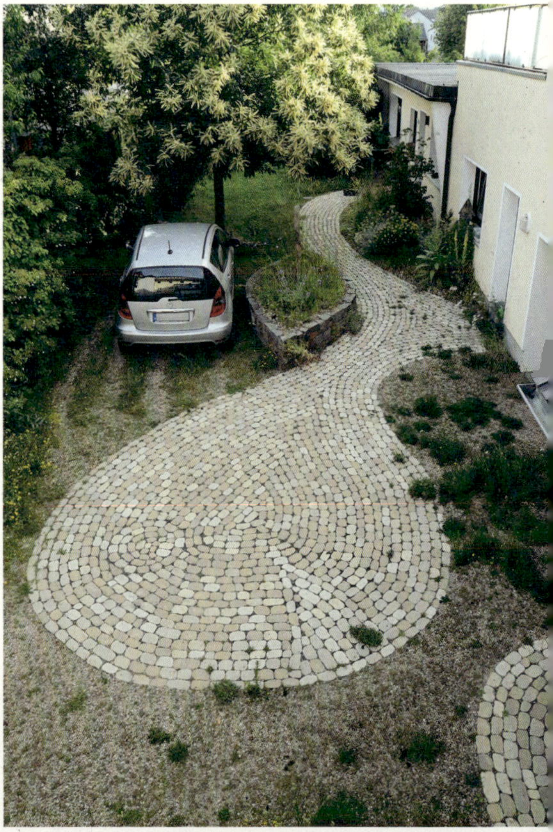

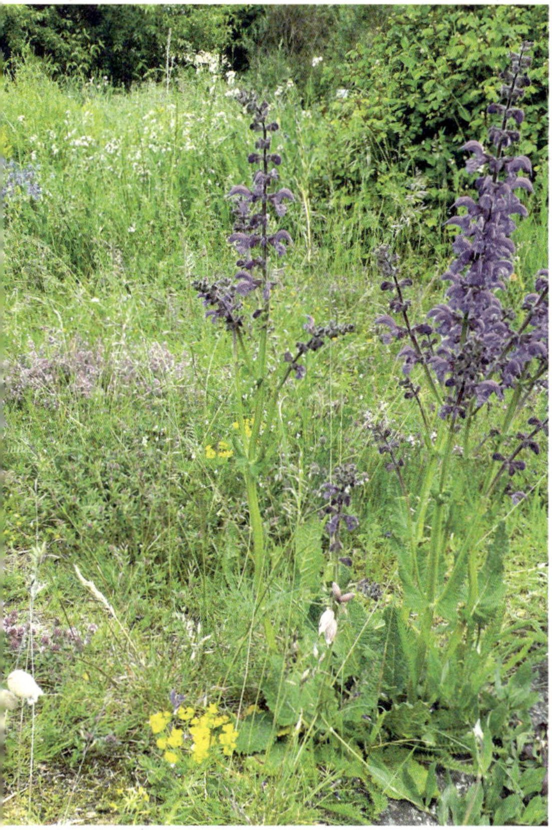

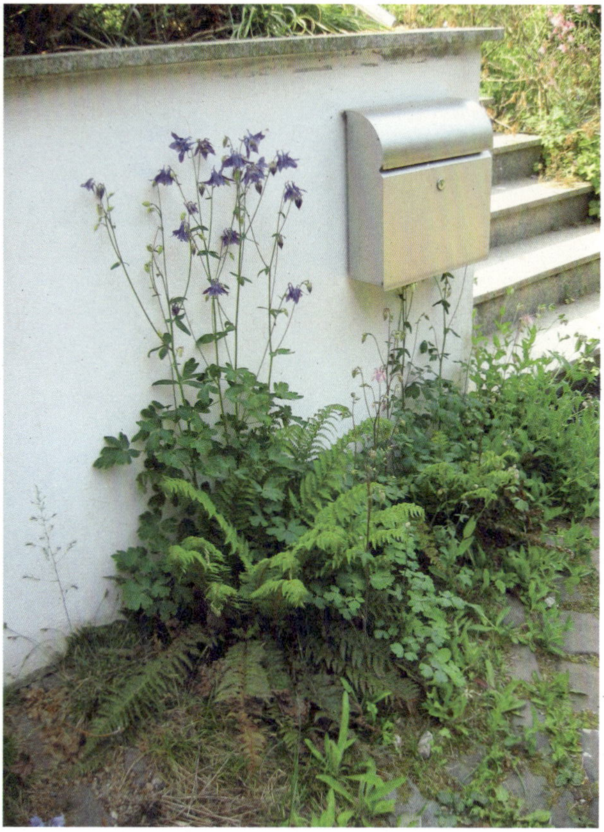

Blumenschotterrasen, der sich aufgrund fehlender Nutzung zu einem Wildstaudenbeet entwickelt hat (links) und bepflanzte Fugen im Schotter (rechts)

Manchmal müssen Stellplätze aufgrund der Baugenehmigung gebaut werden, obwohl sie nicht gebraucht werden. Dann können sich solche Flächen sogar zu schönen Magerbeeten entwickeln oder gleich als solche angelegt werden. Wir säen dann nicht eine handelsübliche bunte Mischung aus, sondern planen die Saatgutmischung nach gestalterischen Gesichtspunkten. Duftrasen entsteht, wenn wir Thymian, Oregano und andere Duftpflanzen einsäen. Oder wir wählen die Kombination von bestimmten Blütenfarben aus. Ein solcher Blumenschotterrasen kann gepflegt werden wie ein normales mageres Staudenbeet.

Dort, wo ein Auto längere Zeit abgestellt wird, oder dort, wo viel gefahren wird, entsteht auf einem Blumenschotterrasen ein feldwegartiges Aussehen, weil auf den Fahrstreifen nur noch wenig wachsen kann. Wenn das nicht gefällt, können die zukünftigen Fahrstreifen mit einem Pflasterbelag befestigt werden. Zwischen den Fahrstreifen darf es weiter grünen und blühen.

Auch breitfugig gepflasterte Flächen, die nur selten befahren oder betreten werden, können wie ein Beet angelegt werden. Dort können wir sogar richtig pflanzen. Es gibt sogenannte Dachpflanzen mit sehr kleinem Ballen. Sie werden in Kunststoffpaletten angezogen, deren Vertiefungen drei Zentimeter Seitenlänge haben. Diese Pflanzen können in die weiten Fugen hineingepflanzt werden.

Fugenpflanzen

Wissenschaftlicher Name Deutscher Name	Höhe	Blütezeit (Monate) Blütenfarbe	Standort	Anmerkungen
Acinos arvensis **Feld-Steinquendel**	30 cm	6 – 9 helllila	Sonne	etwas trittfest; Duftpflanze; nichtblühend kriechend, blühend höher; wintergrün
Ajuga genevensis **Heide-Günsel**	30 cm	4 – 6 blau	Sonne	nicht trittfest; eher am Rand; nichtblühend kriechend, blühend höher
Aquilegia vulgaris **Gewöhnliche Akelei**	80 cm	5 – 7 blauviolett	Halbschatten, Schatten	nicht trittfest; eher am Rand; auch nichtblühend relativ hoch, aber attraktive Staude für schattige Pflasterfugen am Rand
Bellis perennis **Gänseblümchen**	15 cm	1 – 11 weiß	Sonne, Halbschatten	trittfest; auch blühend niedrig
Campanula cochleariifolia **Zwerg-Glockenblume**	10 cm	7 – 9 blau	Sonne, Halbschatten	nicht trittfest, aber niedrig; bildet rasenartige Polster; wintergrün
Campanula rotundifolia **Rundblättrige Glockenblume**	25 cm	6 – 10 blau	Sonne, Halbschatten	etwas trittfest; nichtblühend niedrig, blühend höher, aber zart; wintergrün
Dianthus arenarius **Sand-Nelke**	20 cm	6 – 9 weiß	Sonne	etwas trittfest; eher am Rand; nichtblühend niedrig, blühend höher; bildet Polster; wintergrün
Dianthus deltoides **Heide-Nelke**	15 cm	6 – 9 hellpurpur	Sonne	etwas trittfest; eher am Rand; nichtblühend niedrig, blühend höher; bildet Polster
Dianthus sylvestris **Stein-Nelke**	40 cm	8 – 10 rosa	Sonne, Halbschatten	nicht trittfest; nur am Rand; nichtblühend niedrig, blühend hoch; wintergrün
Draba verna **Frühlings-Hungerblümchen**	10 cm	3 – 5 weiß	Sonne	mäßig trittfest; niedrig; einjährig; sät sich aus; wintergrün
Erodium cicutarium **Gewöhnlicher Reiherschnabel**	40 cm	6 – 10 rosa	Sonne	nicht trittfest; nur am Rand; nichtblühend niedrig, blühend hoch; meist einjährig; sät sich aus; wintergrün
Filipendula vulgaris **Kleines Mädesüß**	50 cm	6 – 7 weiß	Sonne, Halbschatten	nicht trittfest; nur am Rand; nichtblühend niedrig, blühend hoch; wintergrün
Helianthemum nummularium **Gewöhnliches Sonnenröschen**	15 cm	6 – 9 gelb	Sonne, Halbschatten	etwas trittfest; nur am Rand; nichtblühend niedrig, blühend höher; wintergrün
Helichrysum arenarium **Sand-Strohblume**	40 cm	7 – 8 gelb	Sonne	etwas trittfest; nur am Rand; nichtblühend niedrig, blühend höher; nur kalkfreie Substrate
Hieracium pilosella **Kleines Habichtskraut**	25 cm	5 – 10 gelb	Sonne, Halbschatten	trittfest; kriechend; nichtblühend niedrig, blühend höher; wintergrün
Legousia speculum-veneris **Echter Frauenspiegel**	20 cm	6 – 8 blau	Sonne, Halbschatten	etwas trittfest; niedrig; einjährig; sät sich aus
Linum perenne **Ausdauernder Lein**	60 cm	6 – 8 blau	Sonne, Halbschatten	etwas trittfest; eher am Rand; nichtblühend niedrig, blühend höher

Wissenschaftlicher Name *Deutscher Name*	*Höhe*	*Blütezeit (Monate)* *Blütenfarbe*	*Standort*	*Anmerkungen*
Lotus corniculatus **Gewöhnlicher Hornklee**	20 cm	6 – 8 gelb	Sonne, Halbschatten	etwas trittfest; eher am Rand; nichtblühend niedrig, blühend höher
Papaver argemone **Sand-Mohn**	30 cm	5 – 7 rot	Sonne, Halbschatten	nicht trittfest; eher am Rand; nicht blühend niedrig, blühend höher; ein- bis zweijährig; sät sich aus; wintergrün
Petrorhagia saxifraga **Steinbrech-Felsennelke**	20 cm	6 – 9 rosa	Sonne	trittfest; wächst polsterartig; wintergrün
Potentilla verna **Frühlingsfingerkraut**	10 cm	4 – 6 gelb	Sonne	mäßig trittfest; auch blühend niedrig; wächst kriechend; wintergrün
Prunella grandiflora **Große Braunelle**	20 cm	6 – 8 hellviolett	Sonne, Halbschatten	mäßig trittfest; wächst kriechend; auch blühend relativ niedrig
Sagina subulata **Pfriemen-Mastkraut**	3 cm	6 – 8 weiß	Sonne, Halbschatten	etwas trittfest; wintergrüne Polster; kein Moos, sondern ein Nelkengewächs; immergrün
Scabiosa columbaria **Tauben-Skabiose**	40 cm	7 – 11 blaulila	Sonne	etwas trittfest; nichtblühend niedrig, blühend höher; wintergrün
Sedum acre **Scharfer Mauerpfeffer**	10 cm	6 – 8 gelb	Sonne	etwas trittfest; eher am Rand oder in tieferen Fugen; auch blühend niedrig; wintergrün
Sedum album **Weiße Fetthenne**	10 cm	6 – 8 weiß	Sonne	nicht trittfest; eher am Rand oder in tieferen Fugen; wintergrün
Sedum sexangulare **Milder Mauerpfeffer**	10 cm	6 – 8 gelb	Sonne, Halbschatten	etwas trittfest; eher am Rand oder in tieferen Fugen; auch blühend niedrig; wintergrün
Silene nutans **Nickendes Leimkraut**	60 cm	5 – 8 weiß	Sonne, Halbschatten, Schatten	etwas trittfest; eher am Rand; nichtblühend niedrig, blühend höher
Silene vulgaris **Gewöhnliches Leimkraut**	30 cm	5 – 9 weiß	Sonne, Halbschatten	nicht trittfest; eher am Rand; nichtblühend niedrig, blühend höher; sät sich zuverlässig aus; wintergrün
Teucrium chamaedrys **Edel-Gamander**	25 cm	7 – 8 rosa	Sonne, Halbschatten	etwas trittfest; eher am Rand; nichtblühend niedrig, blühend höher; wächst posterartig; wintergrün
Teucrium montanum **Berg-Gamander**	20 cm	7 – 9 gelb	Sonne	etwas trittfest; eher am Rand; nichtblühend niedrig, blühend höher; wächst kriechend; wintergrün
Thymus praecox **Frühblühender Thymian**	10 cm	5 – 7 rotviolett	Sonne	mäßig trittfest; wächst kriechend; auch blühend relativ niedrig; wintergrün
Thymus serpyllum **Sand-Thymian**	10 cm	6 – 8 rosapurpur	Sonne, Halbschatten	mäßig trittfest; wächst kriechend; auch blühend relativ niedrig; wintergrün
Trifolium arvense **Hasen-Klee**	20 cm	6 – 9 weißlich rosa	Sonne	mäßig trittfest; nichtblühend niedrig, blühend höher; wintergrün
Viola tricolor **Wildes Stiefmütterchen**	30 cm	4 – 9 gelb-violett	Sonne, Halbschatten	mäßig trittfest; auch blühend relativ niedrig; wintergrün

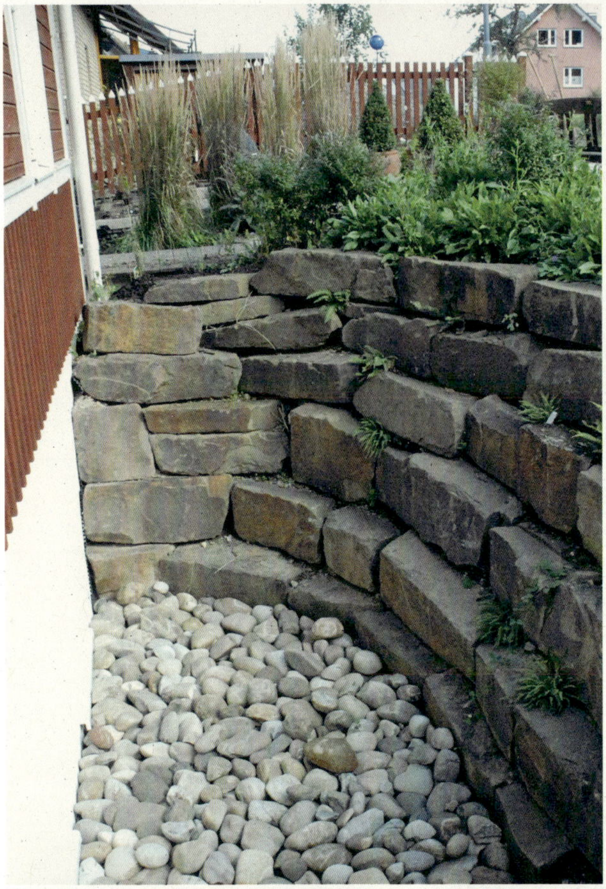
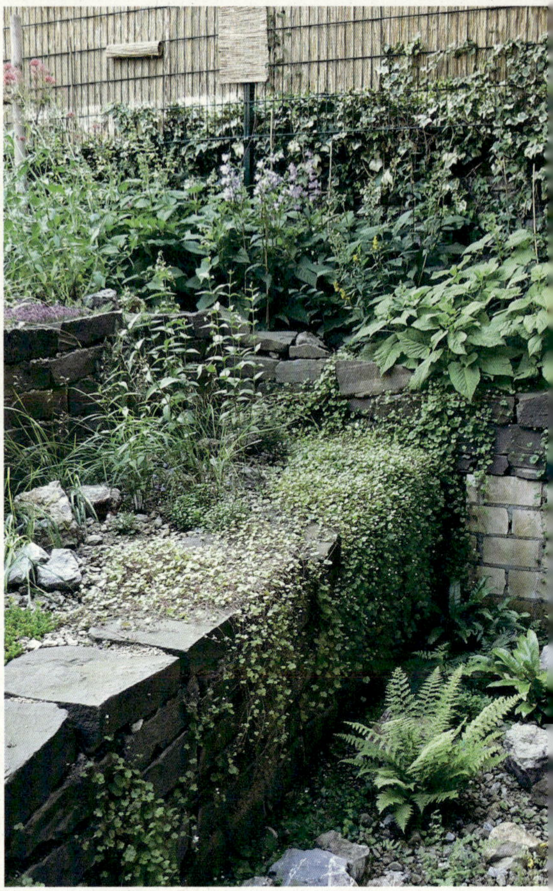
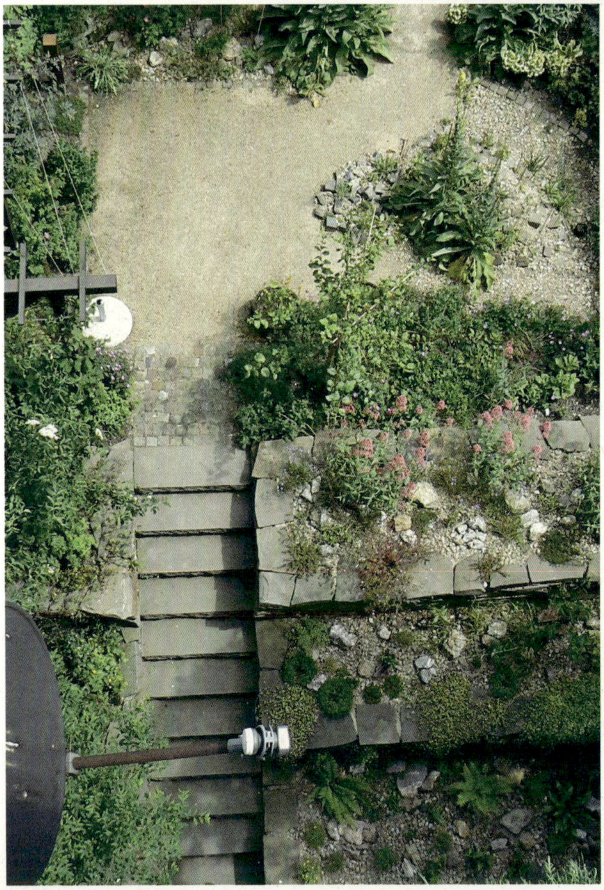
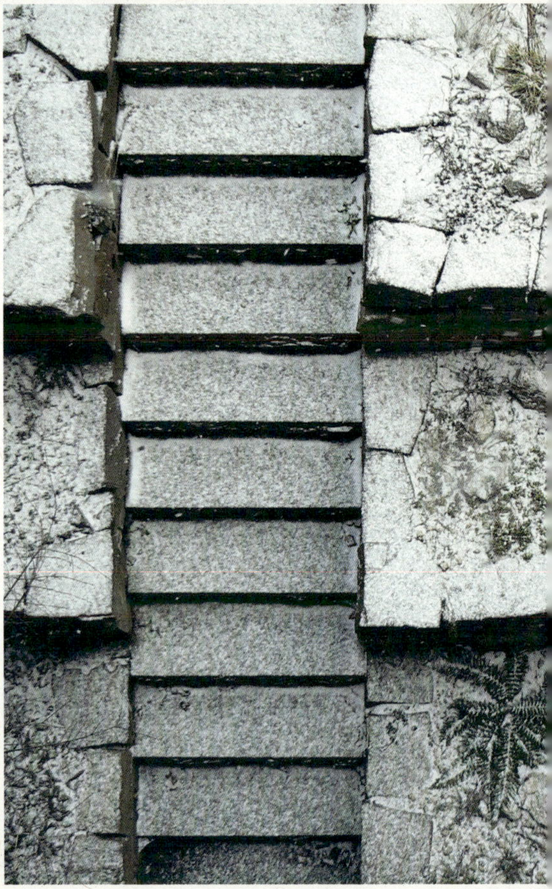

Der kleine Felsengarten

Vor dem Souterrainfenster

Vorsicht Starkregen!

Bewohnte Zimmer im Untergeschoss brauchen genügend Licht und einen Fluchtweg. Sie haben deshalb große Fenster unter dem Gartenniveau. Der steile Abhang wird meist mit Beton-Mauerscheiben, Beton-Formsteinelementen oder Kunststoff-Fertiglichtschächten befestigt. Auch diese Flächen können zu einem wunderschönen Naturgärtchen werden, wenn wir den Hang stattdessen mit einer Trockenmauer befestigen. Denn wie viel schöner ist der Blick auf Natursteine, Farne und Waldstauden als auf Beton oder Kunststoff!

Beim Bau solcher Mini-Felsengärtchen ist es zuerst wichtig, die Entwässerung vor dem Fenster, vor allem in Hinblick auf die immer häufiger werdenden Starkregenereignisse zu bedenken. Das Niveau vor dem Fenster muss nach den geltenden Regeln mindestens fünfzehn Zentimeter unter der Brüstung liegen. Damit gibt es für Starkregen einen »Zwischenspeicher« vor der Brüstung von 150 Litern pro Quadratmeter ebene Fläche. Je weniger steil wir nun die Wände unseres Hanggärtchens machen, desto größer wird die Fläche, auf die Regen fällt, der dann vor das Fenster läuft. Das ist ein Grund, die Fläche nicht zu groß und den Hang nicht zu flach zu gestalten. Ein anderer Grund für die steilen Wände vor dem Souterrainfenster ist meist der beengte Raum. Naturstein-Blocksteine lassen sich in solchen Situationen oft mit weniger Aufwand setzen als Trockenmauersteine, allerdings kann das nur ein Profi mit Bagger machen. Der Unterbau der Trockenmauer kann so gebaut werden, dass dort Regenwasser versickern kann. Dafür wird das Fundament aus Grobschotter, also ohne den sogenannten »Feinanteil« (kleine und kleinste Steinchen), gebaut. Für den Notfall muss ein Hofablauf oder eine andere Entwässerungseinrichtung eingebaut werden, die aber nicht an die Kanalisation angeschlossen werden darf, sondern am besten an eine eigene Versickerungseinrichtung. Denn bei dem Anschluss an den Abwasserkanal besteht die Gefahr, dass aus solchen Abläufen schlimmstenfalls bei Starkregenereignissen Abwasser quillt oder dass – im besseren Fall – die Rückstausicherung den Ablauf schließt und er dann nichts mehr nützt. Um die Menge Regenwasser, die sicher zwischengespeichert werden muss, abzuschätzen, können Sie die Fläche des Wassereinzugsgebiets vor dem Souterrainfenster abschätzen (in Quadratmetern) und diese mit 100 Liter multiplizieren, das ist die Menge, die bei besonders heftigen Starkregenereignissen vom Himmel fällt. Bei hohen Häusern muss noch fünfzig Prozent der Wandfläche über dem Fenster mit eingerechnet

Bilder links: Aus dem Abhang vor dem Souterrainfenster kann ein spannendes Felsengärtchen werden.

werden. Um diese zu berechnen, multiplizieren Sie die Wandlänge an der Stelle, wo das Regenwasser nicht ins Gelände ablaufen kann, mit der Höhe der Wand. Sicher schützen Sie Ihren Keller vor eindringendem Wasser, wenn genügend Raum zur Zwischenspeicherung des so errechneten Volumens zur Verfügung steht. Denn die eingebauten Entwässerungseinrichtungen können im Falle des Falles auch versagen, zum Beispiel, weil man vergessen hat, sie zu prüfen und zu reinigen.

Verhindern Sie durch eine entsprechende Gestaltung des Geländes, dass Regenwasser von größeren Flächen den Hang zum Souterrainfenster hinunterfließt. Ein Gefälle des umgebenden Geländes auf das Souterrainfenster zu muss also unbedingt vermieden werden, denn das kann das »Wassereinzugsgebiet« und damit die Menge an Wasser, die vor dem Fenster landet, stark vergrößern, vor allem, wenn das Haus an einem Hang liegt.

Das Felsengärtchen

Trockenmauern aufzuschichten, ist kein Hexenwerk. Mit gutem Werkzeug gelingt auch die Bearbeitung der Steine, dann können diese in ein Format gebracht werden, sodass sie gut in die Mauer passen.

Trockenmauern bestehen aus Steinen, die ein oder zur Not zwei Mauerbauer oder Mauerbauerinnen von Hand setzen können. Blocksteine sind viel größer und werden vom Profi mit dem Bagger eingebaut. Blocksteinsetzungen bleiben aber trotzdem Trockenmauern. Sie werden also auf ein Fundament aus Schotter gesetzt und mit Schotter (bis hinter den obersten Stein!) hinterfüllt. Ein weiterer Vorteil von Natursteinsetzungen als Wand eines Lichtschachtes: Dort finden Tiere, die sich nach unten verirren, immer genug raue Bereiche, an denen sie wieder herausklettern können. Wenn Blocksteine doch zu steil sein sollten, können wir für Igel und Co. kleine Rampen aus Ästen oder Brettern bauen.

Je nach Ausrichtung des Fensters sind unsere Felsengärtchen mehr oder weniger besonnt. Meist sind sie recht schattig, da sowohl der Hang als auch das Haus Schatten werfen, nur selten sind sie lange besonnt. Immer können sie sehr spannend mit einheimischen Pflanzen gestaltet werden. Im Vollschatten ist das Reich der Farne und Waldpflanzen. An sonnigen Standorten haben wir die Möglichkeit, einen duftenden Kräuterhang anzulegen.

Grundregeln Trockenmauerbau

Die Bauphysik einer Trockenmauer ist simpel: Alle Steine sind untereinander kraftschlüssig verbunden und das Gewicht des Bauwerks übersteigt die einwirkenden Kräfte (das einwirkende Gewicht, zum Beispiel den Hangdruck). Um einen stabilen Kraftschluss, also das Weiterleiten der einwirkenden Kräfte in das gesamte Bauwerk, zu erreichen, müssen folgende Regeln eingehalten werden:

- Die Mauer hat einen frostsicheren Unterbau aus verdichtetem Schotter.
- Die Hinterfüllung aus Schotter reicht bis hinter die Decksteine.
- Die Hinterfüllung wird parallel zum Aufbau verdichtet.
- Die Mauerbasis misst in der Breite mindestens 30 Zentimeter oder ein Drittel der Mauerhöhe. Je nach Situation, zum Beispiel bei einem großen Hangdruck und bindigem Boden, kann das auch noch mehr sein. Deshalb ist insbesondere bei höheren Mauern der Rat von Fachleuten gefragt. Wenn die Steine zu klein sind, dann werden mehrere Lagen hintereinander verbaut: Hinter den Steinen der Ansichtsseite liegt also die Hintermauerung.
- Jeder dritte Stein ist ein Binderstein, seine längere Seite wird rechtwinklig zur Ansichtsseite eingebaut. Bei Mauern mit Hintermauerung bindet ein Stein je Quadratmeter Ansichtsfläche durch die Hintermauerung durch, ist also so tief wie die gesamte Mauer.
- Die Mauer hat einen Anlauf von 10 Prozent, das heißt, in einem Meter Höhe weicht sie 10 Zentimeter von der Vertikalen nach innen ab. Bei geradlinig und nicht geschwungen verlaufenden Mauern hilft ein Schnurgerüst beim Einhalten des Anlaufs.
- Fugen werden nicht verfüllt. Jeder Stein liegt auf den darunter liegenden Steinen an mindestens drei Punkten auf.
- An Fugen überbindet der obere Stein mindestens 10 Zentimeter oder ein Drittel der Steinlänge.
- Es gibt keine Kreuzfugen und keine lang durchgehenden Stoßfugen.
- Falls ein Stein wackelt, werden Zwickel (kleine Steinsplitter) unterlegt, aber nur von hinten, denn wenn etwas von vorne eingesteckt wird, kann es auch nach vorne wieder herausfallen.
- Große Steine halten die Mauer an den »losen Seiten«, also dort, wo die Steine nicht allseitig ins Mauerwerk eingebunden sind, nämlich unten, als Decksteine und an Mauerenden beziehungsweise Mauerecken.
- Die Bepflanzung wird während des Aufbaus mit »eingemauert«.
- Steine werden so eingebaut, dass die natürliche Schichtung der Steine, das »Lager«, nie vertikal gestellt wird. Das Lager liegt immer so, wie die Mauerfuge verläuft.

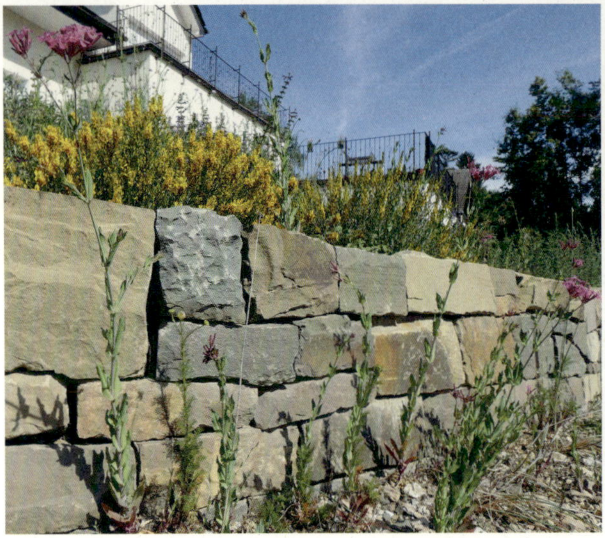

oben: Trockenmauern fangen Hänge ab: in der Sonne ...

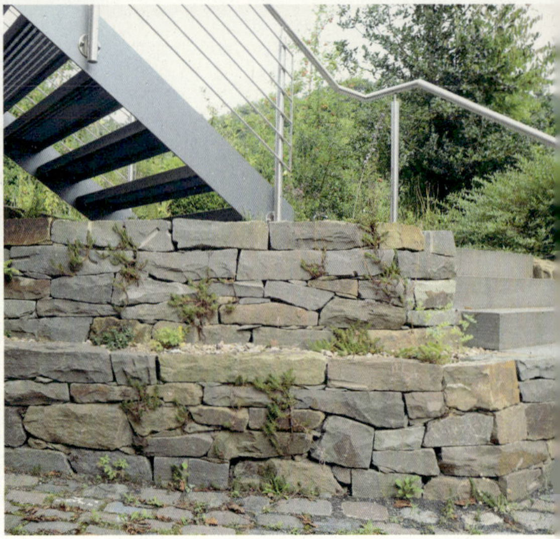

... und im Schatten.

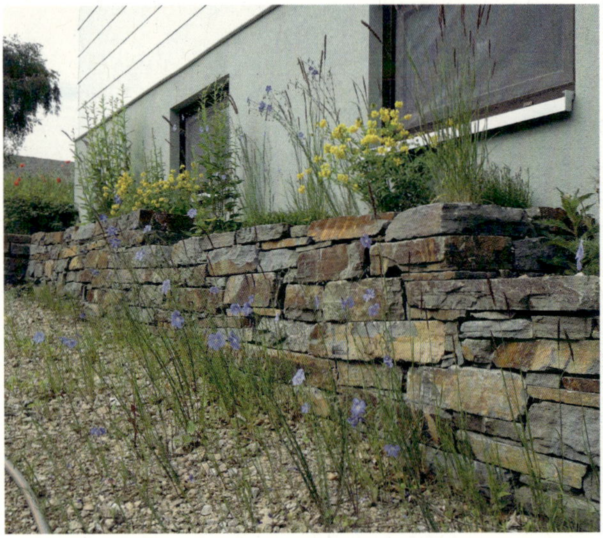

oben: Eine Trockenmauer bindet das Haus wunderbar in den Garten ein.

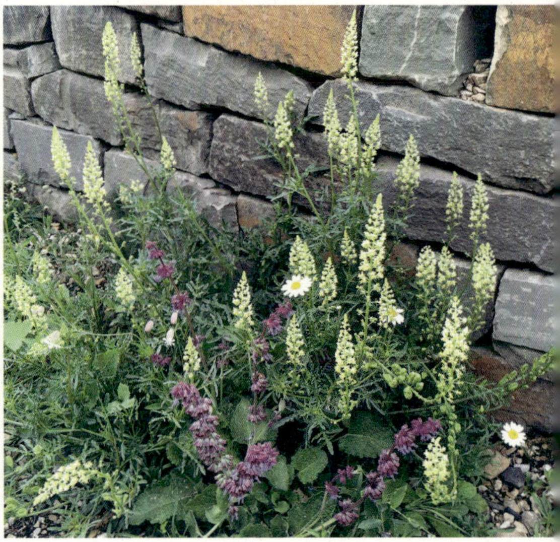

oben: Gelbe Resede und Quirl-Salbei am Mauerfuß

unten: Engelsüß auf einer schattigen Trockenmauer

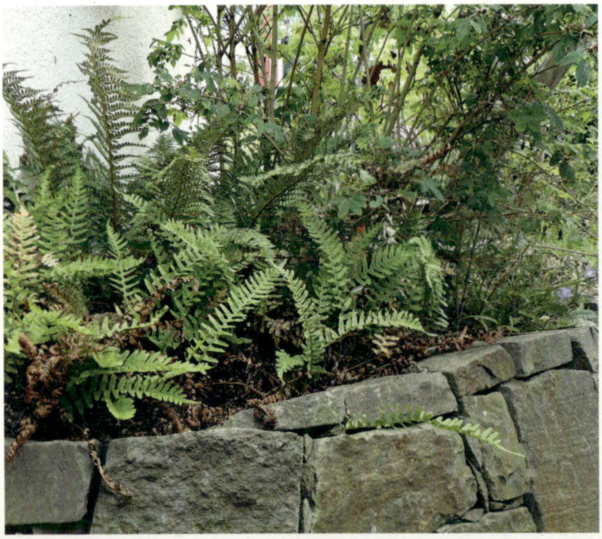

unten: Trockenmauersitzbank

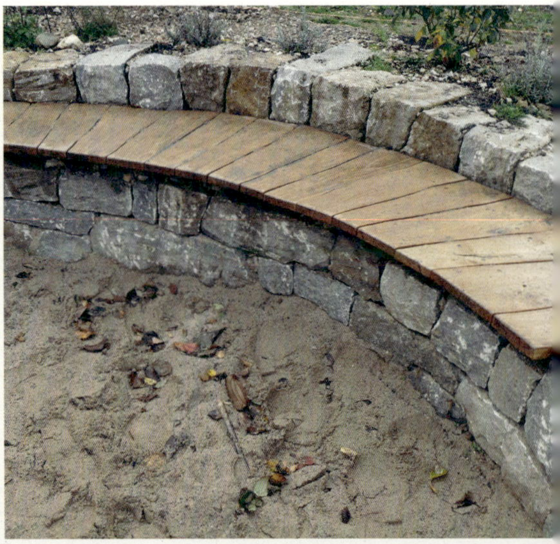

Pflanzen für Trockenmauern im Schatten

Wissenschaftlicher Name *Deutscher Name*	*Höhe* *Blütenfarbe*	*J*	*F*	*M*	*A*	*M*	*J*	*J*	*A*	*S*	*O*	*N*	*D*	*Anmerkungen*
Stauden														
Primula auricula **Alpen-Aurikel**	25 cm gelb				✿	✿	✿							wintergrün; kalkliebend; kühl
Silene nutans **Nickendes Leimkraut**	60 cm weiß					✿	✿	✿	✿					
Viola biflora **Zweiblütiges Veilchen**	10 cm gelb					✿	✿	✿	✿					wintergrün; kalkliebend; kühl
Saxifraga paniculata **Trauben-Steinbrech**	30 cm weiß						✿	✿						wintergrün; kalkliebend, kühl
Saxifraga cuneifolia **Keilblättriger Steinbrech**	15 cm weiß						✿	✿	✿					wintergrün; kühl
Sedum rupestre **Felsen-Fetthenne**	15 cm gelb						✿	✿	✿					wintergrün
Campanula cochleariifoliea **Zwerg-Glockenblume**	10 cm blauviolett						✿	✿	✿	✿				wintergrün; kühl
Cymbalaria muralis **Mauer-Zimbelkraut**	10 cm hellviolett						✿	✿	✿	✿				wintergrün; kalkliebend
Dianthus sylvestris **Stein-Nelke**	40 cm rosa								✿	✿	✿			Halbschatten; wintergrün
Farne														
Asplenium adiantum-nigrum **Schwarzstieliger Streifenfarn**	25 cm													wintergrün
Asplenium ceterach **Schriftfarn**	10 cm													Halbschatten; wintergrün; kalkliebend
Asplenium rura-muraria **Mauerraute**	5 cm													wintergrün; kalkliebend
Asplenium scolopendrium **Hirschzunge**	35 cm													wintergrün; kalkliebend
Asplenium trichomanes **Braunstieliger Streifenfarn**	10 cm													
Cystopteris fragilis **Zerbrechlicher Blasenfarn**	30 cm													kalkliebend
Gymnocarpium dryopteris **Eichenfarn**	30 cm													
Gymnocarpium robertianum **Ruprechtsfarn**	25 cm													kalkliebend
Polypodium vulgare **Engelsüß**	10 – 30 cm													wintergrün
Polystichum aculeatum **Stacheliger Schildfarn**	80 cm													wintergrün

Bilder links: Trockenmauern und einheimische Wildpflanzen – ein perfektes Paar

Pflanzen für Trockenmauern in der Sonne

Wissenschaftlicher Name *Deutscher Name*	*Höhe* *Blütenfarbe*	*J*	*F*	*M*	*A*	*M*	*J*	*J*	*A*	*S*	*O*	*N*	*D*	*Anmerkungen*
Alyssum montanum **Berg-Steinkraut**	30 cm gelb			✿	✿	✿								wintergrün
Potentilla arenaria **Sand-Fingerkraut**	15 cm gelb			✿	✿	✿								wintergrün
Euphorbia cyparissias **Zypressen-Wolfsmilch**	30 cm gelbgrün				✿	✿								
Ajuga genevensis **Heide-Günsel**	30 cm blau				✿	✿	✿							kalkliebend
Potentilla verna **Frühlings-Fingerkraut**	5 cm gelb				✿	✿	✿							wintergrün; kalkliebend
Draba aizoides **Immergrünes Felsenblümchen**	10 cm gelb				✿	✿	✿	✿	✿					wintergrün; kalkliebend
Saponaria ocymoides **Rotes Seifenkraut**	20 cm rosa				✿	✿	✿	✿	✿	✿	✿			wintergrün; kalkliebend
Dianthus gratianopolitanus **Pfingst-Nelke**	20 cm rosa					✿	✿							wintergrün; kalkliebend
Dryas octopetala **Silberwurz**	10 cm weiß					✿	✿							wintergrün; kalkliebend; kühl
Globularia bisnagarica **Gewöhnliche Kugelblume**	30 cm blauviolett					✿	✿							wintergrün; kalkliebend
Hippocrepis comosa **Hufeisenklee**	20 cm gelb					✿	✿	✿						wintergrün; kalkliebend
Thymus praecox **Frühblühender Thymian**	5 cm dunkelrosa					✿	✿	✿						wintergrün; kalkliebend
Gypsophila repens **Kriechendes Gipskraut**	10 cm weiß					✿	✿	✿	✿					wintergrün; kalkliebend
Hieracium pilosella **Kleines Habichtskraut**	25 cm gelb					✿	✿	✿	✿	✿	✿			wintergrün
Anthyllis montana **Berg-Wundklee**	20 cm rosa						✿	✿						kalkliebend
Coronilla coronata **Berg-Kronwicke**	40 cm gelb						✿	✿						kalkliebend
Potentilla crantzii **Zottiges Fingerkraut**	10 cm gelb						✿	✿						wintergrün; kalkliebend; kühl
Geranium sanguineum **Blut-Storchschnabel**	30 cm rotpurpur						✿	✿	✿					Herbstfärbung; kalkliebend
Potentilla argentea **Silberfingerkraut**	10 cm gelb						✿	✿	✿					
Prunella grandiflora **Großblütige Braunelle**	20 cm violett						✿	✿	✿					kalkliebend

Wissenschaftlicher Name *Deutscher Name*	*Höhe* *Blütenfarbe*	*J*	*F*	*M*	*A*	*M*	*J*	*J*	*A*	*S*	*O*	*N*	*D*	*Anmerkungen*
Sedum album **Weißer Mauerpfeffer**	10 cm weiß						✿	✿	✿					
Sedum sexangulare **Milder Mauerpfeffer**	8 cm gelb						✿	✿	✿					wintergrün
Thymus serpyllum **Sand-Thymian**	10 cm rosapurpur						✿	✿	✿					wintergrün
Acinos alpinus **Alpen-Steinquendel**	30 cm blauviolett						✿	✿	✿	✿				kalkliebend
Acinos arvensis **Feld-Steinquendel**	30 cm helllila						✿	✿	✿	✿				wintergrün
Asperula cynanchica **Hügel-Meier**	15 cm hellrosa						✿	✿	✿	✿				kalkliebend
Dianthus carthusianorum **Kartäuser-Nelke**	50 cm purpurrot						✿	✿	✿	✿				kalkliebend
Dianthus deltoides **Heide-Nelke**	15 cm hellpurpur						✿	✿	✿	✿				wintergrün
Helianthemum nummularium **Gewöhnliches Sonnenröschen**	15 cm gelb						✿	✿	✿	✿				wintergrün
Petrorhagia saxifraga **Felsennelke**	20 cm rosaweiß						✿	✿	✿	✿				wintergrün; kalkliebend
Sedum album **Weiße Fetthenne**	5 cm weiß						✿	✿	✿	✿				wintergrün
Campanula rotundifolia **Rundblättrige Glockenblume**	25 cm blau						✿	✿	✿	✿	✿			wintergrün
Thymus pulegioides **Arznei-Thymian**	30 cm hellrosarot						✿	✿	✿	✿	✿			wintergrün
Bupleurum rapunculoides **Hahnenfuß-Hasenohr**	50 cm gelblich							✿	✿					kalkliebend; kühl
Teucrium chamaedris Edel-Gamander	25 cm rosa							✿	✿					wintergrün; kalkliebend
Sempervivum arachnoideum **Spinnweben-Hauswurz**	10 cm rosa							✿	✿	✿				wintergrün
Sempervivum tectorum **Dach-Hauswurz**	30 cm rosa							✿	✿	✿				wintergrün
Potentilla caulescens **Stängel-Fingerkraut**	30 cm weiß							✿	✿	✿				kalkliebend; kühl
Teucrium montanum **Berg-Gamander**	20 cm blassgelb							✿	✿	✿				wintergrün; kalkliebend

Einbeziehung vertikaler Flächen

Gartenfläche vergrößern

Fassaden

Bei kleinen Gärten, insbesondere bei mehrstöckigen Häusern, haben die angrenzenden Fassaden oft eine größere Fläche als der Garten selbst, denn das Baurecht schreibt als Mindestabstand zur Grundstücksgrenze immer nur einen Bruchteil der Wandhöhe vor. In verdichteten Baugebieten kann also die Fläche des Gartens vervielfacht werden, wenn wir auch die Wandflächen als Garten betrachten. Fassaden können vielfältig begrünt werden: Das fängt mit Blumenkästen vor den Fenstern oder auf Blumentreppen an und endet bei einem Haus im Efeupelz, also der vollständigen Begrünung aller Fassaden mit einer immergrünen Rankpflanze.

Zurzeit wird mit Fassadenbegrünungen experimentiert, die ähnlich wie Dachbegrünungen aufgebaut sind, also quasi vor die Fassade gehängte Pflanzgefäße. Das können flache, mit Mineralfaser oder anderen Substraten gefüllte Wandverkleidungen sein oder auch einfach ganz viele Blumenkästen. Diese werden über ein ausgeklügeltes System bewässert. Der Gedanke liegt nahe, mit solch einem System sogar Gemüse anzubauen, also vertikale Nutzgärten zu schaffen. Aufgrund der nötigen Technik ist solch eine »fassadengebundene« Begrünung aber auch sehr anfällig gegenüber technischen Fehlern. Und teuer ist das Ganze auch noch.

Die bodengebundene Fassadenbegrünung hat sich seit Langem bewährt. Hier wurzeln die Pflanzen tief in der Erde, und das notwendige Wasser steht ihnen dadurch immer zur Verfügung. Es gibt viele verschiedene, auch viele ökologisch wertvolle einheimische Pflanzenarten für jeden Zweck und für jede Belichtungssituation, sowohl für schattige als auch für sonnige Standorte.

Selbstklimmer halten sich mit Haftorganen an der Wand fest. Dazu gehören der einheimische Efeu und die aus Amerika stammenden Jungfernreben, auch »Wilder Wein« genannt, die zwar entfernt mit unserer Kulturrebe verwandt sind, aber keine essbaren Beeren tragen. Honigbienen besuchen die Blüten in großer Menge, und verschiedene Vogelarten fressen die Früchte. Der heimische Efeu blüht sehr spät im Jahr zwischen August und Oktober und ist eine wichtige späte Nektarquelle. Seine Früchte bieten Vögeln bis ins Frühjahr noch Nahrung. Im dichten Geäst der Selbstklimmer finden zahlreiche Insekten, Spinnen und das eine oder andere Vogelpärchen Lebensraum und Nistplätze. Selbstklimmer brauchen keine Rankhilfen, müssen aber durchaus beaufsichtigt werden. Denn ihre äußerste, sehr feine Spitze wächst in jede noch so dünne Spalte ein. Aufgrund des Dickenwachstums der Spros-

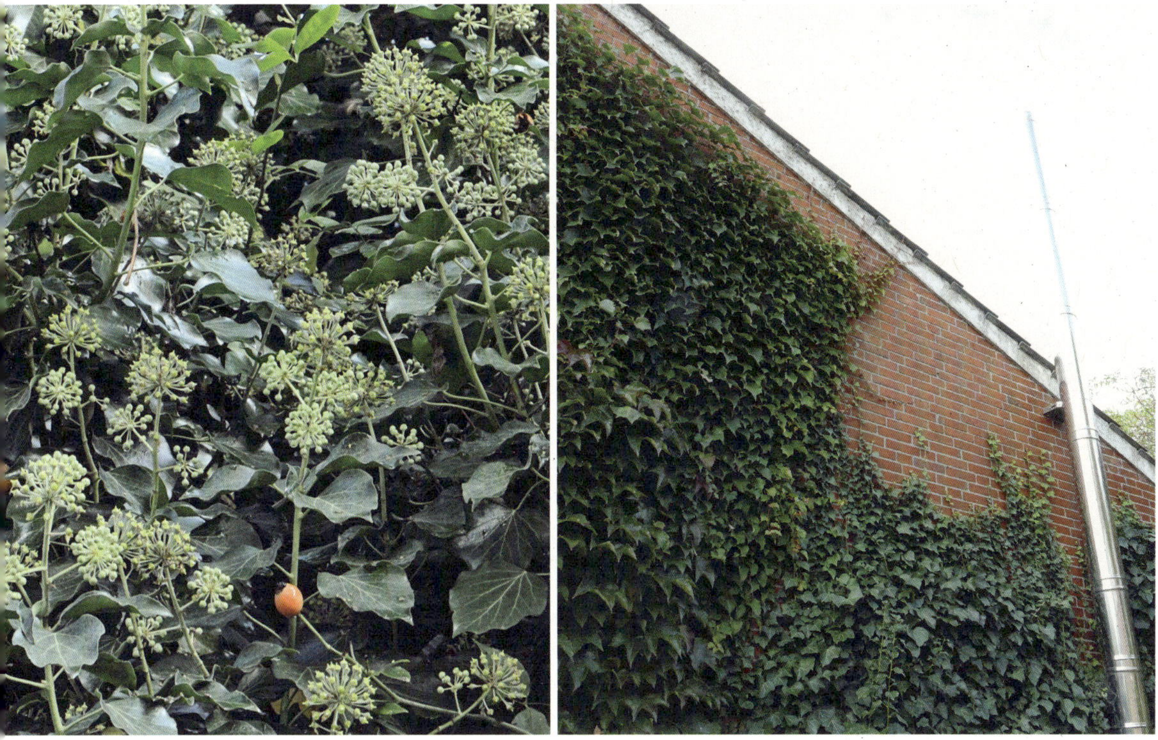

Die Altersform des Efeus (links) blüht spät im Jahr und fruchtet im Winter. Selbstklimmer wie Efeu und Jungfernrebe müssen an Dächern und anderen Gebäudeöffnungen regelmäßig zurückgeschnitten werden (rechts).

se können Fugen so erweitert und – im Extremfall – langfristig auch Dächer oder Gebäude »abgerissen« werden. Selbstklimmer müssen also vom Dach, insbesondere von der Attika eines Flachdaches, und von allen Öffnungen in der Wand wie Türen, Fenstern und Lüftungen ferngehalten werden. Mindestens einmal im Jahr sollte an diesen Stellen ein Rückschnitt durchgeführt werden. Aber jede intakte Wand ohne Risse kann mit Selbstklimmern begrünt werden, die die Mauer dann zusätzlich schützen, denn auch die Mauer leidet weniger, wenn das Klima ausgeglichener ist und es geringere Temperaturunterschiede zwischen Tag und Nacht gibt.

Wer die Wandbegrünung etwas besser unter Kontrolle halten möchte, kann auf Pflanzenarten zurückgreifen, die eine Rankhilfe benötigen. Die Pflanzen können dann nur dort wachsen, wo es Rankhilfen gibt. Die Auswahl an Pflanzenarten ist groß, auch der schmackhafte Verwandte des Wilden Weins, unsere köstliche Kulturrebe, gehört dazu. Wir unterscheiden bei Pflanzen, die Rankhilfen brauchen, Schlinger, Ranker und Spreizklimmer. Schlinger winden sich um die Rankhilfen und bevorzugen deshalb vertikal verlaufende Strukturen. Bei Rankern umwachsen Sprossenden, Blattstiele oder spezielle fadenförmige Blätter dünne lange Strukturen und befestigen sich auf diese Weise an den Rankhilfen. Ranker brauchen sowohl vertikale als auch horizontale Sprossen oder Drähte. Spreizklimmer wie die Kletterrosen blühen besonders schön, wenn sie an vorzugsweise horizontalen Rankhilfen gezogen werden.

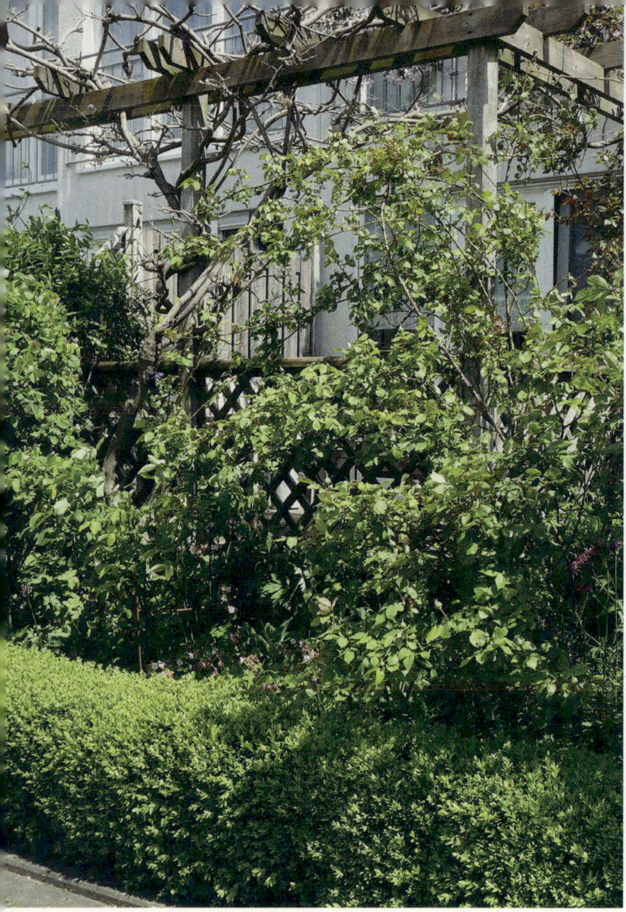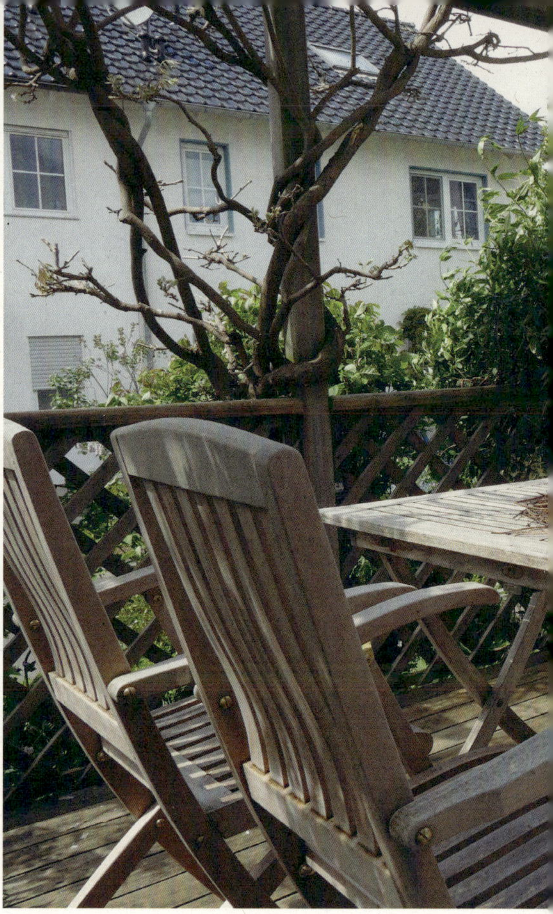

Lauben schaffen selbst im Vorgarten lauschige Plätze: hier derselbe Vorgarten von der Straße aus gesehen und innerhalb.

Das Häuschen im Grünen: Lauben und Pergolen

Auch im Garten selbst und nicht nur an seinen Grenzen können Bauwerke die Gartenfläche vergrößern. Gerade in verdichteten Baugebieten ist es manchmal unmöglich, an der Terrasse einen uneinsehbaren Platz zu schaffen, selbst wenn der Sichtschutz direkt an der Terrasse angeordnet wird. Dort schaffen Pergolen geborgene Räume im Freien. Wir sitzen unter einem Blätterdach und genießen das Spiel des Sonnenlichts auf dem Laub. Niemand kann uns mehr »in die Kaffeetasse gucken«. Im Herbst können wir dann vielleicht Weintrauben oder Kiwis ernten.

Im Naturgarten verwenden wir für Holzkonstruktionen dauerhaftes und unbehandeltes Holz. Das wird meist Robinie oder Eiche sein. Bei sehr gutem konstruktiven Holzschutz, also bei Bauweisen, die dafür sorgen, dass das Holz nicht dauerhaft feucht ist und nach Regen schnell trocknen kann, ist auch Lärche eine gute Möglichkeit, allerdings neigt Lärchenholz, wie alle Nadelhölzer, zum Splittern. Nur bei Robinie können wir es wagen, die Pfosten einzugraben, alle anderen Holzarten müssen auf Pfostenschuhe gesetzt werden. Die Pfosten können aber auch aus Steinstelen gebaut werden. In luftiger Höhe trocknen Pfetten und Sparren schnell.

Eine begrünte Pergola über dem Sitzplatz ist der perfekte Sonnen- und Hitzeschutz. Während sich unter einer Markise warme Luft staut und nach unten zurückstrahlt – quasi ein Treibhauseffekt im Kleinen –, kann sie durch ein Blätterdach nach oben entweichen. Außerdem richten sich die Blätter immer so aus, dass sie möglichst viel Sonnenlicht einfangen. Jedes Blatt ist also ein kleiner Sonnenschirm mit Nachführautomatik. Der dritte große Vorteil ist die Verdunstungskälte, die an den Atemöffnungen der Blätter entsteht: Damit die Wurzeln der Pflanzen unten im Boden Wasser und Nährstoffe aufnehmen können, müssen sie ständig oben an den Blättern Wasser verdunsten. Pflanzen »schwitzen« also, anders als wir, nicht, um sich zu kühlen, sondern um an genügend Wasser und Nährstoffe zu kommen. Aber wie beim Schwitzen kühlen sie dadurch die Umgebung ab.

Direkt am Haus wirken aus geraden Bauteilen errichtete, kastenförmige Konstruktionen schlüssig, im Garten selber können wir auch eine Laube als »Baumwerk« pflanzen. Dafür nutzen wir Äste von Weiden oder, wenn wir andere Gehölzarten vorziehen, Jungpflanzen (Heister) und verflechten sie zu Wänden und Dächern. Weidenäste sind einfach zu bekommen und kosten fast nichts: Im Winter, wenn die Kopfweiden gepflegt werden, werden sie meist umsonst oder gegen eine kleine Spende abgegeben. Heister von geeigneten Gehölzarten sind ein teureres Material, weil wir pro laufenden Meter Baumwerkwand fünf bis sieben Pflanzen brauchen.

Hütten aus Ästen waren wahrscheinlich die ersten gebauten Behausungen von Menschen. In den ländlichen Regionen Afrikas finden wir sie immer noch häufig, zum Beispiel als Ställe für Jungtiere. Solch eine Hüttenurform wird dann auch unsere Laube annehmen, wenn wir kein inneres Gerüst aus Baustahl anfertigen wollen, wie es bei größeren Baumwerken verwendet wird, wie zum Beispiel beim Weidendom auf dem Gelände der Internationalen Gartenausstellung in Rostock.

Baumwerke begrünen sich direkt nach der Pflanzung im Frühjahr, bei berankten Pergolen dauert es meist einige Jahre, bis ein dichtes Blätterdach entstanden ist. Eine Weidenwand bildet sofort eine deutliche Raumgrenze und damit einen geborgenen Raum, auch wenn sie im ersten Jahr noch nicht blickdicht ist. Sie kostet fast nichts und funktioniert sofort – das klingt nach der idealen Lösung. Für viele Projekte gilt das auch. Allerdings hat jeder Stecken das genetische Programm, ein Baum zu werden. Schon so mancher Weidengang ist zu einer Weidenallee geworden. Dies muss durch ständige Pflege verhindert werden. Seitentriebe müssen mehrfach im Jahr entweder in die Wand eingeflochten oder stammnah abgeschnitten werden. Bei höheren »Häuschen« kann das eine anstrengende Arbeit werden. Die Pflege von Rankpflanzen an den Sparren einer Pergola ist zwar auch, je nach der verwendeten Pflanzenart, aufwendig, aber die Gefahr, dass bei ausbleibender Pflege ganze Bäume entstehen, gibt es bei Kletterpflanzen nicht.

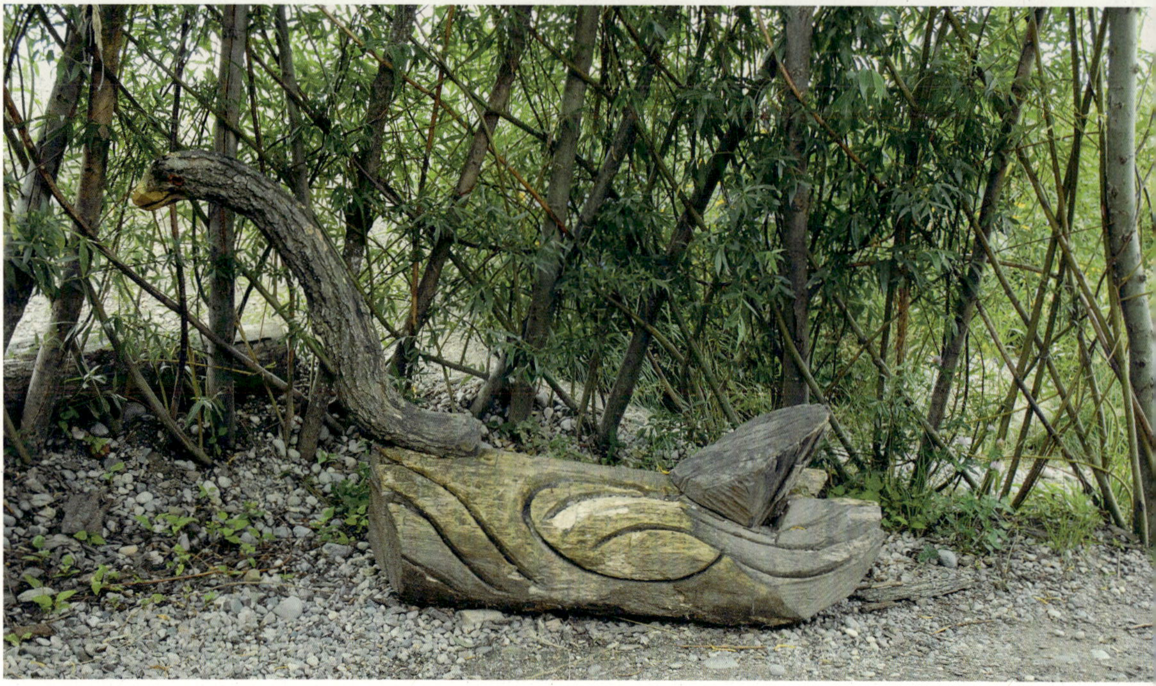

Bau Weidenbaumwerk

Je tiefer Weidenäste eingegraben werden, desto besser wachsen sie an. Auch das Anspitzen der Äste fördert die Wurzelbildung. Im frühen Frühjahr heben wir einen etwa 30 Zentimeter tiefen Graben dort aus, wo die Wand unseres Baumwerks entstehen soll. Am Grund dieses Grabens werden Löcher für die Äste in den Boden gebohrt, zum Beispiel mit einer dickeren Stahlstange oder mit einem Holzpfahl, 25 bis 30 Zentimeter tief. Im Abstand von ungefähr einem Meter stecken wir dicke Äste. Sie sind umso dicker, desto höher und größer das Bauwerk sein wird. Auch bei einer einfachen Sichtschutzwand sollten die dicken Äste einen Durchmesser von mindestens vier Zentimetern haben. Dazwischen können wir dünnere Äste stecken, zum Beispiel mit ein bis zwei Zentimeter Durchmesser. Bewährt hat es sich, die Äste in zwei Reihen versetzt zueinander in einem Winkel von ungefähr 45 Grad zu setzten. Dann können wir sie zu einem schönen Rautenmuster verbinden, was die Stabilität des Baumwerks erhöht. Der Abstand der Äste sollte 20 bis 30 Zentimeter betragen, wir brauchen also je laufenden Meter einen dicken und vier bis sechs dünnere Äste. Wir stecken die Äste in die vorgebohrten Löcher, füllen die Erde wieder in den Graben und treten sie sanft fest. So ergibt sich gleich ein Gießgraben. Nach dem Stecken der Äste werden sie an den Kreuzungspunkten mit Hanf- oder Kokosstrick verbunden.

In der ersten Hälfte der Vegetationsperiode muss dann häufig gegossen werden, bei trockenem Wetter täglich.

Wenn die Weidenäste im April austreiben, erscheinen dort, wo wir einen Seitenast abgeschnitten haben, zwei Triebe. Diese Triebe werden so vereinzelt, dass alle 15 bis 20 Zentimeter nur ein neuer Seitenast am Weidenstecken verbleibt. Damit wird die Fläche der zu versorgenden Blätter an die noch sehr geringe Wurzelmasse angepasst.

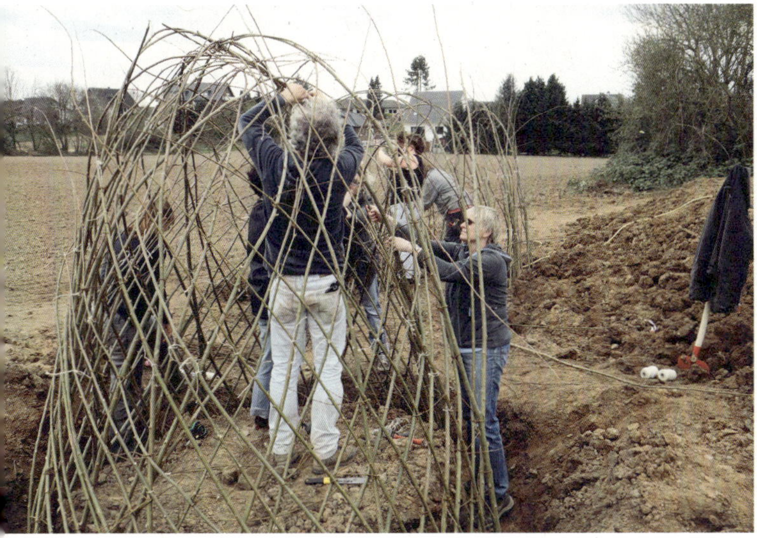

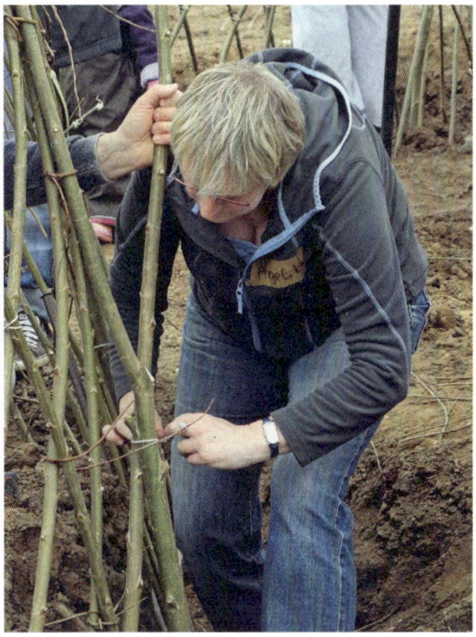

Alle können mithelfen beim Verbinden der gekreuzten Äste mit Kokosstrick oder Hanf.

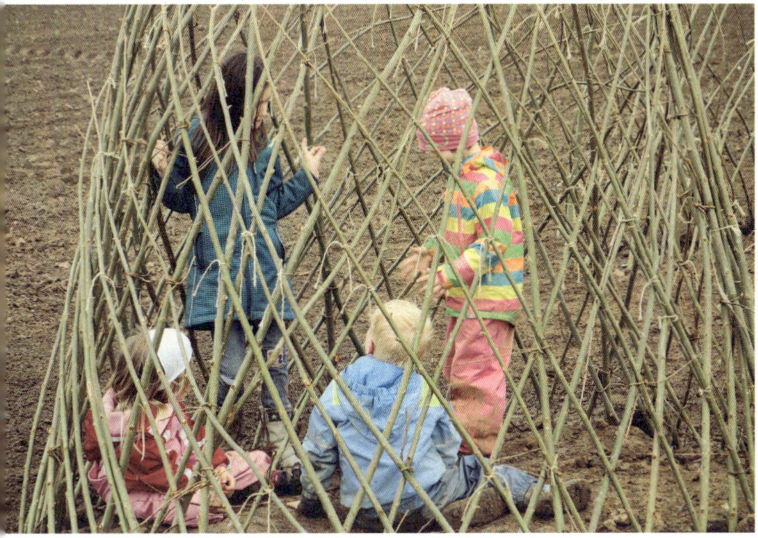

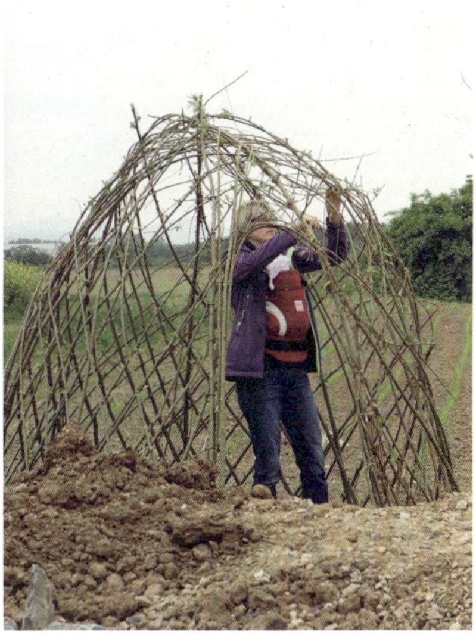

In der ersten Zeit sollte täglich gegossen werden, auch bei Regen.

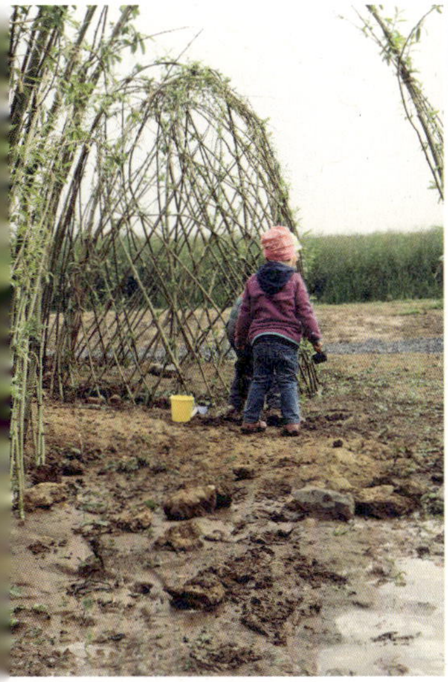

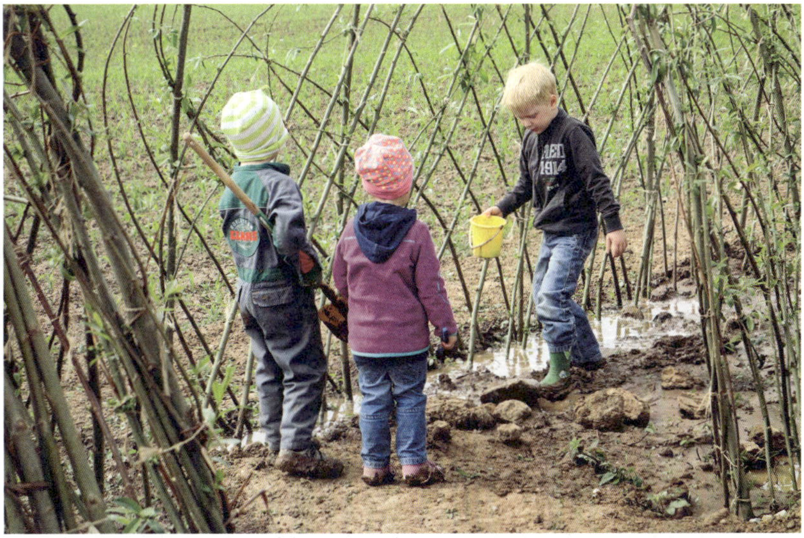

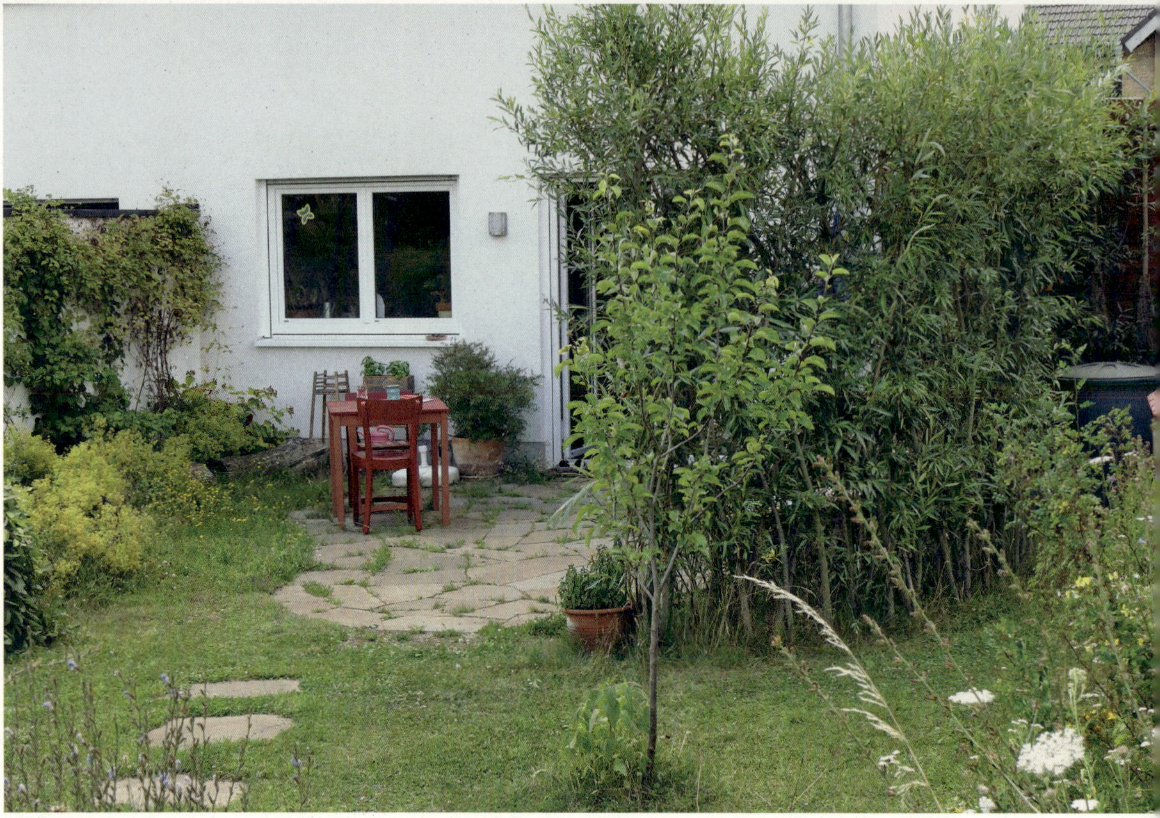

Ein Weidenparavent ist einfach gebaut und hat von Anfang an die erwünschte Höhe.

Grüne Zäune und Sichtschutzelemente statt Schnitthecken

Auch an den Grundstücksgrenzen gibt es vertikale Flächen, die wir zur Gartenfläche machen können: Zäune und Sichtschutzelemente können grün und lebendig werden. Kletterpflanzen sind – mit der Ausnahme von Blauregen vielleicht – relativ gut zu kontrollieren und müssen, anders als Schnitthecken, nicht regelmäßig geschnitten werden.

Begrünte Zäune nehmen auch viel weniger Platz ein als die allfällige Schnitthecke an der Grundstücksgrenze. Außerdem überschreiten Schnitthecken im Frühsommer meist den ihnen zugemessenen Raum, werden zu breit und infolge des dann erforderlichen Schnitts zu einer ökologischen Falle für die in ihnen brütenden Vögel (siehe Seite 166).

Begrünte Zäune sollten Zwischenräume aufweisen, die auch ältere und damit dickere Äste der Rankpflanzen aufnehmen können. Eine preiswerte und naturnahe, weil aus unbehandeltem Holz bestehende Möglichkeit ist der »Zaun-von-der-Rolle«, bei dem die vertikalen Staketen aus Kastanienspaltholz in horizontal verlaufenden verdrillten Drähten befestigt sind. Ranker halten sich gerne an den Drähten fest, Schlinger umwachsen die Staketen, und auch Spreizklimmer können gut an diesen Zäunen befestigt werden. Solche Zäune haben dieselbe Flexibilität wie ein Maschendrahtzaun, sehen aber viel schöner aus. Und sie sind noch einfacher zu bauen,

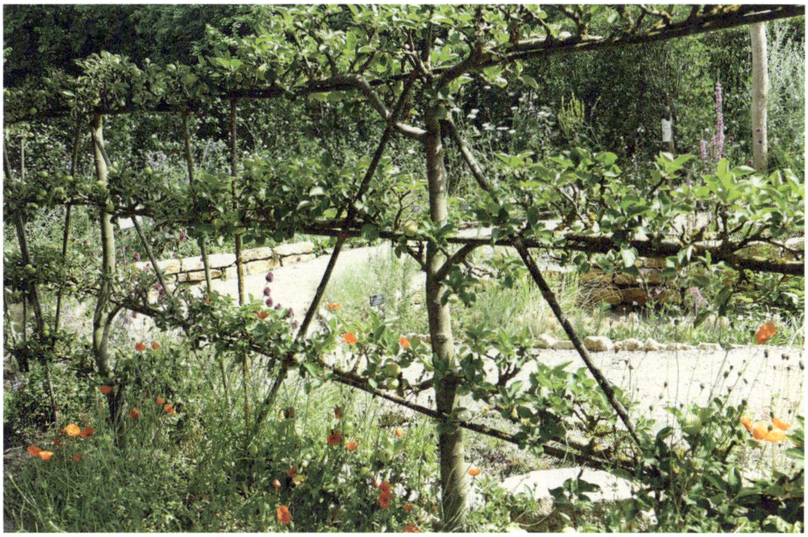

Apfelspalier

weil sie unkompliziert mit Krampen an Holzpfosten befestigt werden können. Empfehlenswert ist es, für die Pfosten Robinienholz zu wählen, diese können dann ohne Betonfundament einfach in den Boden eingegraben und mit Stampfschotter befestigt werden. Wenn die Staketen den Boden nicht berühren, ist Kastanienspaltholz auch ohne Holzschutz haltbar. Wir ersparen uns also eine Menge Arbeit und der Umwelt die Chemie der Holzschutzmittel. Wenn dann Wespen dort Holz für ihre Nester abraspeln, schadet das dem Zaun nicht, ist aber ein Zeichen, dass unser Funktionselement Teil der natürlichen Kreisläufe bleibt.

Damit die zu begrünende Fläche zu den Kletterpflanzen passt, wählen wir eher schwach wachsende Klettergehölze oder Kletterstauden für die Begrünung von Zäunen. Hierfür gibt es eine große Auswahl an Pflanzenarten. Zäune und Sichtschutzelemente können aber auch als Rankhilfen für rankendes Obst genutzt werden: Kulturreben (Weintrauben), Brombeeren oder Himbeeren machen den Zaun zur Naschhecke und ersparen uns separate Rankhilfen für diese anlehnungsbedürftigen Köstlichkeiten (siehe Seiten 73 bis 75).

So begrünt, kann jeder Zaun zu einem spannenden Lebensraum werden, egal, ob er aus Metall oder Holz gebaut ist. Alternativ können wir Einfriedungen auch als lebendes Weidenflechtwerk gestalten – ähnlich wie auf Seite 76 bei den Weidenbaumwerken beschrieben. Diese können immer noch mit weniger Aufwand schmal gehalten werden als Schnitthecken. Gerade bei Flechtwerken sind der Kreativität keine Grenzen gesetzt, vor allem wenn wir lebende Elemente mit Flechtwerk aus nicht austriebfähigem Material kombinieren.

Die Übergänge zwischen Zaun, Sichtschutz, Pergola und Laube sind gleitend und im kleinen Garten ist es sinnvoll, verschiedene Funktionen in einem Element zu vereinen. So kann ein etwas höherer Zaun an der Grundstücksgrenze den Sichtschutz in diesem Bereich erhöhen und gleichzeitig die Rückwand einer Laube darstellen. Welche Funktion ein Element einnimmt, hängt dann hauptsächlich von der Höhe ab und davon, wie blickdicht es ist.

Kletterpflanzen für Zäune und Sichtschutzelemente

Wissenschaftlicher Name *Deutscher Name*	*Höhe* *Blütenfarbe*	*J*	*F*	*M*	*A*	*M*	*J*	*J*	*A*	*S*	*O*	*N*	*D*	*Wuchstyp*
Kletterstauden														
Vicia cassubica **Kassuben-Wicke**	60 cm violettrot-weiß						✿	✿						Ranker
Lathyrus pratensis **Wiesen-Platterbse**	70 m gelb						✿	✿	✿					Ranker
Lathyrus tuberosus **Knollen-Platterbse**	60 cm rosaviolett						✿	✿	✿					Ranker
Solanum dulcamara **Bittersüßer Nachtschatten**	2 m violett						✿	✿	✿					Spreizklimmer
Vicia cracca **Vogel-Wicke**	1 m blau						✿	✿	✿					Ranker
Vicia dumetorum **Hecken-Wicke**	2 m purpur						✿	✿	✿					Ranker
Vicia sylvatica **Wald-Wicke**	2 m weißlich lila						✿	✿	✿					Ranker
Bryonia dioica **Rotbeerige Zaunrübe**	3 m weiß						✿	✿	✿	✿				Ranker
Calystegia sepium **Gewöhnliche Zaunwinde**	3 m weißrosa						✿	✿	✿	✿				Ranker
Ceratocapnos claviculata **Rankender Lerchensporn**	1 m weiß						✿	✿	✿	✿				Ranker
Humulus lupulus **Gewöhnlicher Hopfen**	10 m gelbgrün							✿	✿					Schlinger
Lathyrus latifolius **Breitblättrige Platterbse**	1,5 m purpurrosa							✿	✿					Ranker
Lathyrus sylvestris **Wald-Platterbse**	2 m rosa-grünlich							✿	✿					Ranker
Klettergehölze														
Lonicera caprifolium **Wohlriechendes Geißblatt**	5 m weiß-gelb-rot					✿	✿							Schlinger
Clematis alpina **Alpen-Waldrebe**	2 m blau, weiß, rosa					✿	✿	✿						Ranker
Clematis alpina f. alba **Alpen-Waldrebe**	2 m weiß					✿	✿	✿						Ranker
Lonicera periclymenum **Wald-Geißblatt**	3 m weiß-rosa-gelb					✿	✿	✿						Schlinger
Rosa × polliniana **Naturhybrid Kriechende Rose × Essig-Rose**	50 cm rosa						✿							Spreizklimmer

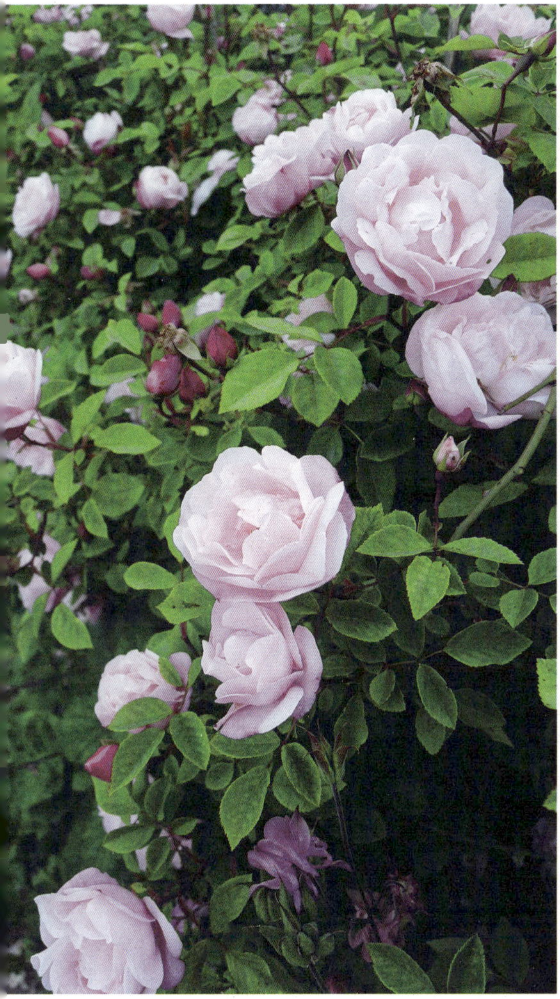

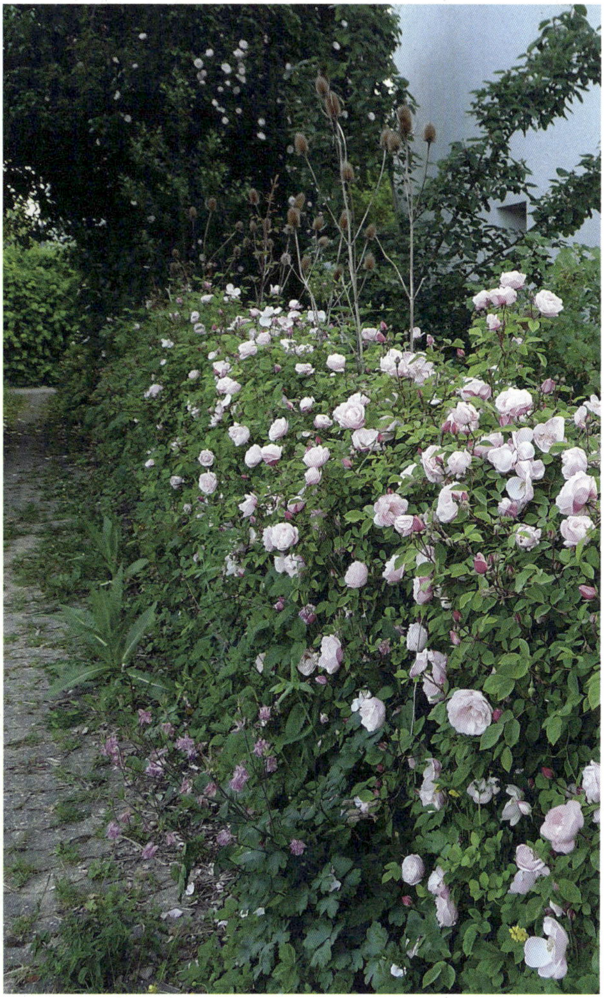

Die Feldrosensorte *Rosa arvensis* 'Splendens' begrünt einen unansehnlichen Maschendrahtzaun.

Wissenschaftlicher Name *Deutscher Name*	*Höhe* *Blütenfarbe*	*J*	*F*	*M*	*A*	*M*	*J*	*J*	*A*	*S*	*O*	*N*	*D*	*Wuchstyp*
Rosa × polliniana 'Affabilis' **Naturhybrid Kriechende Rose × Essig-Rose 'Affabilis'**	2 m rosa, gefüllt						✿							Spreizklimmer
Clematis vitalba **Gewöhnliche Waldrebe**	8 m weiß						✿	✿	✿					Ranker
Rosa arvensis **Kriechende Rose**	2 m weiß							✿						Spreizklimmer
Rosa arvensis 'Splendens' **Kriechende Rose 'Splendens'**	2 m weißrosa, halbgefüllt							✿						Spreizklimmer
Hedera helix **Gewöhnlicher Efeu**	20 m grün									✿	✿	✿		Selbstklimmer immergrün, Schatten

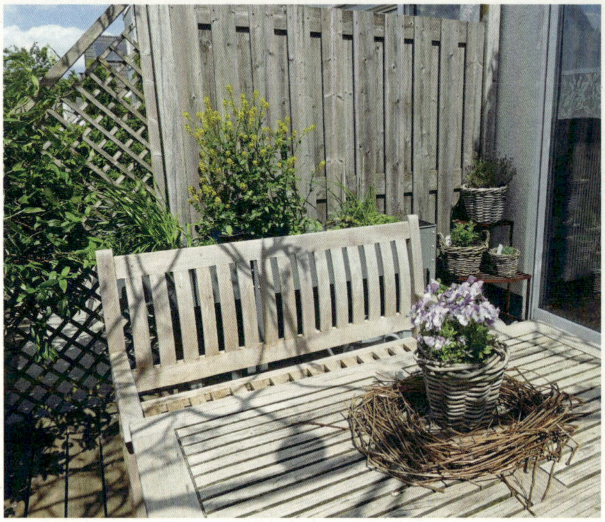

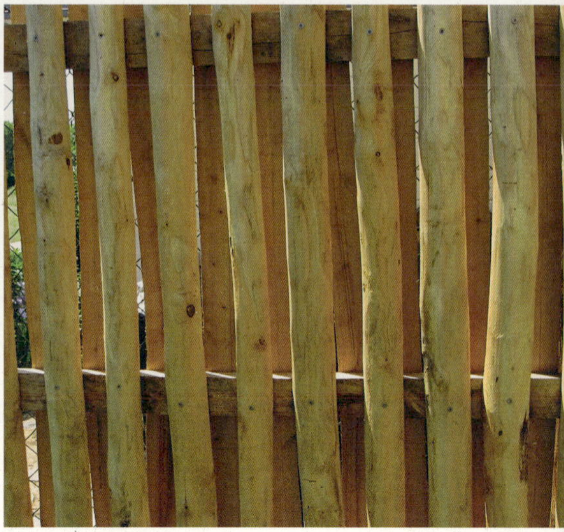

Versetzt angeordnete Elemente lassen kaum Durchblick zu und können doch gut begrünt werden.

Sichtschutz gebaut und gepflanzt

Begrünte höhere Zäune oder auch Weidenflechtwerke sind in den ersten Jahren noch etwas durchsichtig. Wenn der Sichtschutz sofort gewährleistet sein soll, wählt man vorkonfektionierte oder eigens gebaute Sichtschutzelemente. Im naturnahen Garten werden auch diese begrünt. An handelsübliche Sichtschutzwände mit geflochtenem Sperrholz sollte man aber keine Kletterpflanzen setzen, denn die jungen, dünnen Triebe der Rankpflanzen wachsen durch die engen Lücken zwischen den Holzbändern. Jeder dünne Ast wird irgendwann dicker und sehr schnell brechen dann die Flechtbänder aus. Wer eine von Anfang an blickdichte und trotzdem gut begrünbare Lösung braucht, wählt Sichtschutzwände, an deren Querhölzern auf beiden Seiten vertikale Bretter oder Kanthölzer so angebracht sind, dass die vertikalen Elemente der einen Seite genau vor den Lücken der anderen Seiten stehen. Dann können die Lücken für die Rankpflanzen trotz perfekten Sichtschutzes ziemlich breit sein, nämlich genauso breit wie die vertikalen Elemente beziehungsweise die Querhölzer.

Zäune aus Eiche und Robinie sind auch unbehandelt dauerhaft.

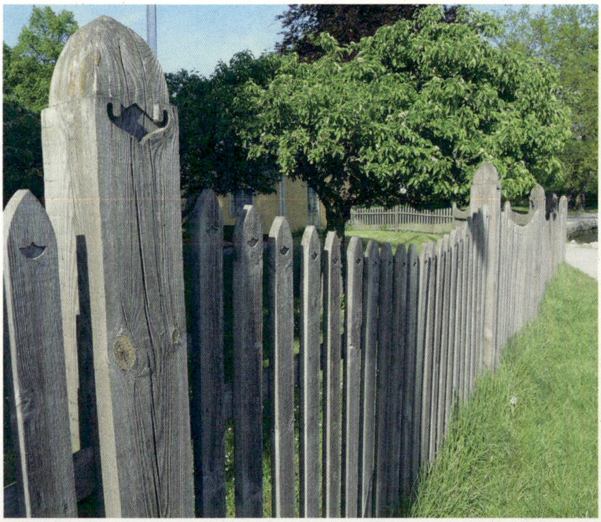

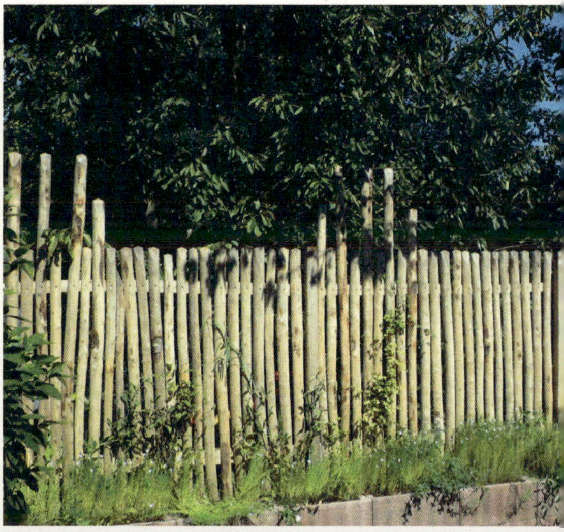

Schallschutz

Gerade in dicht bebauten Wohngebieten herrscht im Sommer eher Campingplatzatmosphäre. Es ist fast unmöglich, die Gespräche der Nachbarschaft nicht zu hören. Da sehnen sich viele nach Schallschutz. Leider bieten Pflanzen kaum Schallschutz, denn Schall wird durch Masse, also schwere Materialien gedämmt. Wer Schall dämmen möchte, kommt um den Bau von Mauern nicht herum. Aber auch da gibt es naturnahe und multifunktionale Lösungen.

Besonders schön sind freistehende, begrünte Trockenmauern. Solche Mauern zu bauen, sollte Fachleuten überlassen werden, und der Bau hat seinen Preis. Von der Funktion ähnlich, auch begrünbar, aber einfacher zu errichten, sind Gabionen, da hier die Stabilität nicht von einem fachgerecht aufgeschichteten Trockenmauerwerk gewährleistet werden muss, sondern der Käfig aus stabilem Draht für die Steine dies übernimmt. Wenn hinter den Steinen feineres Substrat eingebaut wird, können auch Gabionen bepflanzt werden. Am besten eignet sich dafür Dachbegrünungssubstrat,

Je schwerer ein Bauwerk, desto besser ist der Schallschutz.

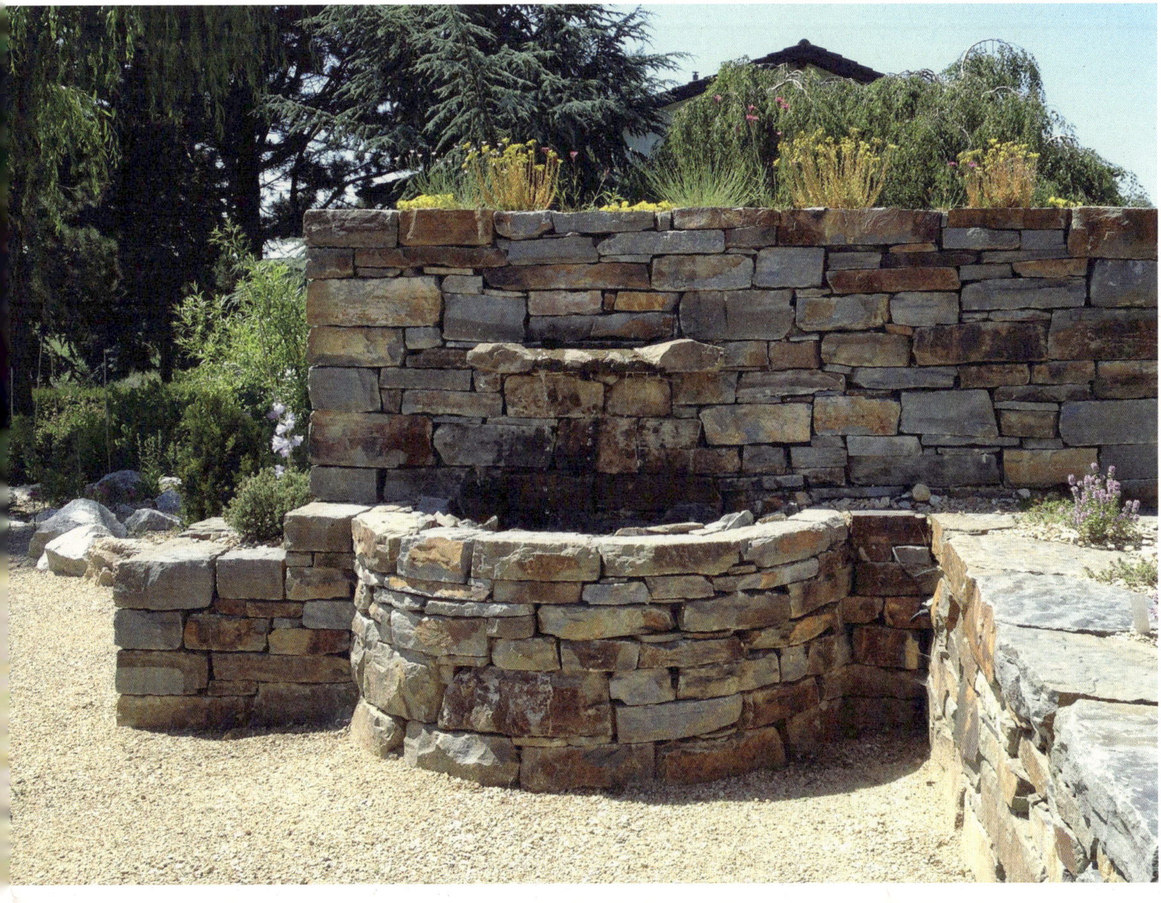

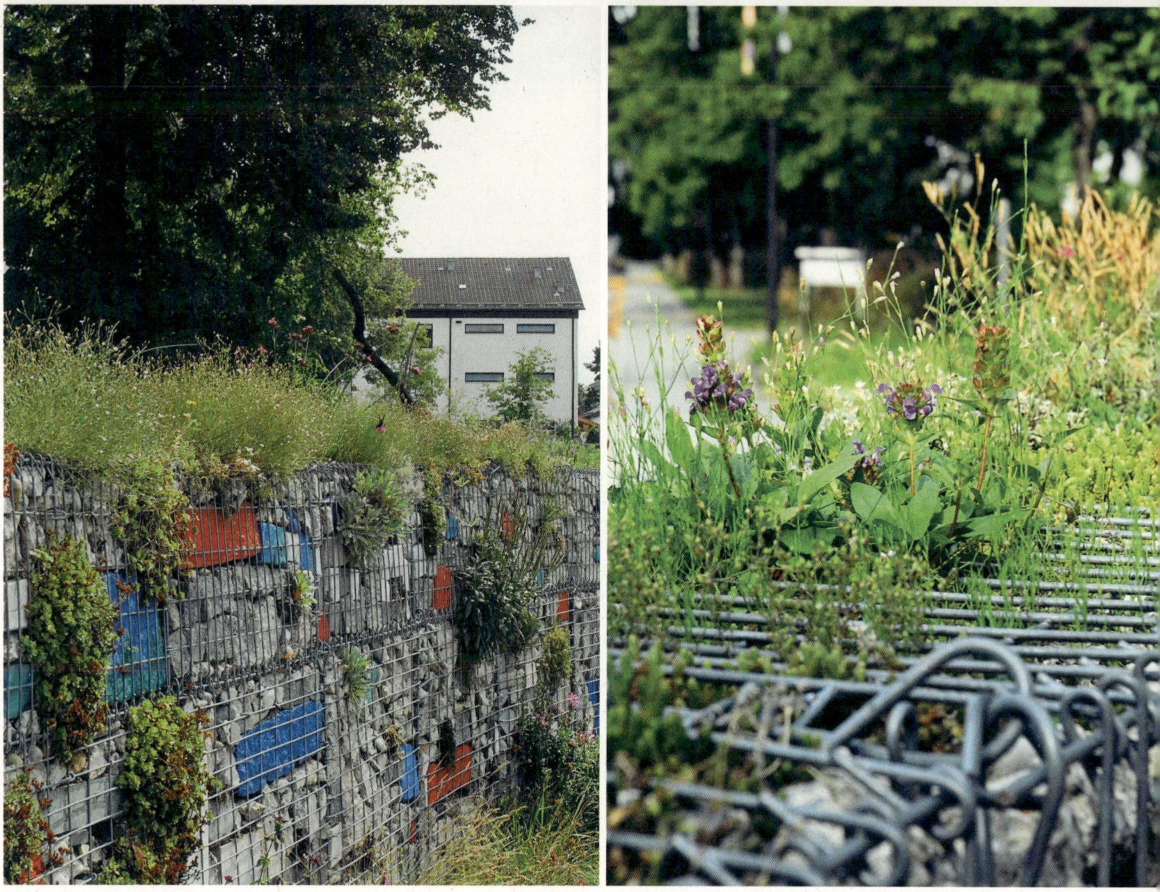

Auch Gabionen können naturnah begrünt werden.

denn es ist grob genug, um nicht durch die Lücken der Steine herausgewaschen zu werden, und kann gut Wasser speichern, ohne zu verschlämmen. Falls die Lücken zwischen den Steinen zu groß sind, wird ein Vlies eingebaut.

Wenn zum Schallschutz Mauern in gebundener Bauweise errichtet werden, also naturfern auf Betonfundament mit vermörtelten Fugen, so können wir sie wie Hauswände begrünen. Aber auch Holz kann Schall etwas dämmen, wenn es genügend Masse aufweist, also schön dick ist. Warum nicht das Holzlager an der Gartengrenze errichten? Wenn es schön gebaut ist, bietet es einen ansehnlichen Sichtschutz, der gleichzeitig auch den Schall gut dämmt. Solche Elemente werden auch vorkonfektioniert angeboten.

Bauwerke bieten Sichtschutz und verundeutlichen Grundstücksgrenzen, wenn sie locker angeordnet werden

Der Garten dieser Doppelhaushälfte ist nicht im eigentlichen Sinne klein, aber andererseits beträgt der Abstand zwischen Haus und Grundstücksgrenze nur knapp sieben Meter. Es besteht also, wie im kleinen Garten, die Herausforderung, dass die Grenze in der Dimension eines Wohnzimmers nah ist, aber nicht ins Auge fallen sollte. Hier wurde sie unter anderem dadurch undeutlich gemacht, dass die Funktionselemente, wie die Mülltonneneinhausung und das Holzlager, zwar an der Grundstücksgrenze angeordnet wurden, das Holzlager in seiner Form jedoch nicht der Grundstücksgrenze folgt, sondern eine eigene Form hat. Es beschreibt vor der Westterrasse einen geborgenen Raum und lässt Durchblicke nach Süden frei, wo sich ein unbebautes Flusstal befindet.

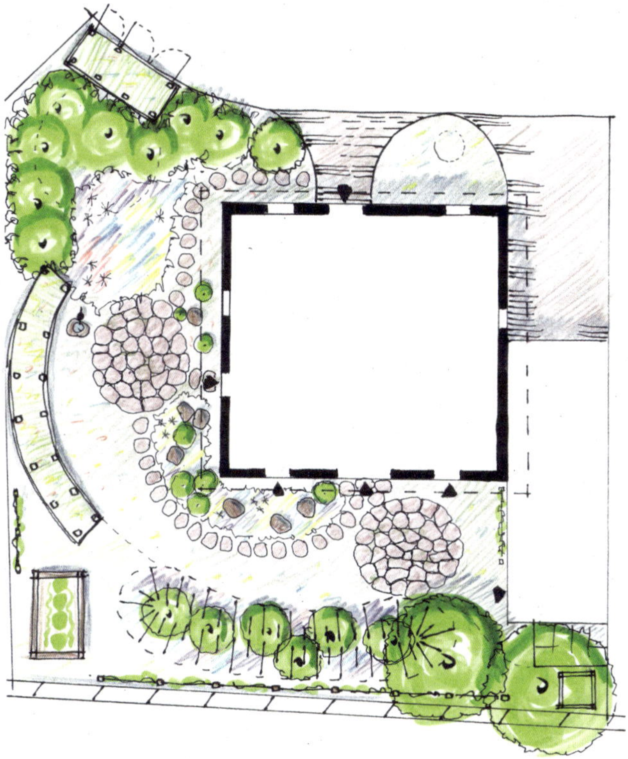

Die Grenze dieses Gartens wird durch verschiedene geschwungene Elemente unsichtbar.

Ein besonderer Fall

Der kleine Garten auf der Tiefgarage

Betrachten Sie doch einmal den Ort, in dem Sie wohnen, aus der Vogelperspektive, das ist heute leicht am Computer möglich. Suchen Sie die grauen Flächen, also die Bereiche, die versiegelt sind und sich deshalb im Sommer stark aufheizen. Wahrscheinlich finden Sie neben den Straßen vor allem vier Flächentypen: Gewerbegebiete, Schulhöfe, mit Kunstrasen belegte Sportplätze und Parkplätze. Damit sich das Klima in unseren Städten in der Klimakrise nicht unerträglich aufheizt, müssen diese Flächen in Zukunft so grün wie möglich werden. Flächen für den ruhenden Verkehr sollten für uns und deshalb auch für die Sonne möglichst unsichtbar werden, also keine Sonnenstrahlung mehr auffangen können. Wenn es schon ein Auto geben muss, das einen Parkplatz braucht, dann sollte der im besten Fall unter einem Gebäude oder im zweitbesten Fall unter einem Garten verschwinden. Es wird also in Zukunft noch mehr kleine Gärten über Tiefgaragen geben.

Das Gärtnern auf Tiefgaragen hat im Vergleich zum Gärtnern auf dem Dachgarten meist einen großen Vorteil: Weil auf der Tiefgarage meist auch noch ein Haus steht, ist die Tiefgaragendecke sehr tragfähig. Trotzdem müssen Sie sich zur Sicherheit nach der Tragfähigkeit des Untergrundes erkundigen, bevor Sie Bauwerke wie Trockenmauern errichten. Teiche sind gewichtsmäßig kein Problem, weil Wasser mit seiner Dichte von 1 (ein Liter Wasser wiegt ein Kilogramm) leichter ist als Erde, deren Dichte zwischen 1,5 und 2 liegt. Selbst leichte, auf Lava basierende Dachbegrünungssubstrate sind wassergesättigt nicht leichter als Wasser. Auch wenn auf Tiefgaragendächern meist nicht mit Gewicht gegeizt werden muss, ist dort ein Dachbegrünungssubstrat vorgeschrieben, denn auch ein Tiefgaragendach bleibt ein Dach: Es gibt keinen Anschluss an den Boden, der überschüssiges Wasser aufnimmt und aus dem in Trockenperioden Wasser kapillar aufsteigen kann. Meist werden deshalb unter dem Dachsubstrat wasserspeichernde Platten auf der Tiefgaragendecke verlegt.

Viel Wurzelraum steht den Pflanzen auf Tiefgaragendecken meist nicht zur Verfügung, oft sind das nur dreißig oder vierzig Zentimeter. Tiefgaragendecken sind also ein idealer Standort für die Pflanzen, die auch an Extremstandorten auf Felsen, Sandheiden und Schotterheiden gut wachsen (siehe ab Seite 135 und ab Seite 156). Dann muss nach der Anwachsphase auch nicht mehr gegossen werden. Die Substrate werden mit einer Startdüngung geliefert, die reicht für unsere Hungerkünstler meist lange aus, nachdüngen ist nur nötig, wenn die Pflanzen sichtbar anfangen zu kümmern.

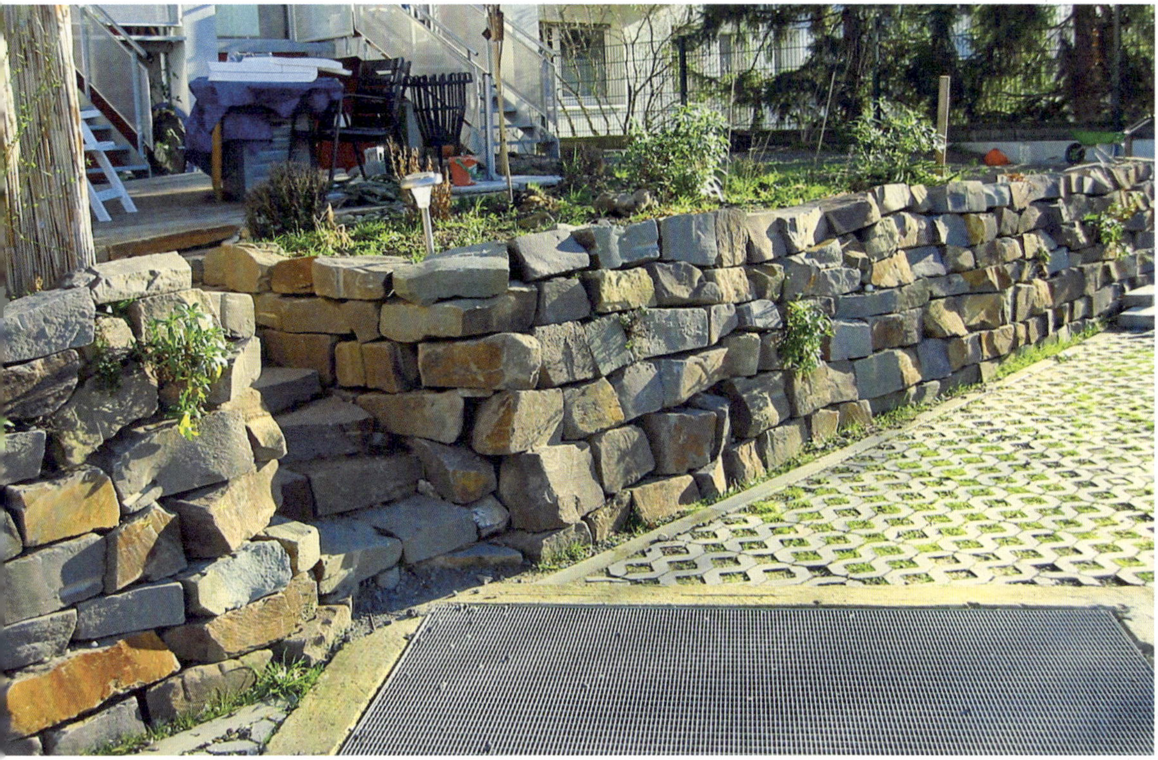

Selbst Trockenmauern können auf tragfähigen Tiefgaragendächern gebaut werden. Diese wurde in Eigenleistung in einem Mehrgenerationen-Wohnprojekt errichtet.

Besondere Aufmerksamkeit muss der Standfestigkeit von Sichtschutzelementen, Zäunen und Pergolen gewidmet werden, denn wir können schließlich keine tiefen Fundamentlöcher in gewachsenen Boden graben. Zum Glück sind Tiefgaragendächer meist aus wasserundurchlässigem Beton erstellt und man kann mit gedichteten Schraubverbindungen Pfostenträger auf dem Dach selbst befestigen. Hierbei sollten Sie sich aber vergewissern, dass dies erlaubt ist, und gegebenenfalls auch eine Fachfirma mit der Befestigung beauftragen, denn die Elemente sollen auch einem Sturm trotzen können. Tragwerksplanungsbüros (»Statiker«) können die notwendigen Verschraubungen entsprechend der zu erwartenden Windlasten berechnen.

So wie ein Sturm einen schlecht befestigten Zaun umwehen kann, so fehlt auch größeren Bäumen der Halt des gewachsenen, ausreichend tiefen Bodens. Deshalb werden Bäume auf Tiefgaragendächern oft in Beete aus L-Steinen gepflanzt und die Ballen dann mit speziellen Vorrichtungen befestigt. Schön sehen solche Riesenblumentöpfe selten aus. Sie können aber ein Anlass sein, auch auf Tiefgaragen das Gelände spannend zu modellieren.

Das Schöne an den Dachbegrünungssubstraten ist aber, dass fast alle Wildstauden und kleiner bleibenden Wildgehölze darauf sehr gut wachsen und dass das Substrat meist auch als Tragschicht für Wegematerialien oder Trockenmauern genutzt werden kann. Wir können also direkt anfangen mit dem Verlegen von Platten, Pflaster oder mit dem Trockenmauerbau.

Was darf es denn sein? Gestaltungsmöglichkeiten im kleinen Garten

Leben unter dem Baum

Der Hausbaum

Geborgen und beschirmt wirkt der besondere Raum vor der Haustür, wenn er ein Dach aus einer Baumkrone hat. Bäume wirken wie Wächter – oder wie ein guter Geist, der das Haus beschützt. Wenn der Vorgarten im Süden liegt, darf der Hausbaum ruhig eine dichte Krone haben, denn in unserer von der Klimakrise geprägten Zeit wird Schatten, gerade vor besonnten Fassaden, immer wichtiger. Im Winter, wenn wir Licht und Wärme im Haus brauchen, lassen die unbelaubten Laubbäume die Sonnenstrahlen wieder bis auf die Hauswand hindurch und ins Haus hinein, deshalb sind sie besser geeignet als immergrüne Bäume. Die in den Sechzigerjahren des vergangenen Jahrhunderts beliebten Nadelbäume haben auf kleinen Flächen noch weitere Nachteile: Sie sind bis unten beastet und der Raum unter ihnen kann eigentlich nicht genutzt werden. Irgendwann »werfen sie die Gärtner aus ihrem Garten«. Deshalb werden sie oft aufgeastet, es werden also die unteren Äste abgesägt. Das sieht aber nicht bei jedem Nadelbaum gut aus.

Meist beträgt der Abstand zwischen Haus und Straße drei, vier oder fünf Meter. Damit die Äste des Baumes weder die Fassade berühren noch in den Straßenraum ragen, sollte die Krone des Baumes dieses Maß nicht überschreiten. Alternativ kann der Baum auch näher an die Grundstücksgrenze zum öffentlichen Raum hin gepflanzt werden, denn zum öffentlichen Raum hin gelten die vorgeschriebenen Grenzabstände des Nachbarschaftsrechts nicht. Das sogenannte »Lichtraumprofil« muss über dem Gehweg und der Straße aber immer freigehalten werden. Das ergibt sich aus den europaweit festgelegten Höchstmaßen für Fahrzeuge und beträgt über Fuß- und Radwegen zweieinhalb Meter und über Straßen viereinhalb Meter. Wenn wir nah an die Straße pflanzen, kaufen wir den Baum also am besten in Straßenbaumqualität. Diese Bäume werden in den Baumschulen speziell erzogen, sodass

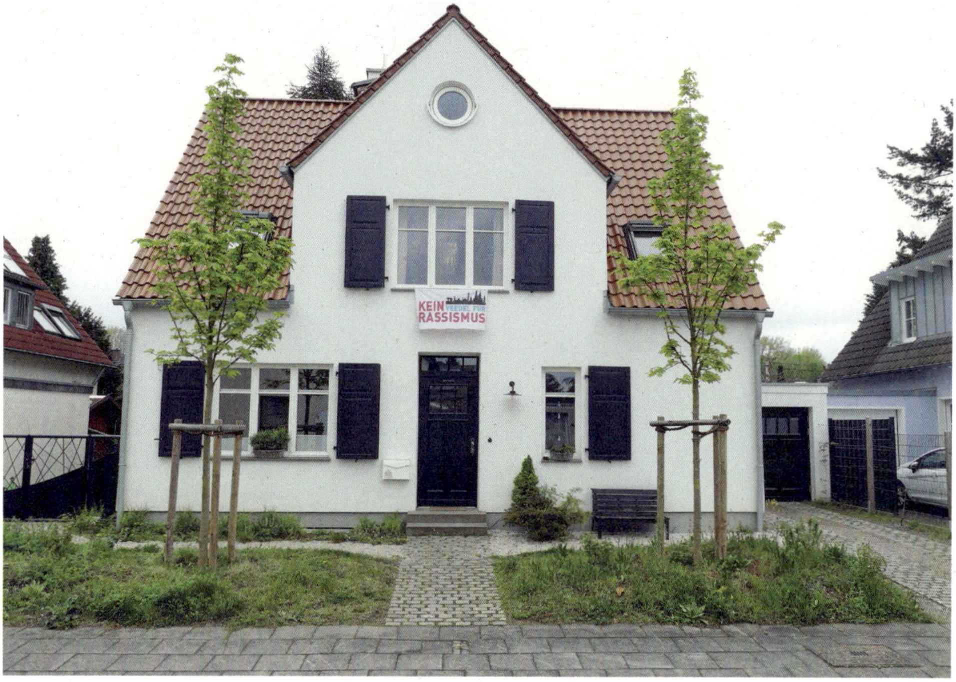

Zwei Ahornbäume werden dieses Haus einmal beschirmen.

sie einen kräftigen durchgehenden Stamm haben, aber nur schwache Seitenäste. So ist es einfach, sie nach und nach aufzuasten, ohne den Baum zu schädigen, also ohne große Astungswunden. Damit die Wurzeln nah an der Grundstücksgrenze später nicht die Beläge anheben, sollten an der Grundstücksgrenze Wurzelsperren aus Polyethylen oder Beton gebaut werden, die die Wurzeln nach unten leiten.

Vieles spricht also dafür, einen eher klein bleibenden Baum zu wählen. Neben klein bleibenden Arten wie Mehlbeere oder Burgenahorn gibt es auch die Möglichkeit, Großsträucher aufzuasten und dadurch kleine Bäumchen heranzuziehen. In Zeiten der Klimakrise wählen wir Arten, die am Naturstandort trocken-heiße Bereiche bevorzugen. Auch Mehlbeere und Burgenahorn gehören zu diesen klimafesten Arten. Wenn wir die Geduld aufbringen, sie in einer kleinen Größe, zum Beispiel als »Heister«, zu pflanzen, dann bilden die Bäume ein widerstandsfähigeres Wurzelsystem als Bäume, die schon mit dickerem Stämmchen und mit Ballen gepflanzt werden. Sie sind also noch besser gegen die kommende Heißzeit gefeit.

Gibt es schon einen Baum auf dem Grundstück? Dann gilt es, diesen Schatz gut zu pflegen, denn bis eine Neupflanzung das Volumen eines alten Baumes erreicht hat, vergeht eine lange Zeit. Wenn wir einen solchen Baum erhalten wollen, sollten die Flächen im Kronenbereich so wenig wie möglich verändert werden. Dort werden also keine Plätze oder Wege befestigt, und die Flächen werden weder abgegraben noch aufgeschüttet. Denn alle diese Maßnahmen schädigen die Wurzeln des Baumes. Damit uns der Baum erhalten bleibt, braucht er gesunde Wurzeln, die ihn versorgen. Es gibt Baumarten, die besonders empfindlich gegenüber Veränderungen sind, und solche, die sie besser vertragen (siehe Übersicht auf der nächsten Seite).

Baumarten mit empfindlichem Wurzelsystem

- Acer ginnala – Feuer-Ahorn
- Acer negundo – Eschen-Ahorn
- Acer palmatum – Fächer-Ahorn
- Acer saccharinum – Silber-Ahorn
- Aesculus hippocastaneum – Rosskastanie
- Betula pendula – Sand-Birke
- Catalpa bignoioides – Trompetenbaum
- Cornus mas – Kornelkirsche
- Crataegus monogyna – Weißdorn
- Fagus sylvatica – Buche
- Fraxunus ornus – Blumen-Esche
- Juglans regia – Walnuss
- Laburnum anagyroides – Goldregen
- Liriodendron tulipifera – Tulpenbaum
- Liquidambar styraciflua – Amberbaum
- Malus – Apfelbaum-Arten
- Magnolia –Magnolien-Arten
- Parrotia persica – Eisenholzbaum
- Prunus – Vogelkirsche, Süßkirsche und anderen Kirsch-Arten
- Quercus coccinea – Scharlach-Eiche
- Querus palustris – Sumpf-Eiche (»Spree-Eiche«)
- Quercus rubra – Rot-Eiche
- Sorbus aucuparia – Eberesche

Baumarten mit unempfindlichem Wurzelsystem

- Acer campestre – Feld-Ahorn
- Acer platanoides – Spitzahorn
- Acer pseudoplatanus – Bergahorn
- Betula pubescens – Moor-Birke
- Carpinus betulus – Hainbuche
- Fraxinus excelsior – Esche
- Ilex aquifolium – Ilex
- Quercus robur, petraea, pubescens – einheimische Eichen-Arten
- Robinia pseudacacia – Robinie
- Salix – Weiden-Arten
- Tilia – Linden-Arten

Klimafeste, klein bleibende Bäume und Großsträucher, die zu Kleinbäumen erzogen werden können

Wissenschaftlicher Name *Deutscher Name*	*Höhe*	*Standort*	*Anmerkungen*
Acer campestre **Feld-Ahorn**	15 m	volle Sonne bis lichter Schatten	sehr wertvoll für Insekten
Acer monspessulanum **Französischer Ahorn**	8 m	volle Sonne bis lichter Schatten	kalkliebend
Acer opalus **Schneeballblättriger Ahorn**	10 m	volle Sonne bis lichter Schatten	nur auf kalkhaltigen Böden
Cornus mas **Kornelkirsche**	6 m	volle Sonne bis lichter Schatten	kalkliebend
Crataegus monogyna **Eingriffliger Weißdorn**	6 m	Sonne bis Halbschatten	kalkliebend
Fraxinus ornus **Blumen-Esche**	10 m	Sonne	kalkliebend
Fraxinus excelsior **Gewöhnliche Esche**	35 m	volle Sonne bis lichter Schatten	gefährdet durch Eschentriebsterben
Laburnum anagyroides **Gewöhnlicher Goldregen**	7 m	Sonne bis Halbschatten	kalkliebend, sehr giftige Samen
Malus sylvestris **Wild-Apfel**	10 m	Sonne bis Halbschatten	kalkliebend, braucht Luftfeuchte
Mespilus germanica **Echte Mispel**	6 m	Sonne bis Halbschatten	kalkliebend
Prunus mahaleb **Felsen-Kirsche**	6 m	nur Sonne	nur auf Kalk
Pyrus pyraster **Wild-Birne**	20 m	Sonne bis Halbschatten	kalkliebend
Quercus pubescens **Flaum-Eiche**	8 m	Sonne bis Halbschatten	kalkliebend
Rhamnus alpina **Alpen-Kreuzdorn**	3 m	Halbschatten bis Schatten	kalkliebend
Rhamnus cathartica **Purgier-Kreuzdorn**	3 m	Sonne bis Halbschatten	anspruchslos
Staphylea pinnata **Gewöhnliche Klappernuss**	3 m	Sonne bis Halbschatten	kalkliebend
Sorbus aria **Gewöhnliche Mehlbeere**	12 m	Sonne bis Halbschatten	auf allen durchlässigen, nicht kalkfreien Substraten
Sorbus domestica **Speierling**	15 m	Sonne bis Halbschatten	nicht auf Sand
Sorbus torminalis **Elsbeere**	15 m	Sonne bis Halbschatten, gegebenenfalls im Schatten	kalkliebend
Sorbus latifolia **Breitblättrige Mehlbeere**	15 m	Sonne bis Halbschatten	Sorbus-Kleinart
Taxus baccata **Gewöhnliche Eibe**	15 m	Sonne bis Halbschatten	verträgt Schnitt gut

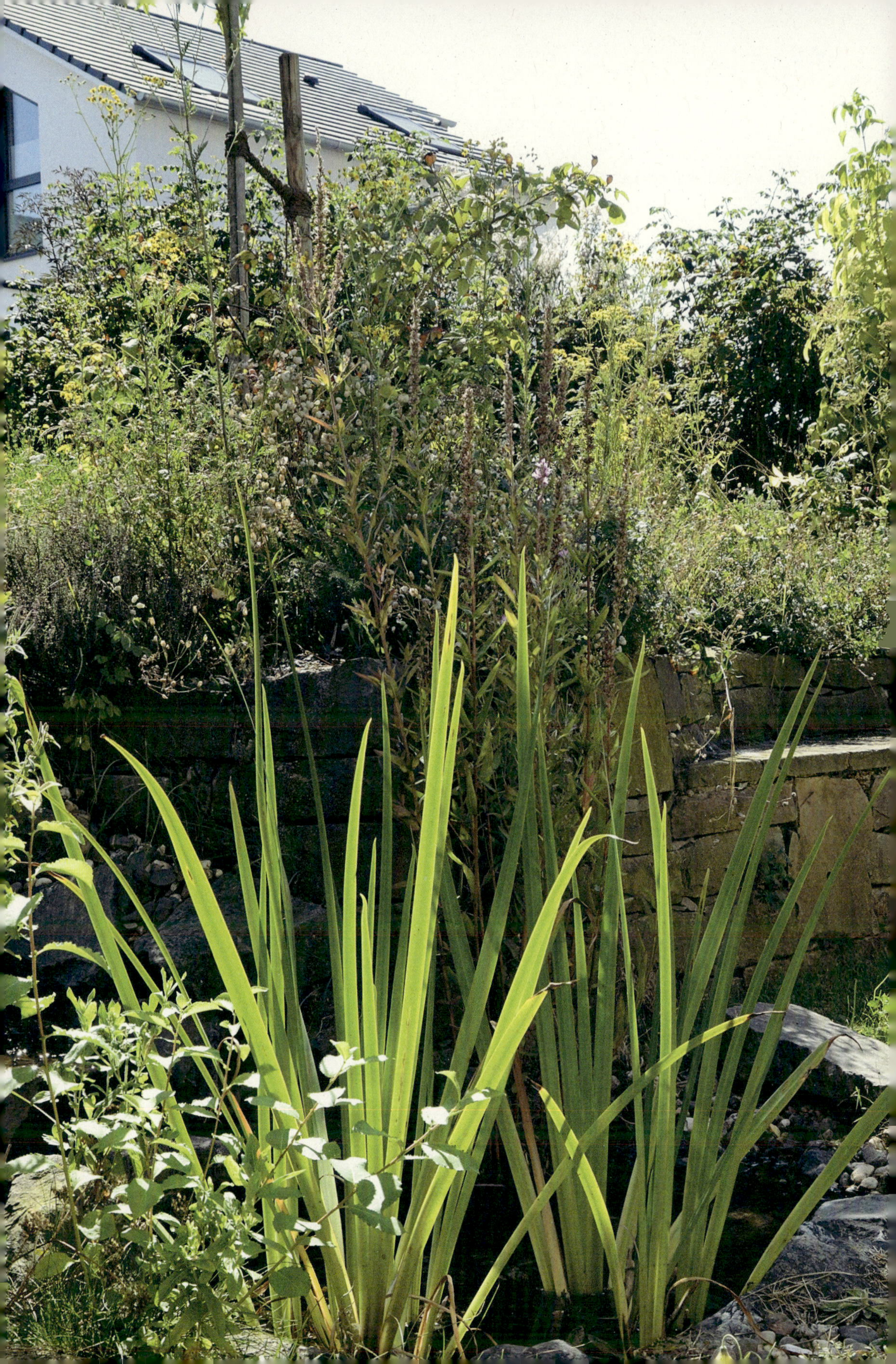

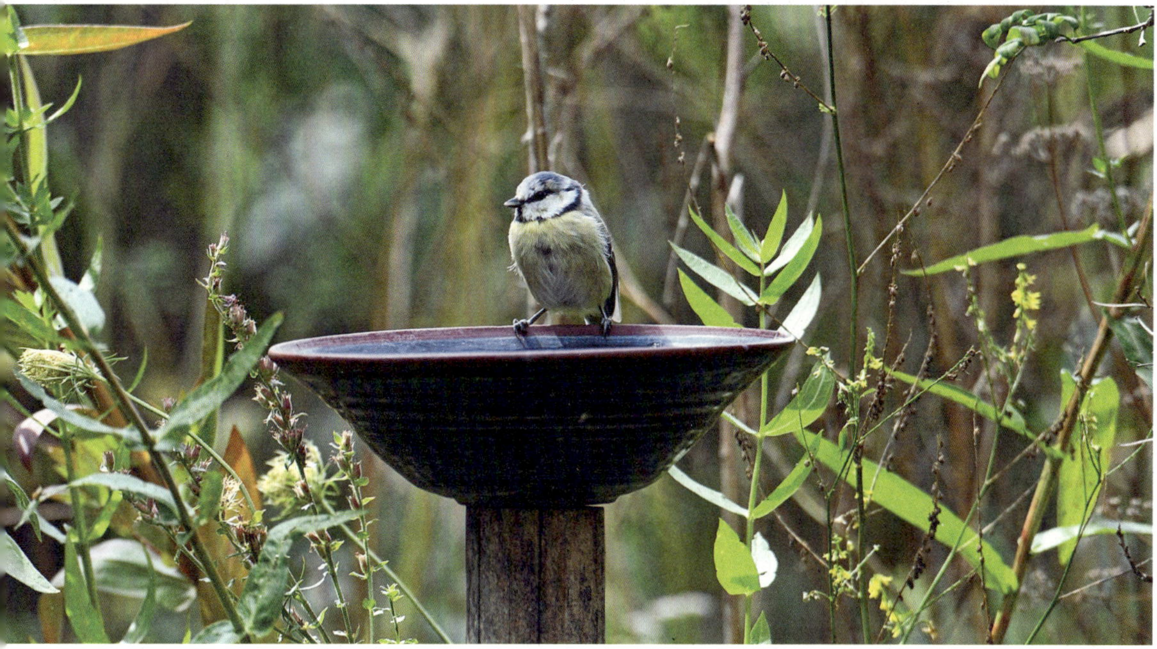

Blaumeisen lieben Vogeltränken, die über der Erde schweben.

Den Himmel auf die Erde holen

Wasser im kleinen Garten

Im kleinen Garten geht es darum, den Blick im Garten zu halten, die engen Grenzen unwichtig zu machen. Was zieht den Blick stärker an als Wasser, insbesondere bewegtes Wasser? Vielleicht Tiere – aber bis auf Nutztiere sind diese meist nur flüchtig im Garten zu beobachten. Und wer Wasser im Garten hat, bekommt beides: das Spiegelbild des Himmels auf der Erde und die Tiere noch dazu. Denn Wasser zieht nicht nur Menschen an, sondern auch viele Tiere.

Heiß begehrt: Vogeltränken und Co.

Wasser ist wunderbar. Alles, was lebt, besteht hauptsächlich aus Wasser: Sowohl bei Säugetieren als auch bei Insekten liegt der Wassergehalt des Körpers zwischen der Hälfte und mehr als zwei Drittel der Körpergesamtmasse. Da alle Tiere, die nicht im Wasser leben, ständig Wasser verlieren, muss nachgefüllt werden. Tiere müssen trinken, auch die ganz kleinen. Früher war unsere Landschaft voll von kleinen Tümpeln und Pfützen, heute sind selbst Feldwege asphaltiert, Waldwege geschottert und Tümpel der Flurbereinigung oder der Begradigung von Wasserläufen zum Opfer gefallen. Schon bevor die Klimakrise merkbar zu Dürrezeiten geführt hat, mussten Insekten und Vögel oft weit fliegen, um die nächste Pfütze zu finden. Wenn es dann wochenlang nicht regnet, wird es für die Tiere immer schwerer, Wasser zu finden. Wer im Garten Wasser zum Trinken für Tiere anbietet, am besten gleich an mehreren Stellen, wird viele spannende Beobachtungen machen können. Den

Tieren ist das Aussehen der Tränken egal, sie trinken und baden auch gerne in alten Bratpfannen, Tonuntersetzern oder flachen Schüsseln. Aber zum Hingucker werden die Tiertränken, wenn sie schön gestaltet sind.

Vögel behalten beim Trinken gerne den Überblick, denn im Moment des Trinkens können sie nicht mehr nach Beutegreifern, zum Beispiel Katzen oder Sperbern, Ausschau halten. Deshalb bieten wir Bade- und Trinkwasser für Vögel am besten leicht erhöht an und in einer möglichst freien Situation. Wunderschön sind große Findlinge, in die eine Vertiefung hineingeschlagen wurde. Aber auch wassergefüllte Elemente aus Keramik auf Stäben werden gerne angenommen.

Wenn wir die Vögel in luftiger Höhe versorgt haben, können wir weitere Tränken am Boden für Igel, Spitzmäuse und andere am Boden lebende Säugetiere aufstellen. Jede noch so kleine Wasserfläche im Garten wird auch von Insekten besucht werden. Wir achten darauf, dass es entweder flache, raue Wasserrandbereiche gibt oder legen einige Steine hinein, damit Ins-Wasser-Gefallene nicht ertrinken.

Tiertränken sollten möglichst täglich gesäubert und frisch aufgefüllt werden. Wenn sich kranke oder tote Vögel in der Nähe befinden, besteht die Gefahr, dass sich Tiere an den Tränken infizieren. Dann müssen die Tränken gründlich gesäubert und einige Wochen entfernt werden, um die Infektionsketten zu unterbrechen.

Ein Projekt für Fortgeschrittene: Vertiefung in Findling erstellen

Wie bekomme ich eine schön geformte Vertiefung in einen Steinblock hinein?

Sie brauchen einen Trennschleifer (oder jemanden, der einen Trennschleifer [»Flex«] und die dazugehörige Sicherheitsausrüstung besitzt und bedienen kann), einen Fäustel und einen guten Meißel, am besten einen, der für die Bearbeitung von Naturstein geeignet ist.

Als Erstes wird die Form der Vertiefung angezeichnet. Dann wird in diesem Bereich im Abstand von zwei bis drei Zentimetern parallel und zur Mitte tiefer werdend mit der Flex eingeschnitten. Jetzt können die Steinrippen relativ einfach herausgeschlagen werden.

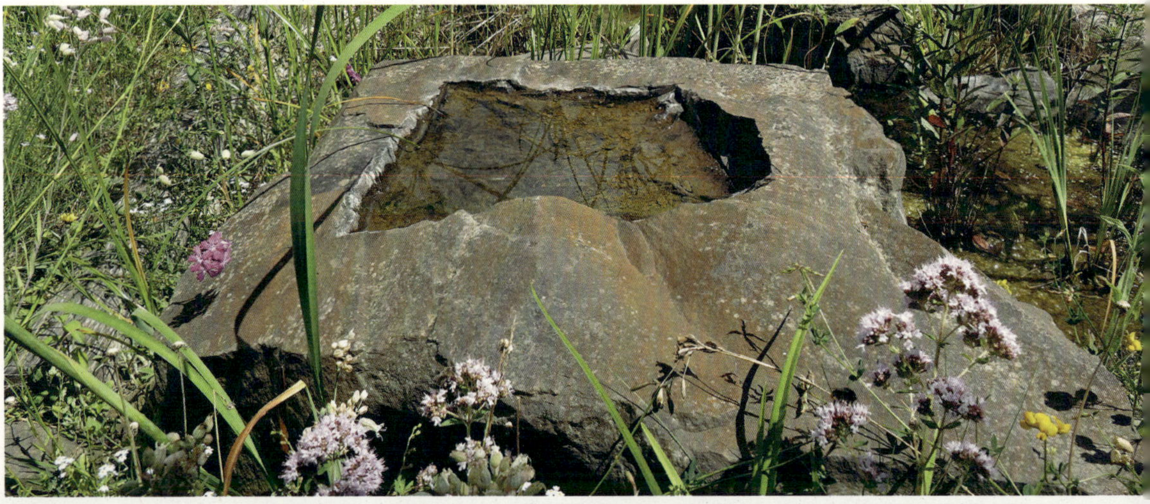

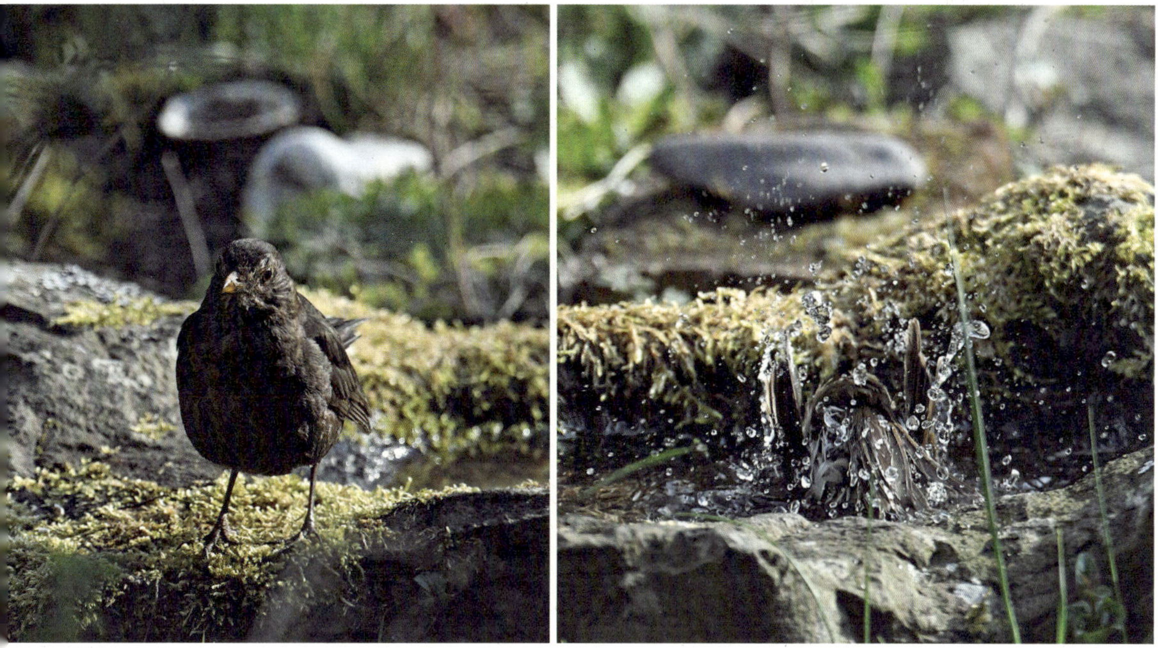

Nach einem ausgiebigen Amselbad muss nachgefüllt werden.

Wasserspiele

Vögel lieben bewegtes Wasser. Meist gibt es dann weniger Plätze im Vogelbad als Badegäste, da kommt es schon mal vor, dass die Vögel in der Nähe eines Wasserspiels »Schlange stehen«. Diese Bevorzugung bewegten Wassers ist verständlich, denn es hat meistens eine bessere hygienische Qualität als stehendes Wasser und es kommen, obwohl Vögel wesentlich unempfindlicher gegenüber Keimen sind als wir Menschen, in warmem, schmutzigem Wasser Krankheitserreger vor, die auch Vögeln gefährlich werden können, zum Beispiel Clostridium botulinum, der Erreger des Botulismus. Deshalb ist es auch wichtig, Vogeltränken regelmäßig zu reinigen.

Bewegtes Wasser zu sehen und zu hören, wirkt entspannend. Wir versuchen, die Muster der Wellen zu erkennen, und verlieren uns in den Lichtspiegelungen, den wunderschönen Mustern und dem Geräusch. Wasserspiele sind also das perfekte Mittel, die engen Grenzen eines kleinen Gartens unwichtig werden zu lassen.

Für ein Wasserspiel brauchen wir neben der sichtbaren Gestaltung als Quellstein, Springbrunnen oder Schale ein Wasserreservoir und eine Pumpe, die das Wasser vom Wasserreservoir zur Austrittsöffnung bringt. Es gibt sehr einfache Selbstbausets, die aus einem Bottich, einem Gitter und einem mehr oder weniger hübsch gestalteten Auslaufelement bestehen. Der Wasserkreislauf ist geschlossen, das Wasser muss regelmäßig nachgefüllt werden. Wenn das Wasserreservoir oberirdisch aufgestellt wird, muss es vor dem Winter entleert und die Pumpe im Keller eingelagert werden. Der große Nachteil dieser Systeme: Das scheinbar »frische« Wasser ist nicht wirklich frisch, denn in den Zeiten, in denen das Wasserspiel nicht betrieben wird, entstehen im Bottich Fäulnisprozesse. Das kann man deutlich riechen, wenn es

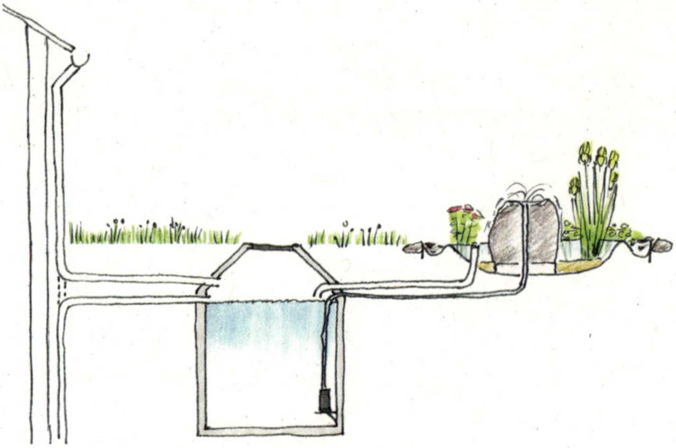

Eine an das Regenfallrohr angeschlossene Zisterne versorgt das Wasserspiel stets mit frischem Wasser.

nach längerer Ruhezeit wieder gestartet wird. Um den Geruch nach faulen Eiern zu verhindern, werden Biozide angeboten, wie zum Beispiel Vitriol (Kupfersulfat-Pentahydrat), das Wasser dauerhaft keimfrei hält, aber hochgiftig ist für Tiere, die dort versuchen, zu trinken.

Es ist also für die Tiere, für die Umwelt und unsere Nasen besser, wenn wir etwas mehr Aufwand betreiben. Dafür leiten wir das Regenwasser aus einem Fallrohr in eine unterirdische Zisterne und den Überlauf der Zisterne etwas weiter unten wieder in das Regenfallrohr zurück. So wird bei jedem Regen Wasser nachgefüllt, ohne dass wir etwas tun müssen. Zudem liegt die Pumpe in der Zisterne auf frostfreier Tiefe und kann im Winter dort bleiben, nur die Leitungen müssen vor Wintereinbruch leer werden. Die Pumpe muss in ihrer »Kennlinie« auf die Förderhöhe und die Menge an Wasser, die befördert werden soll, abgestimmt sein. Der Strom für die unvermeidbare Pumpe stammt möglichst aus regenerativen Quellen. Es gibt auch Sets, wo zur Pumpe gleich ein Photovoltaik-Element mitgeliefert wird.

Damit möglichst viele Tiere an unserem Wasserspiel trinken können, sollte es genügend Bereiche geben, wo das Wasser nur flach steht oder fließt.

Oft läuft das Wasser vom Wasserspielelement durch ein mit Steinen belegtes Gitter wieder in den Wasserspeicher. Eigentlich schade, denn so ist das Wasser selbst kein Lebensraum. Selbst sehr kleine Miniteiche bieten die Möglichkeit, rund um das Wasserspiel attraktive Pflanzen der Feuchtstandorte anzusiedeln und Wasserlebewesen eine Heimat zu bieten. Zur Zisterne läuft das Wasser dann über einen Überlauf mit einem Sieb, das verhindert, dass Tiere von der Wasseroberfläche in die Zisterne gespült werden.

Je kleiner und flacher eine Wasserfläche ist, desto weniger Arten werden sich dort einfinden. Mückenlarven besiedeln übrigens besonders gerne kleine, mit Wasser gefüllte Gefäße ohne Bewuchs. Wer also keine Mückenzucht beginnen möchte, aber trotzdem das Wasserspiel mit einem Miniteich kombinieren möchte, sollte es so groß wählen, dass Libellenlarven, die Fressfeinde der Mückenlarven, dort überleben können. Auch in einem etwas mehr als einen Quadratmeter großen Miniteich mit 40 Zentimeter Tiefe und 500 Liter Fassungsvermögen können Libellenlarven leben und die Menge an Mückenlarven gering halten.

Wer kein stehendes Wasser im Garten haben möchte, kann auch nur die Fläche im Spritzbereich des Wasserspiels verdichten und ein Sumpfbeet anlegen (siehe Seite 105). Dann wachsen in der Nähe des Wasserspiels die Pflanzen, die vom Standort her zum Thema Wasser passen.

Miniteiche

Jede noch so kleine Wasserfläche fängt den Blick ein. Um auf kleiner Fläche ein möglichst großes Wasservolumen zu erreichen, ist es notwendig, Miniteiche nicht mit flach abfallenden Ufern zu bauen, sondern die Pflanzflächen stufenartig anzulegen. Dadurch gibt es eine scharfe Grenze zwischen den Tiefenzonen, und da Pflanzen oft nur in einer bestimmten Wassertiefe gut gedeihen, wird die Ausbreitung mancher Pflanzen begrenzt. So müssen wir unseren Miniteich nicht so oft entkrauten. Die vorkonfektionierten Wasserbecken aus dem Baumarkt sind da eine einfach umzusetzende Möglichkeit. Leider sind die Pflanzterrassen recht knapp bemessen und der dicke Plastikrand sieht auch nicht sonderlich hübsch aus.

Wichtig ist also, das Wasserbecken tief genug einzugraben, damit der Rand nicht herausragt. Ein Streifen aus kapillarbrechendem Material (Grobschotter oder grober Kies) außen herum verhindert, dass es zu einer kapillaren Verbindung zum umgebenden Erdreich kommt und dass Regenwasser von den Pflanzflächen in den Teich gelangt. Denn wenn das Wasser erst über Rasen oder Beete läuft, nimmt es einiges mit und spült Nährstoffe und Feinboden in den Teich. Das führt zu Algenblüten. Der unschöne Rand des Beckens kann unter Totholz oder Natursteinen verschwinden. Unser Miniteich sollte auch auf den tieferen Ebenen bepflanzt werden. Unterwasserpflanzen wie Hornkraut und Krebsschere, aber auch Pfennigkraut sorgen dafür, dass das Wasser genügend Sauerstoff bekommt. Wenn man keine Fische einsetzt, dann können die Miniteiche gut funktionieren. Einmal im Jahr muss der Pflanzenbestand ausgelichtet werden, es müssen also Pflanzen mitsamt ihren Wurzeln entfernt werden. Das Material aus dem Teich wie Algen, Laub oder Pflanzen mit Wurzeln bleibt einige Tage neben dem Teich liegen, damit Wasserlebewesen wieder zurück ins Wasser finden können.

Selbst auf dem Balkon oder der Terrasse können große Kübel und Wannen zu einem Miniteich werden. Verschiedene Pflanztiefen kann man durch eingestellte Holzkonstruktionen oder Steine schaffen, wobei Steine den Nachteil haben, dass dadurch das Wasservolumen geringer wird. Damit der Bottich auch im Winter draußen stehen bleiben kann, sollte frostfestes Material gewählt werden, wie ein Holzfass, dicker Kunststoff oder Metall, und darauf geachtet werden, dass das Gefäß nach oben breiter wird. So kann das Eis nach oben ausweichen, wenn das Volumen durch das Frieren steigt. Omas Zinkwanne ist also ideal für solch einen Miniteich.

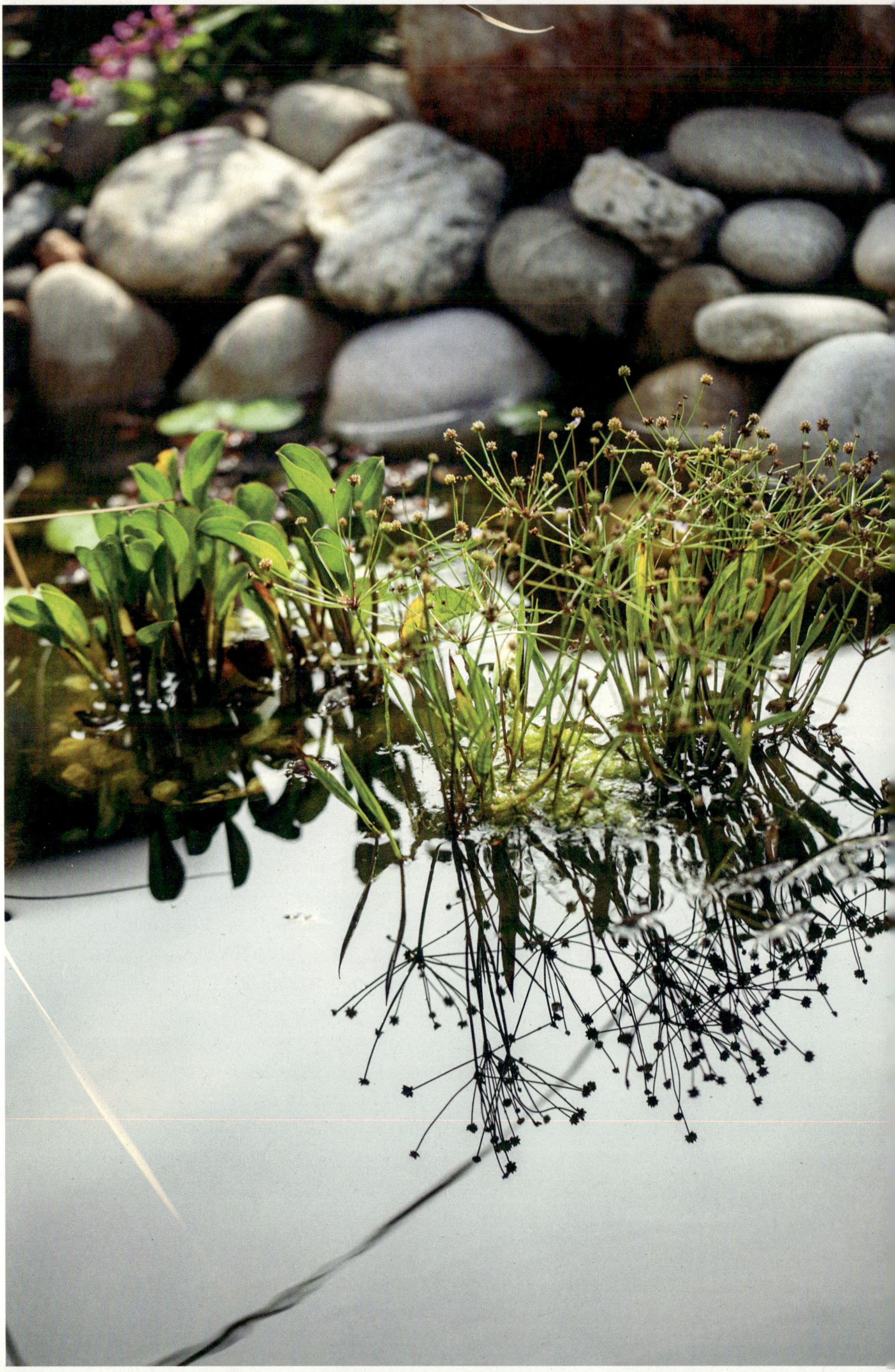

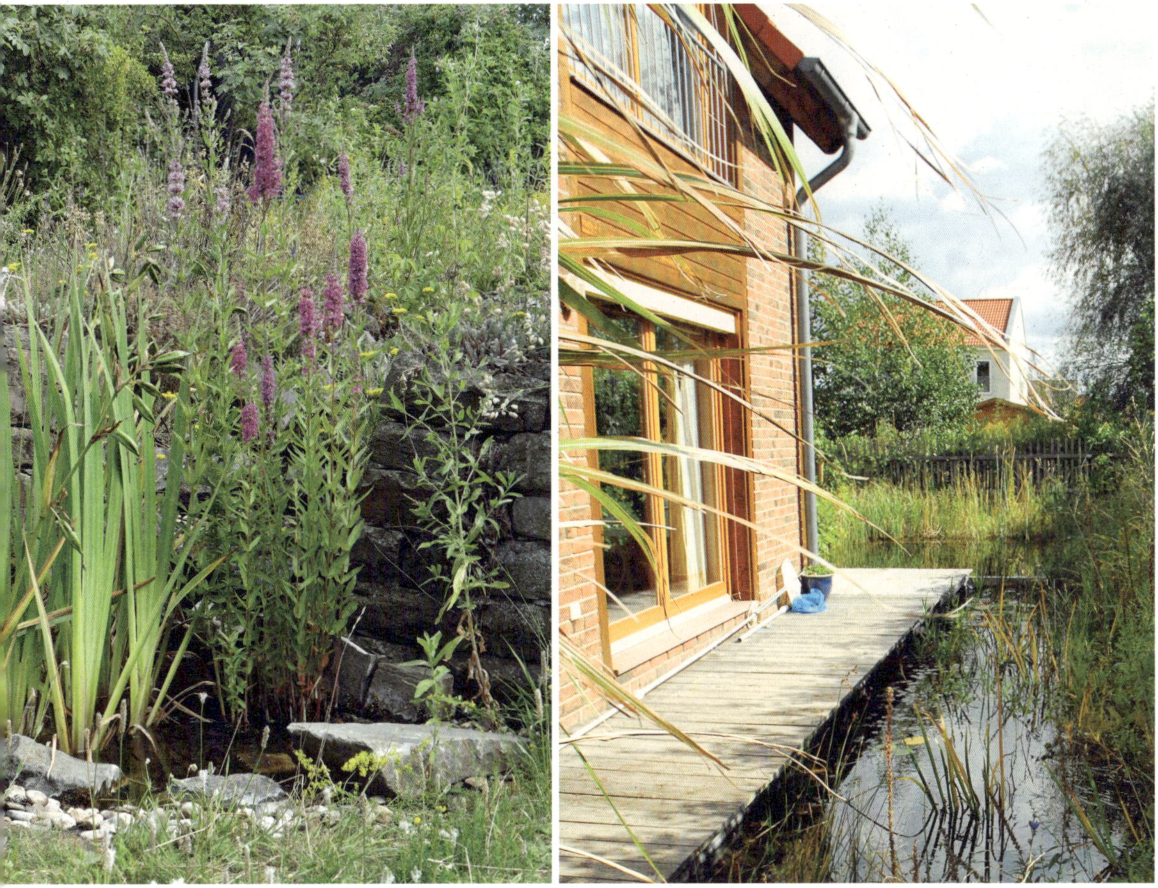

Ein Garten kann auch »nur« aus einem Schwimmteich bestehen
(Planung: Renate Froese-Genz, www.naturgarten-potsdam.de).

Teiche im kleinen Garten

Von einem Fertigteich ist es dann in der Regel nur ein kleiner Schritt bis zu einem etwas größeren, mit Folie gedichteten Teich. Wir können die Wasserfläche damit perfekt an unsere Wünsche anpassen. Damit eine gewisse Wassertiefe auf kleiner Fläche erreicht werden kann, ist es auch hier sinnvoll, Pflanzterrassen anzulegen und die Ufer nicht gleichmäßig abfallen zu lassen (siehe Abbildung Seite 101). Denn damit das Substrat nicht abrutscht, darf der Teichboden nicht steiler abfallen als im Verhältnis eins zu drei, ein Teich mit gleichmäßig abfallendem Boden kann eine Tiefe von 70 Zentimetern also erst nach etwas mehr als zwei Meter Abstand vom Ufer erreichen. Ein solcher Teich, der an seinem tiefsten Punkt frostfrei bleibt, ist also mindestens 5 Meter breit. Das ist viel zu groß für die meisten kleinen Gärten. Voraussetzung für die Modellierung von Pflanzterrassen ist allerdings, dass der Untergrund standfest ausgegraben werden kann, also ein lehmiger oder toniger Boden vorhanden ist.

Wenn das Gelände nicht annähernd eben ist, entstehen durch einen Teichbau unweigerlich Geländesprünge, denn Wasser ist immer perfekt horizontal, eben wie eine Wasserwaage. Deshalb prüfen wir als Erstes, ob die Stelle, an der wir unseren Teich planen, auch wirklich eben ist – zum Beispiel mit einer langen Latte, auf die wir eine Wasserwaage legen. Fällt das Gelände etwas ab, dann richten wir die längere Seite des Teiches möglichst entlang der Höhenlinien aus, also auf derselben Höhe, so ist die Stufe nicht zu hoch. Manchmal hat ein abfallendes Gelände aber auch Vorteile. Wir können nämlich hangseitig noch einen kleinen Weg oder Sitzplatz anlegen und den Höhenunterschied mit einer Trockenmauer abfangen. Dann gibt es auch gleich eine Sitzgelegenheit am Teich.

Aber müssen Teiche im kleinen Garten eigentlich immer klein sein? Warum nicht den gesamten kleinen Garten in einen Wassergarten verwandeln? Selbst bei einem wohnzimmergroßen Garten ist dann sogar ein Schwimmteich möglich, und der Himmelsspiegel garantiert unendliche Weite.

Teichbaustelle

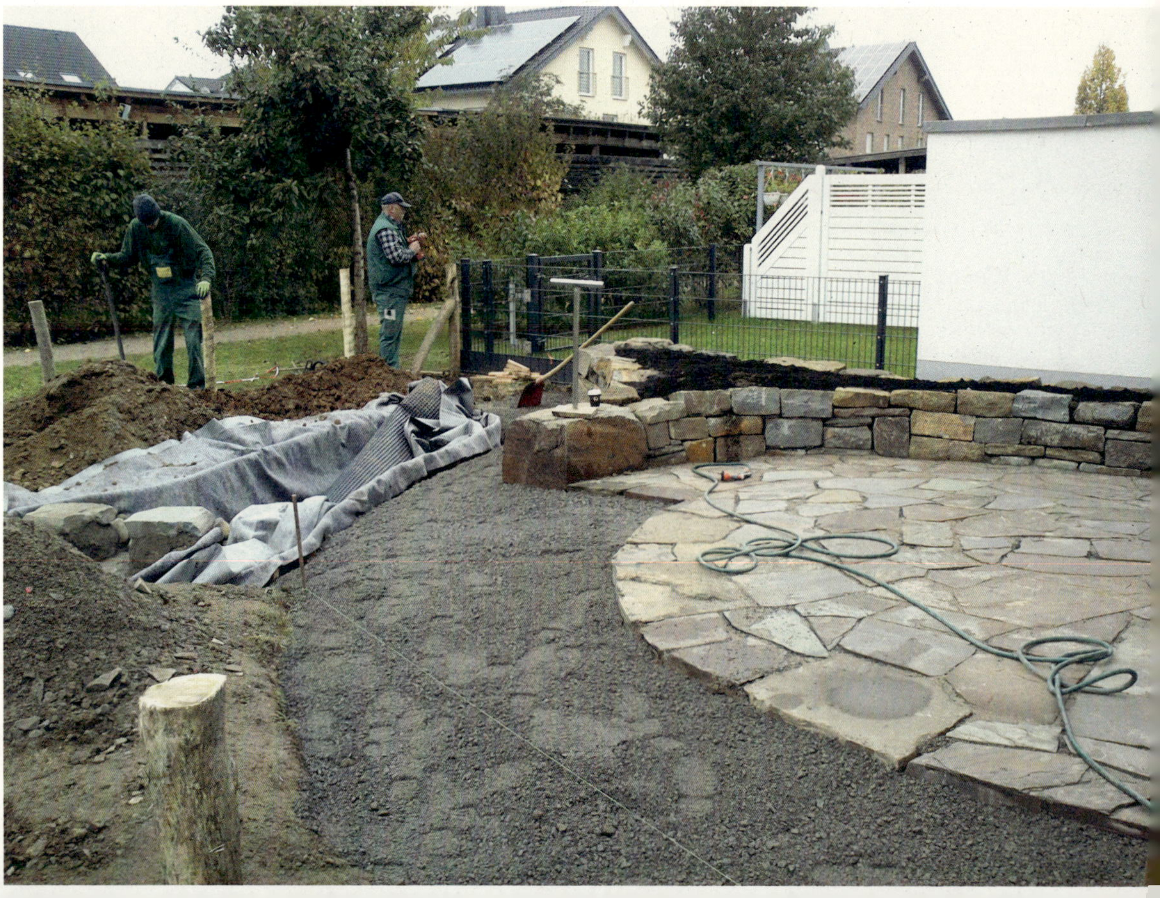

Kleine Bauanleitung Teich

- Teichfläche mit umweltfreundlicher Markierkreide oder Mehl auf dem Boden anzeichnen.
- Teich im geplanten Profil ausheben, etwa 30 Zentimeter breiter und 5 Zentimeter tiefer als geplant.
- Holzpflöcke für den Teichrand entlang der Teichbegrenzungslinie, also 30 Zentimeter von der Aushubgrenze entfernt innerhalb des Profils einschlagen.
- Höhe der Wasserfläche auf den Pflöcken markieren. Dies geht am einfachsten mit einem Nivellierer, den man ausleihen kann, etwas komplizierter mit Latte und Wasserwaage oder mit einer Schlauchwaage.
- Teichrand (das sind spezielle schmale, aber stabile Kunststoffstreifen) mit Flachkopfschrauben und Unterlegschrauben an den Pflöcken anschrauben, sodass die Oberkante des Teichrandes genau an den Markierungen liegt.
- Pflöcke oben absägen.
- Geovlies zum Schutz der Foliendichtung auslegen und über den Teichrand schlagen.
- EPDM-Teichfolie (umweltfreundlicher als PVC) auslegen. Die Folien werden so gefaltet geliefert, dass man sie in die Mitte des Teichs legen kann und von dort aus auseinanderfaltet.
- Substrat einfüllen. Bewährt hat sich lehmiger Sand, besser ist allerdings ein rein mineralisches Teichsubstrat, das von spezialisierten Firmen angeboten wird. Das Substrat kann nach der Pflanzung mit Kies, zum Beispiel in der Körnung 2/8, abgedeckt werden. Eine Substrathöhe von 10 bis 15 Zentimetern reicht.
- Pflanzen einsetzen. Bei kleinen Teichen sollten keine wuchernden Pflanzen eingesetzt werden (siehe Tabelle auf den folgenden Seiten), gerade bei kleinen Teichen sind die sauerstoffproduzierenden Unterwasserpflanzen besonders wichtig.
- Wasser einfüllen. Das Wasser darf nicht mehr als 0,01 Milligramm Phosphor pro Liter enthalten. Vorher beim Wasserwerk nachfragen.
- Erst einige Zeit, nachdem das Wasser eingefüllt ist, wird die Folie über den Teichrand geführt und umgeschlagen, sie kann dort vorsichtig an den Pflöcken befestigt werden, darf aber nicht einreißen. Dafür benutzen wir kleine Holzschrauben mit Unterlegscheiben. Jetzt wird der Graben um den Teichrand mit grobem Kies oder Schotter gefüllt. Außen um den Teichrand können zur Stabilisierung auch noch Holzstämme gelegt werden.

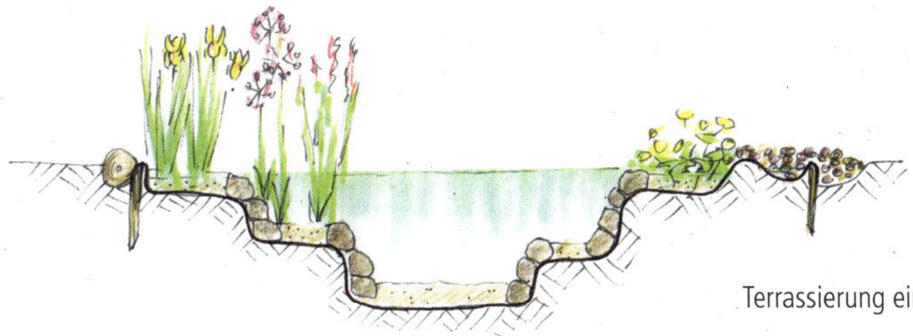

Terrassierung eines Teiches

Nicht wuchernde Pflanzen für Feuchtbiotope in kleinen Gärten

Wissenschaftlicher Name *Deutscher Name*	*Höhe*	*Blütezeit (Monate)* *Blütenfarbe*	*Wassertiefe*	*Anmerkungen*
Althea officinalis **Echter Eibisch**	1,2 m	7 – 9 rosa	0 – 10 cm	bildet mächtige Büsche
Allium angulosum **Kantiger Lauch**	60 cm	7 – 8 rosa	0 cm	
Allium suaveolens **Wohlriechender Lauch**	40 cm	7 – 9 rosa	0 cm	
Baldellia ranunculoides **Gewöhnlicher Igelschlauch**	15 cm	7 – 10 rosa	0 – 20 cm	
Berula erecta **Schmalblättriger Merk**	80 cm	7 – 9 weiß	0 – 150 cm	vor allem als Sauerstoff produzierende Unterwasserpflanze wertvoll; wintergrün
Butomus umbellatus **Schwanenblume**	80 cm	6 – 8 rosa	0 – 40 cm	blüht nicht bei hohem Wasserstand
Caltha palustris **Sumpf-Dotterblume**	30 cm	4 – 6 gelb	0 – 10 cm	ältere Exemplare wuchern
Cardamine pratensis **Wiesen-Schaumkraut**	40 cm	4 – 6 weiß	0 cm	wintergrün
Carum verticillatum **Quirlblättriger Kümmel**	1 m	7 – 8 weiß	0 cm	
Ceratophyllum demersum **Raues Hornblatt**		6 – 9 grünlich	30 – 100 cm	Unterwasserpflanze
Chrysoplenium alternifolium **Wechselblättriges Milzkraut**	15 cm	4 – 6 gelblich	0 cm	braucht Schatten
Cirsium canum **Graue Kratzdistel**	1,5 m	7 – 8 purpur	0 cm	
Cirsium heterophyllum **Verschiedenblättrige Distel**	1,2 m	7 – 8 purpur	0 cm	
Cirsium rivulare **Bach-Kratzdistel**	1 m	5 – 6 purpur	0 cm	
Comarum palustre **Sumpfblutauge**	30 cm	6 – 7 purpur	0 – 20 cm	kalkmeidend
Dianthus superbus ssp. superbus **Pracht-Nelke**	50 cm	6 – 9 rosa	0 cm	
Eleocharis acicularis **Nadel-Sumpfbinse**	10 cm	6 – 10 unscheinbar	0 – 50 cm	bildet Unterwasserrasen
Euphorbia palustris **Sumpf-Wolfsmilch**	1 m	5 – 6 gelb	0 – 10 cm	wird mächtig, wuchert aber nicht
Gentiana pneumonanthe **Lungen-Enzian**	50 cm	7 – 9 blau	0 cm	es gibt Ökotypen für kalkfreien und für alkalischen Boden
Gentiana asclepiadaea **Schwalbenwurz-Enzian**	50 cm	8 blau	0 cm	
Geranium palustre **Sumpf-Storchschnabel**	60 cm	6 – 9 rotviolett	0 cm	

Wissenschaftlicher Name *Deutscher Name*	*Höhe*	*Blütezeit (Monate)* *Blütenfarbe*	*Wassertiefe*	*Anmerkungen*
Geum rivale **Bach-Nelkenwurz**	30 cm	4 – 7 rotbraun	0 – 10 cm	
Gladiolus palustris **Sumpf-Siegwurz**	60 cm	6 – 7 purpur	0 cm	
Hottonia palustris **Europäische Wasserfeder**	20 cm	5 – 7 weiß	20 – 50 cm	liebt kühles Wasser; nicht in der Sonne; kein Kalk; wintergrün
Iris sibirica **Sibirische Schwertlilie**	80 cm	5 – 6 blau	0 – 10 cm	
Lychnis flos cuculi **Kuckucks-Lichtnelke**	60 cm	5 – 7 rosa	0 cm	wintergrün
Lysimachia nummularia **Pfennig-Gilbweiderich**	5 cm	5 – 7 gelb	0 – 50 cm	kriecht, wird aber nicht lästig; wächst auch unter Wasser; wintergrün
Lythrum salicaria **Gewöhnlicher Blutweiderich**	1 m	7 – 9 violettrot	0 – 20 cm	ältere Exemplare wuchern; Aussaat
Mentha aquatica **Wasserminze**	60 cm	7 – 10 rotviolett	0 – 15 cm	kriecht, wird aber nicht lästig; wintergrün
Myosotis scorpioides **Sumpf-Vergissmeinnicht**	10 cm	5 – 9 hellblau	0 – 20 cm	wintergrün
Myriophyllum spicatum **Ähren-Tausendblatt**		7 – 8 rötlich	0 – 150 cm	Unterwasserpflanze; wintergrün
Oenanthe aquatica **Großer Wasserfenchel**	1 m	6 – 8 weiß	0 – 30 cm	wintergrün
Peucedanum palustre **Sumpf-Haarstrang**	1,5 m	7 – 8 weiß	0 cm	
Primula farinosa **Mehl-Primel**	15 cm	5 – 7 lila	0 cm	
Sagittaria sagittifolia **Gewöhnliches Pfeilkraut**	60 cm	6 – 8 weiß	0 – 50 cm	
Sanguisorba officinalis **Großer Wiesenknopf**	1 m	6 – 9 purpur	0 cm	
Sium latifolium **Breitblättriger Merk**	1,2 m	7 – 8 gelblich	0 – 60 cm	wintergrün
Stratiotes aloides **Krebsschere**	10 cm	5 – 8 weiß	0 – 150 cm	Unterwasserpflanze; vermehrt sich, ist aber einfach zu entfernen
Succica pratensis **Gewöhnlicher Teufelsabbiss**	50 cm	7 – 9 blauviolett	0 cm	wintergrün
Symphytum officinale **Arznei-Beinwell**	40 cm	5 – 7 rotviolett	0 cm	wird mächtig, wuchert aber nicht
Trollius europaeus **Europäische Trollblume**	40 cm	5 – 6 gelb	0 cm	
Veronica beccabunga **Bachbungen-Ehrenpreis**	80 cm	5 – 8 blau	0 – 20 cm	liebt bewegtes Wasser; wintergrün

Wasserflächen: schön, aber auch gefährlich

Wer offene Wasserflächen im Garten hat, sollte immer auch an die Sicherheit denken. Immer wieder kommt es vor, dass Kleinkinder ertrinken, in Swimmingpools, in der heimischen Badewanne und auch in Gartenteichen. Warum können sehr kleine Kinder sogar in einer Pfütze ertrinken? Wenn Kleinstkinder Wasser ins Gesicht bekommen, kann bei ihnen ein Reflex einsetzen, der den Kehlkopf fest verschließt, es kann keine Luft mehr in die Lunge gelangen. Dieser Reflex stammt aus der Zeit vor der Geburt. Im Mutterleib verhindert er, dass Fruchtwasser in die Lunge gelangt, leider wird er manchmal durch Wasser vor der Nase auch nach der Geburt aktiviert. Dieses »trockene Ertrinken« kann auch noch einige Zeit nach dem Untertauchen einsetzen. Kleinstkinder dürfen also nicht unbeaufsichtigt in der Nähe von Wasserflächen spielen. Nach den gesetzlichen Regeln müssen sie aber auch ständig unter der Aufsicht von Erwachsenen stehen. (Deshalb trifft die Gartenbesitzer bei Unfällen fremder Kleinstkinder unter drei Jahren auch keine Haftung.) Auf öffentlich zugänglichen Flächen, auch auf Spielplätzen, sind Wasserflächen mit einer Tiefe bis zu 40 Zentimetern erlaubt, denn nur in Teichen, die tiefer sind, können Kinder ertrinken, die keine Kleinstkinder mehr sind, aber noch nicht schwimmen können. Wie groß das Risiko ist, dass doch einmal ein Kleinstkind unbeaufsichtigt im Garten spielt, muss jede und jeder selbst erwägen. Vielleicht sind wir sicher, dass kleine Kinder den Garten nicht betreten werden oder sich alle Erwachsenen und Kinder vorsichtig verhalten werden. In allen anderen Fällen sollte um eine Wasserfläche, egal, wie tief sie ist, ein Zaun gezogen werden, damit dieser Gartenbereich nur durch ein verschließbares Tor zu betreten ist. Während in einem kleinen Hauptgarten ein Zaun um den Teich nur schwer zu integrieren ist, sind Zäune um Vorgärten nichts Außergewöhnliches, und deshalb kann gerade der Vorgarten ein guter Ort für ein Feuchtbiotop sein. Und wenn es einen Zaun gibt, kann der Teich auch tiefer sein als 40 Zentimeter.

Alternativ können Teiche mit Metallgittern kindersicher gemacht werden. Diese Gitter dürfen nur knapp unter der Wasseroberfläche liegen und sollten auch nicht durchhängen. Damit ein Kind sich auch tatsächlich wieder aufrichten kann, müssen sie relativ engmaschig sein (fünf bis acht Zentimeter). Tiere und Pflanzen stören sich nicht an ihnen, aber Pflegearbeiten unter Wasser können erst durchgeführt werden, wenn die Gitter entfernt worden sind. Bei sinkendem Wasserstand liegen sie oberhalb der Wasseroberfläche und spätestens dann sind sie gut zu sehen – und alles andere als ein Hingucker.

Aber nicht nur Kinder ertrinken in Wasserflächen. Auch Kleintiere, selbst Insekten, schaffen es oft nicht, aus dem Wasser wieder herauszukommen. »Ufer«, egal, ob es sich um die Ränder einer Vogeltränke handelt oder um den Randbereich eines großen Teiches, sollten möglichst flach und rau sein. Keinesfalls dürfen Teichränder umlaufend mit überkragenden Platten abgedeckt werden. Dort sind Ausstiegshilfen für Mäuse, Igel und Co. unbedingt notwendig. Aus dem gleichen Grund sollten auch wassergefüllte Gießkannen, Wassereimer oder andere Gefäße nicht längere Zeit unabgedeckt im Garten stehen.

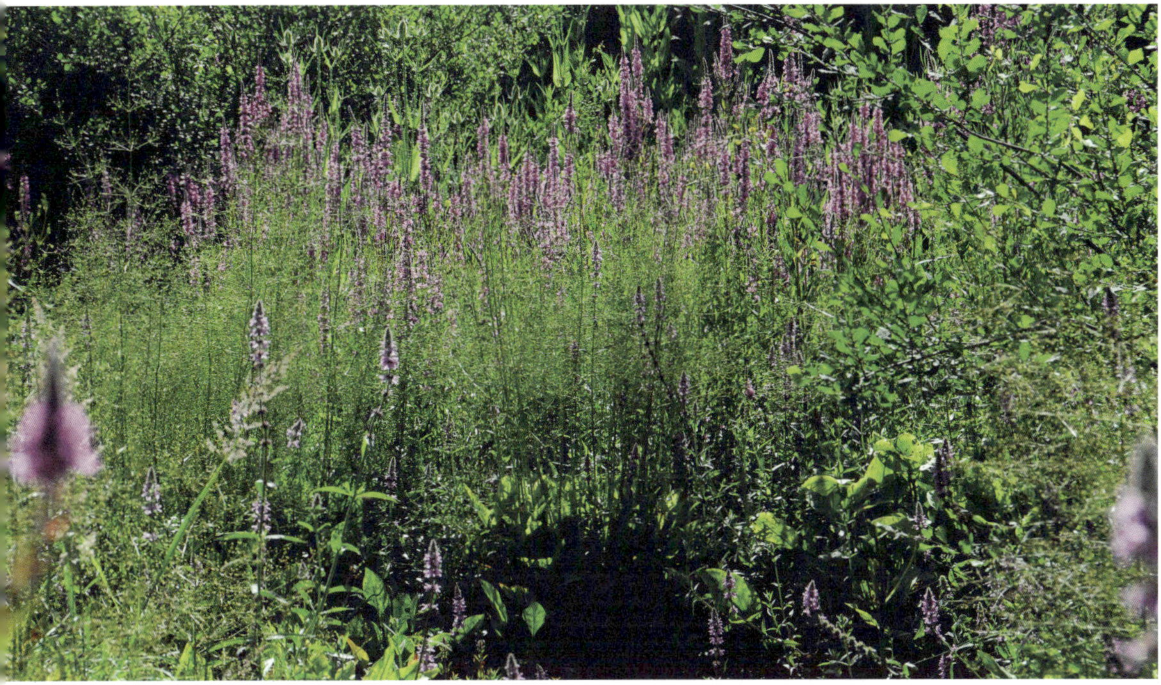

Die Hochstauden der feuchten Standorte können auch gut als Sichtschutz dienen.

Feuchtbiotop ohne (sichtbares) Wasser: das Sumpfbeet

Wer keine offene Wasserfläche im Garten haben möchte, kann trotzdem die schönen Wildpflanzen, die an Teichufern oder an Wassergräben wachsen, im Garten ansiedeln, nämlich in einem Sumpfbeet.

Oft gibt es Flächen im Garten, wo nach dem Regen das Wasser eine Weile stehen bleibt. Vielleicht stand dort ein schweres Fahrzeug beim Bau des Hauses, und es wurde, wie das leider öfters vorkommt, vergessen, den Untergrund vor dem Auftragen des Bodens tiefgründig zu lockern. Vielleicht ist auch der Boden aus einem anderen Grund wasserundurchlässig. Viele Pflanzenarten gedeihen dort nicht, aber Arten, die an feuchte Standorte angepasst sind, werden auf solchen staunassen Flächen besonders gut wachsen. Statt viel Arbeit in das Beheben der Staunässe zu investieren, können wir dort ein Sumpfbeet anlegen und Blutweiderich, Beinwell und Sumpfdotterblumen pflanzen.

Tonige und lehmige Böden können auch nachträglich verdichtet werden. Dazu heben wir das zukünftige Sumpfbeet etwa 40 Zentimeter tief aus und verdichten den Untergrund. Wenn der Boden zu viel Sand, Kies oder Schotter enthält, kann eine Teichfolie eingebaut werden. Hierbei müssen wir keine aufwendige Kapillarsperre bauen, denn wir wollen ja gar nicht, dass eine offene Wasserfläche entsteht. Dann kann entweder der ausgekofferte Boden, jedoch ohne Pflanzen und Wurzeln, wieder eingebaut werden oder eine Mischung aus Sand und Unterboden im Verhältnis 1:1. Viele Pflanzen der Feuchtstandorte werden recht hoch, ein Sumpfbeet eignet sich deshalb auch gut als blühender Sichtschutz, zum Beispiel in der Nähe der Terrasse.

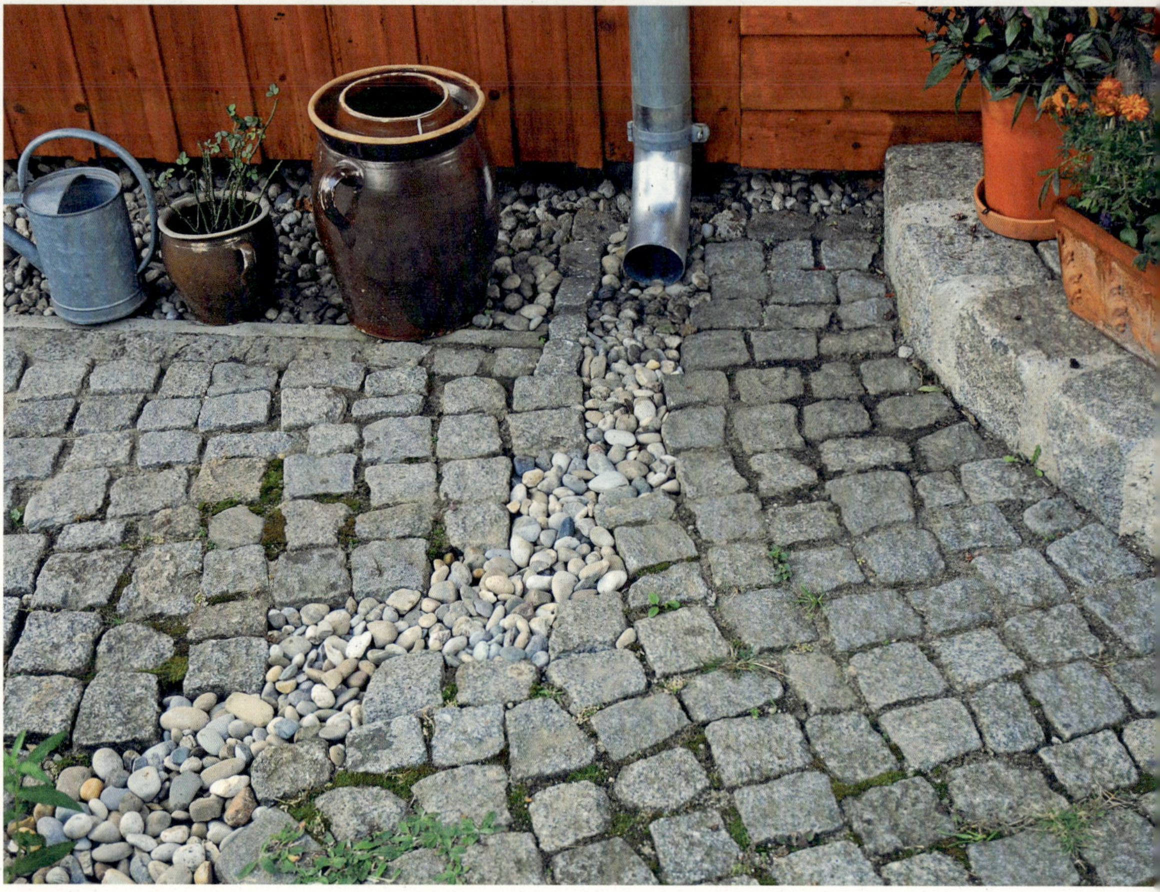

Hier wird das Regenwasser von einem Vordach einer kleinen Versickerungsmulde zugeführt (Planung: Renate Froese-Genz).

Regenwasserversickerung im kleinen Garten

In den Hitzesommern der letzten Jahre sehnte sich alles nach Regen. Regen bringt Segen. Regen speist das Grundwasser, unsere wichtigste Trinkwasserquelle. Leider landet ein Großteil des Wassers, das auf Städte und Dörfer herunterregnet, in der Kanalisation, wird zu Abwasser und fließt über die Flüsse recht schnell ins Meer. Der Grundwasserspiegel sinkt, es kann weniger Wasser in Hitzeperioden nach oben steigen und verdunsten. Deshalb schreibt die Wasserrahmenrichtlinie europaweit seit dem Jahr 2000 vor, dass Regenwasser nicht als Abwasser in die Kanalisation gelangen soll. Aber diese Regel betrifft nur Neubauten, und dann gibt es auch noch häufig Ausnahmeregelungen: Die Versickerung des Regenwassers vor Ort ist leider immer noch die Ausnahme.

Für eine 30 Zentimeter tiefe Versickerungsmulde werden zehn bis zwanzig Prozent der Dachfläche benötigt, so wie sie sich auf dem Grundstücksplan darstellt, also in der horizontalen Projektion. Dem Regen ist es schließlich egal, ob das Dach steiler ist – also eine größere Fläche hat – oder weniger steil. Das wird in die meisten kleinen Gärten nicht so richtig passen. Aber oft gibt es Teilflächen von Dächern, Garagen- oder Schuppendächer, die einen kleinen Versickerungsgraben oder eine kleine Versickerungsmulde speisen können.

Die Berechnung, wie groß die Mulde sein muss, nehmen Fachplaner nach einem speziellen Regelwerk vor. Dies berücksichtigt die Versickerungsfähigkeit des Bodens, die Menge an Regenwasser, die von der Fläche abläuft – bei einer Dachbegrünung ist das zum Beispiel viel weniger, als wenn das Dach mit Metall eingedeckt ist –, und eine bestimmte Regenmenge, für die es für jeden Ort einen festgelegten Wert gibt.

Bei kleinen Dachflächen können wir folgende überschlägige, aber sehr sichere Rechnung selbst anstellen: Bei einem Starkregenereignis können bis zu 100 Liter Regen pro Quadratmeter fallen. Das sind zum Beispiel bei einer Garage mit 15 Quadratmeter Dachfläche 1,5 Kubikmeter. Falls der Boden schon sehr nass ist und alle Poren mit Wasser gefüllt sind, muss diese Menge zwischengespeichert werden können. Wir brauchen also nur noch diese Regenmenge durch die Tiefe der Sickerfläche zu dividieren und erhalten die ungefähre Flächengröße. Wir sehen, die Flächengröße ist nicht unerheblich, deshalb werden Mulden im kleinen Garten meist mit unterirdischen Rigolen kombiniert, die zusätzliches Volumen zwischenspeichern können.

Sickermulden müssen mit einer gut versickerungsfähigen Erdmischung angelegt werden. Meist werden sie von den Ingenieuren in einer technischen Form geplant und mit einer langweiligen Rasenmischung eingesät. Aber warum eigentlich? Wir können dort auch ein schönes Wildstaudenbeet anlegen. Wenn die Fläche gerade nicht eingestaut ist, ist der Boden aufgrund des gut durchlässigen Substrates recht trocken. Wo finden wir solche Pflanzen, die Trockenheit und – kurzzeitige – Überschwemmungen ertragen? Dort, wo diese Bedingungen natürlicherweise vorkommen, im Überschwemmungsbereich der Flüsse oder auf Inseln im Meer. Bevor unsere Gewässer zwischen starre, befestigte Ufer eingesperrt wurden, gab es in den Flusstälern Kies- und Sandbänke, die lange Zeit sehr trocken, aber immer wieder überschwemmt und umgelagert wurden. Leider sind diese artenreichen, hochdynamischen Landschaften in Europa fast vollständig verschwunden. Auf Flächen zur Regenwasserversickerung können wir einigen der Pflanzen dieser Standorte wieder Heimat geben. Wenn wir unser Wildstaudenbeet mit Arten der wechselfeuchten Standorte dann mit Lebensraumholz kombinieren, wird das Ganze noch stimmiger (siehe Seite 136 und Seite 165).

Pflanzen wechselfeuchter Standorte

Wissenschaftlicher Name *Deutscher Name*	*Höhe* *Blütenfarbe*	*J*	*F*	*M*	*A*	*M*	*J*	*J*	*A*	*S*	*O*	*N*	*D*	*Anmerkungen*
wechselnde Feuchte, eher trockener Boden														
Saponaria ocymoides **Rotes Seifenkraut**	20 cm rosa				✿	✿	✿	✿	✿	✿	✿			wintergrün; Ausläufer; magerer Boden **B**
Aristolochia clematidis **Osterluzei**	70 cm gelb					✿	✿							**L, M**
Asparagus officinalis **Wilder Spargel**	1,5 m grünweiß					✿	✿	✿						konkurrenzstark; feines, schmückendes Blattwerk **L**
Coronilla coronata **Berg-Kronwicke**	40 cm gelb					✿	✿	✿						magerer Boden **L, M**
Lysimachia nummularia **Pfennig-Gilbweiderich**	5 cm gelb					✿	✿	✿						wintergrün; Ausläufer **B**
Hieracium piloselloides **Florentiner Habichtskraut**	80 cm gelb					✿	✿	✿	✿					wintergrün; magerer Boden **B**
Hypochaeris maculata **Geflecktes Ferkelkraut**	40 cm gelb					✿	✿	✿	✿					magerer Boden **M**
Silene vulgaris **Gewöhnliches Leimkraut**	30 cm weiß					✿	✿	✿	✿	✿				wintergrün; **M, B, S** konkurrenzstark; magerer Boden
Allium carinatum **Gekielter Lauch**	60 cm rosa						✿	✿						wintergrün; magerer Boden **M**
Aquilegia atrata **Schwarzviolette Akelei**	50 cm violett						✿	✿						magerer Boden **M**
Clematis recta **Aufrechte Waldrebe**	1,2 m weiß						✿	✿						braucht Stütze; magerer Boden **L**
Filipendula vulgaris **Kleines Mädesüß**	50 cm weiß						✿	✿						wintergrün; magerer Boden **M**
Linum flavum **Gelber Lein**	60 cm gelb						✿	✿						magerer Boden **L, M**
Ononis repens **Kriechende Hauhechel**	30 cm rosa						✿	✿						magerer Boden **M, B**
Ononis spinosa **Dornige Hauhechel**	40 cm rosarot						✿	✿						magerer Boden **B**
Allium schoenoprasum **Schnitt-Lauch**	45 cm rotlila						✿	✿	✿					magerer Boden **M, B, S**
Astragalus cicer **Kicher-Tragant**	60 cm gelb						✿	✿	✿					konkurrenzstark; magerer Boden **M, B**
Betonica officinalis **Heil-Ziest**	50 cm purpurrosa						✿	✿	✿					konkurrenzstark; Herbstfärbung; magerer Boden **M**
Lathyrus tuberosus **Knollen-Platterbse**	60 cm rosaviolett						✿	✿	✿					rankt **M**
Vicia sylvatica **Wald-Wicke**	2 m weiß-lila						✿ ✿	✿ ✿	✿ ✿					rankt **M**

Wissenschaftlicher Name *Deutscher Name*	*Höhe* *Blütenfarbe*	*J*	*F*	*M*	*A*	*M*	*J*	*J*	*A*	*S*	*O*	*N*	*D*	*Anmerkungen*
Carduus defloratus **Berg-Distel**	80 cm rosapurpur						✿	✿	✿	✿				**L**
Galium verum **Echtes Labkraut**	5 cm gelb						✿	✿	✿	✿				magerer Boden **M, B, S**
Allium cirrhosum **Schöner Lauch**	60 cm rosa							✿	✿					wintergrün; magerer Boden **M**
Peucedanum officinale **Echter Haarstrang**	1 m gelb							✿	✿	✿				magerer Boden **L**
Epilobium dodonaei **Rosmarin-Weidenröschen**	1 m rosa							✿	✿	✿				wintergrün; magerer Boden **L**
wechselnde Feuchte, eher feuchter Boden														
Pulmonaria angustifolia **Schmalblättriges Lungenkraut**	20 cm rotblau			✿	✿	✿								**M, B**
Gagea lutea **Wald-Goldstern**	30 cm gelb				✿	✿								Frühblüher **B**
Pulmonaria mollis **Weiches Lungenkraut**	35 cm purpurviolett				✿	✿								wintergrün **M, B**
Geum rivale **Bach-Nelkenwurz**	30 cm rotbraun				✿	✿	✿	✿						**M, B**
Cirsium rivulare **Bach-Kratzdistel**	1 m purpur					✿	✿							magerer Boden **L**
Euphorbia palustris **Sumpf-Wolfsmilch**	1 m gelb					✿	✿							Herbstfärbung **L, M**
Iris sibirica **Sibirische Schwertlilie**	80 cm blau					✿	✿							**L**
Valeriana officinalis **Arznei-Baldrian**	90 cm rosaweiß					✿	✿	✿	✿					konkurrenzstark; Ausläufer **L**
Spergularia rubra **Rote Schuppenmiere**	10 cm rosa					✿	✿	✿	✿	✿				wintergrün; einjährig **S**
Gladiolus palustris **Sumpf-Siegwurz**	60 cm purpurrot						✿	✿						magerer Boden **L, M**
Thalictrum flavum **Gelbe Wiesenraute**	1 m gelb						✿	✿						Ausläufer **L, M**
Allium schoenoprasum **Schnitt-Lauch**	45 cm rotlila						✿	✿	✿					**M, B, S**
Betonica officinalis **Heil-Ziest**	50 cm purpurrosa						✿	✿	✿					konkurrenzstark; Herbstfärbung; magerer Boden **M**
Butomus umbellatus **Schwanenblume**	80 cm rosarot						✿	✿	✿					**L, M**
Dipsacus fullonum **Wilde Karde**	1,6 m violett						✿	✿	✿					wintergrün; konkurrenzstark; zweijährig **S**

Bedeutung der Abkürzungen (siehe Seiten 128, 129): **L** = Leitstaude / **M** = Begleitstaude / **B** = Bodendecker / **S** = Einsaat

Wissenschaftlicher Name *Deutscher Name*	*Höhe* *Blütenfarbe*	*J*	*F*	*M*	*A*	*M*	*J*	*J*	*A*	*S*	*O*	*N*	*D*	*Anmerkungen*
Galega officinalis **Echte Geißraute**	1 m weiß- bläulich						✿	✿	✿					**L**
Gratiola officinalis **Gottes-Gnadenkraut**	30 cm weißlich						✿	✿	✿					**M, B**
Hieracium aurantium **Orangerotes Habichtskraut**	30 cm orange						✿	✿	✿					wintergrün; konkurrenzstark; Ausläufer **B**
Hypericum × desetangsii **Des Étangs' Johanniskraut**	1 m gelb						✿	✿	✿					wintergrün; Ausläufer **M**
Lysimachia vulgaris **Gewöhnlicher Gilbweiderich**	1,2 m gelb						✿	✿	✿					Ausläufer **L, M**
Solanum dulcamara **Bittersüßer Nachtschatten**	2 m violett						✿	✿	✿					Halbstrauch; rankt **M**
Veronica maritima **Langblättriger Blauweiderich**	80 cm blau						✿	✿	✿					**L, M**
Dianthus superbus **Pracht-Nelke**	50 cm rosalila						✿	✿	✿	✿				Ausläufer; magerer Boden **M**
Geranium palustre **Sumpf-Storchschnabel**	80 cm rotviolett						✿	✿	✿	✿				**M**
Mentha arvensis **Acker-Minze**	40 cm helllila						✿	✿	✿	✿				konkurrenzstark; Ausläufer **B**
Stachys palustris **Sumpf-Ziest**	50 cm rosa						✿	✿	✿	✿				konkurrenzstark; Ausläufer **M**
Inula salicina **Weidenblättriger Alant**	40 cm gelb						✿	✿	✿	✿	✿			Ausläufer; magerer Boden **M, B**
Allium angulosum **Kantiger Lauch**	30 cm rosa							✿	✿					magerer Boden **M, B**
Cirsium canum **Graue Kratzdistel**	1,5 m purpur							✿	✿					**L**
Cirsium tuberosum **Knollige Kratzdistel**	1 m purpur							✿	✿					magerer Boden **L**
Laserpitum latifolium **Breitblättriges Laserkraut**	1,5 m weiß							✿	✿					magerer Boden **L**
Allium suaveolens **Wohlriechender Lauch**	40 cm rosa							✿	✿	✿				magerer Boden **M**
Gentiana asclepiadea **Schwalbenwurz-Enzian**	60 cm blau							✿	✿	✿				magerer Boden **L, M**
Laserpitium pruthenicum **Preußisches Laserkraut**	1,5 m gelblich weiß							✿	✿	✿				zweijährig; magerer Boden **S**
Lythrum salicaria **Gewöhnlicher Blutweiderich**	1 m violettrot							✿	✿	✿				konkurrenzstark **L, M**
Selinum dubium **Brenndolden-Silge**	90 cm weiß								✿	✿				**L**

Bedeutung der Abkürzungen (siehe Seiten 128, 129): **L** = Leitstaude / **M** = Begleitstaude / **B** = Bodendecker / **S** = Einsaat

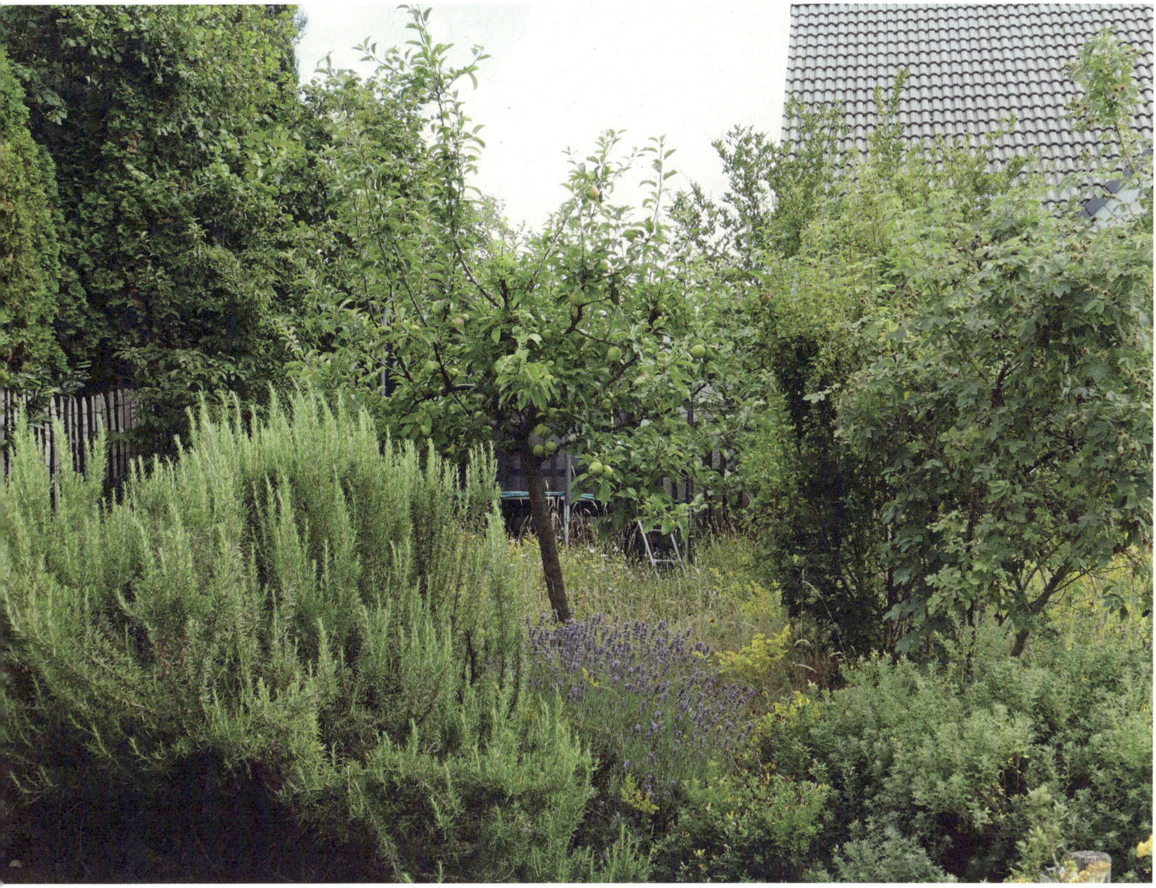

Ein Apfelbaum und Mittelmeerkräuter verbergen das Trampolin.

Obst, Gemüse, Kräuter

Der essbare kleine Garten

Über essbare Zierpflanzen und zierende Nutzpflanzen

Im Garten zu sitzen und der kommenden Ernte beim Wachsen zuzusehen, das ist für viele Gärtnerinnen und Gärtner schon fast das Schlaraffenland. Die Pflege von Gemüse, Kräutern und Obst macht mehr Arbeit als die Pflege eines Naturgartens, aber die eigenen Äpfel vom Baum zu ernten oder den selbst gezogenen Kürbis als essbare Dekoration noch eine Weile in der Wohnung auszustellen, macht schon besonders viel Freude. Nebenbei sind die Selbstversorgung und die wohnortnahe biologische Landwirtschaft – neben naturnahen Grünflächen – wichtige Lösungsansätze in Zeiten der Klima- und Biodiversitätskrise: Transportwege entfallen, Humusaufbau im Boden entzieht der Atmosphäre Treibhausgase, die Wasseraufnahmefähigkeit des Bodens wird verbessert. Sobald wir unseren Garten auch mit dem Gaumen genießen wollen, verschwimmen die Grenzen zwischen naturnahem

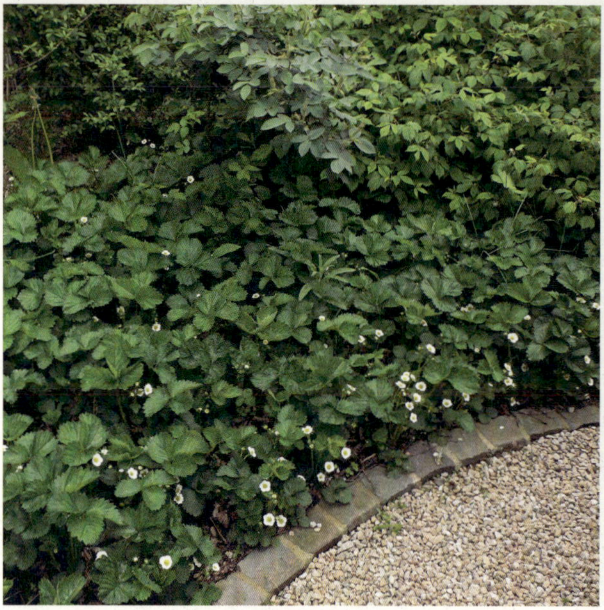
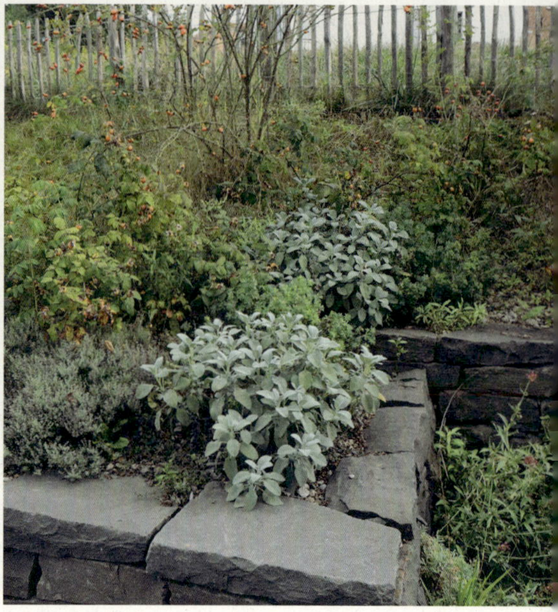

Erdbeerwiese 'Florika' als Bodendecker (links) und Mittelmeerkräuter im Senkgarten (rechts)

Ziergarten und Nutzgarten. Wir können also bevorzugt die Wildpflanzen ansiedeln, die auch essbar sind. An schattigen Standorten wachsen dann Bodendecker wie Bärlauch oder Walderdbeere. Giersch muss kein Unkraut sein, er kann auch als essbarer Bodendecker geduldet werden. Für unsere Gehölzpflanzungen wählen wir Wildarten mit essbaren Früchten wie Wildrosen, Kornelkirschen oder Mehlbeeren oder Obstbäume und Beerensträucher. Als Hausbaum können wir auch einen Obstbaum wählen, zur Berankung von Zäunen und Pergolen Kulturrebe (Wein), Kiwi oder Brombeeren.

Kräuter für die Küche lieben oft trockene magere Standorte. Thymian, Salbei, Oregano oder Rosmarin leben länger, wachsen kompakter und haben ein besseres Aroma, wenn sie auf einem Kalkschotterbeet wachsen. Wir können sie also gut in einen Magerstandort integrieren (siehe ab Seite 156).

Manche Gemüsepflanzen, besonders Dauergemüse wie Rhabarber, Winterheckenzwiebeln, Ewiger Kohl oder Artischocken, können gut in nährstoffreichen Wildstaudenbeeten angesiedelt werden. In größeren Gärten würden solche Pflanzen wahrscheinlich vergessen und überwuchert werden, im kleinen Garten haben wir die Chance, die Ernte tatsächlich in die Küche zu tragen.

Der dekorative Nutzgarten

Die meisten Nutzpflanzen sind einjährig, das heißt, sie werden jedes Jahr gesät, gepflanzt und geerntet. Mit der Ernte entziehen wir dem Boden die Nährstoffe, die sich in dem geernteten Pflanzenteil befinden. Auch wenn wir viel über Mulch nachfüttern können: Der Boden im Nutzgarten muss gut gepflegt und entsprechend

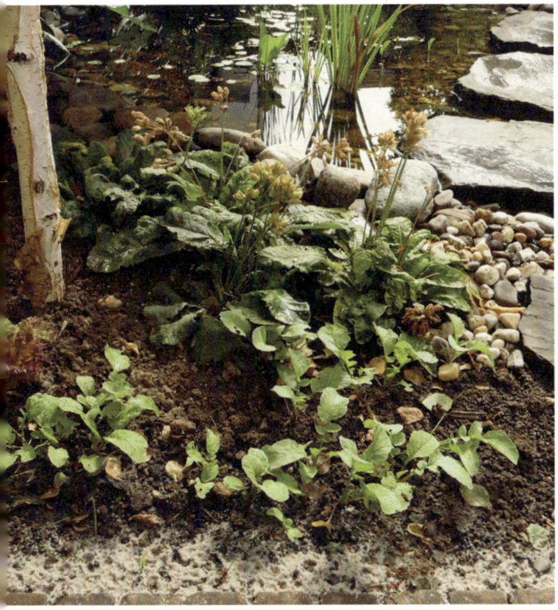

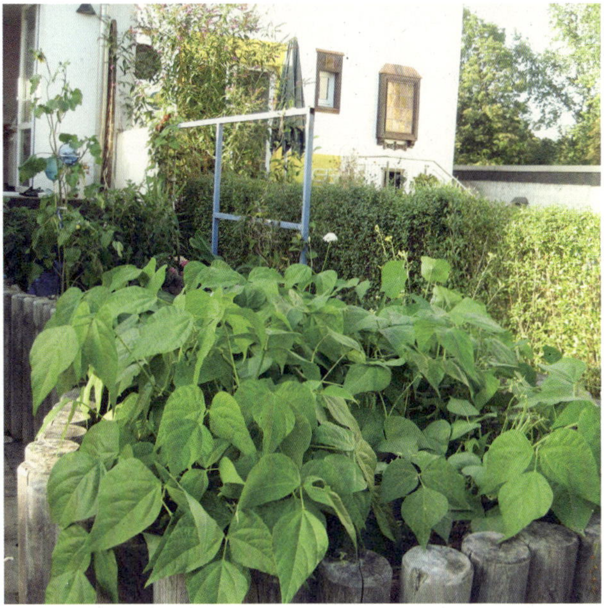

Radieschen ohne eigenen Bereich im nährstoffreichen Beet integriert (links) und Hochbeet aus Robinienpalisaden (rechts)

den Nährstoffanforderungen der Pflanzen mit Kompost und anderen organischen Materialien gedüngt werden. Damit entsteht der »gute Boden«, das tiefgründig lockere, gut mit Humus versorgte »Hortisol«, ein Boden, den wir in der Natur nicht finden. Deshalb übrigens brauchen wir für naturnahe Gartenbereiche keinen »guten Boden« – dort sind magere Böden oder Böden, die aus irgendeinem Grund aus der Sicht des Gemüsegärtners »schlecht« sind, sogar von Vorteil. Denn ein »guter« Boden ist nach allen Seiten offen, dort kann jede Pflanze gut wachsen, auf »schlechten« Böden schränkt der Boden dies ein, und wenn wir die einheimischen Pflanzen ansiedeln, die an den Standort angepasst sind, dann hilft uns das bei der Pflege.

Umgekehrt heißt das: Im Nutzgarten muss der Boden gepflegt werden und den Nutzpflanzen muss durch Jäten unerwünschter Pflanzen ein Konkurrenzvorteil verschafft werden. Anders als im Naturgarten wird dort der Boden gelockert, die Pflanzen werden gesetzt, gepflegt und gegossen, tierische Mitesser durch biologische Mittel reduziert. Ein solcher Nutzgarten ist ein Arbeitsraum. Wir brauchen Wege, auf denen wir gehen, damit die lockere Erde im Beet nicht betreten und verdichtet wird. Beete sollen deshalb nicht breiter sein als 1,20 Meter, denn dann ist auch die Beetmitte von beiden Seiten gut zu erreichen. Besonders praktisch ist es, Gemüse und Kräuter in Hochbeeten anzubauen. Im kleinen Garten sollten die Beete auch ohne die Pflanzen schon eine Augenweide sein. Und Hochbeete können auch gut weitere Funktionen übernehmen: Mit hochwerdenden Gemüsearten, wie zum Beispiel Stangenbohnen oder Tomaten, bepflanzt, können sie Sichtschutzfunktion bekommen. Wenn die Hochbeete ungefähr einen halben Meter hoch sind, dann können sie auch als Sitzmöglichkeit dienen. Dort zeigt sich dann, dass Hochbeete nicht nur dem Anbau von Nutzpflanzen dienen müssen. Schöne Hochbeete sind auch einen schöne Möglichkeit, einem Garten eine spannende und abwechslungsreiche Höhengestaltung zu geben. Das zeigt aber auch: Im kleinen Garten sollten Hochbeete zuallererst in ihrem Aussehen und in ihrer Anordnung angenehm wirken. Ob dann Nutzpflanzen oder schmückende Pflanzen darin gedeihen, hängt vom Geschmack und vom Standort ab.

Mit Ausnahme der Mittelmeerkräuter brauchen Nutzpflanzen nicht nur einen guten, gleichmäßig feuchten Boden, sondern auch möglichst viel Licht. Es gibt nur wenige Gemüsesorten, die mit Halbschatten auskommen, auch wenn in Zeiten der Klimakrise eine leichte Schattierung in Hitzeperioden von Vorteil sein kann. Die Ausrichtung unseres Hauses können wir nicht verändern. Wenn der Vorgarten eine südliche Ausrichtung hat und der Garten hinter dem Haus im Schatten liegt, dann können wir Gemüse und Obst nur im Vorgarten anbauen. Ein Arbeitsraum im Vorgarten? Das mag seltsam erscheinen, aber was spricht eigentlich dagegen, den Nutzgarten so anzulegen, dass er auch optisch ein Schmuckstück ist?

Nicht umsonst leitet sich die traditionelle Form der Bauerngärten von den formalen Schlossgärten ab. Nutzpflanzen in Schmuckbeeten im öffentlichen Raum sind nicht nur en vogue, auch in den repräsentativen Gärten des Barock und der Renaissance war das nicht unüblich. Im Renaissance-Schlossgarten Villandry in Frankreich wird jedes Jahr ein Parterre mit Nutzpflanzen gestaltet.

Nutzpflanzen haben durchaus ihren ästhetischen Reiz und dies gilt es dann auch gestalterisch zu nutzen. Die für die Bearbeitung der Beete notwendigen Wege werden so angelegt, dass sich ein schönes Muster ergibt, und wenn dann die Nutzpflanzen nicht nur nach den Prinzipien der Mischkultur, sondern auch nach gestalterischen Aspekten gepflanzt werden, haben wir ein kleines essbares Schmuckstück im Vorgarten, das wir in jedem Jahr neu gestalten können. So harmonieren Ringelblumen und Tagetes, die auch die Pflanzengesundheit fördern, schön mit rotlaubigen Pflanzen wie Rotkohl, Braunkohl und Roter Bete oder den roten Früchten der Tomaten. Auch die eleganten Blütenstände von Knoblauch, Mangoldsorten mit gelben oder roten Blattstielen oder die bizarren Formen der verschiedenen Kohlsorten bieten spannende Gestaltungsmöglichkeiten.

Wer Wildbienen fördern möchte, lässt einige Zwiebeln oder Kohlpflanzen blühen, deren Pollen bei Wildbienen sehr beliebt sind. Kohlblüten locken vielleicht sogar die seltene Schöterich-Mauerbiene an *(Osmia brevicornis)*, und die Lauch-Maskenbiene *(Hylaeus punctissima)* und verschiedene Sandbienenarten lieben Zwiebel- und Lauchblüten. Nicht jede Spontanvegetation (»Unkraut«) muss entfernt werden. Dort, wo sie die Nutzpflanzen nicht bedrängt oder unser ästhetisches Empfinden nicht stört, lassen wir sie als Futter für die Tiere stehen. So kann es dann sein, dass wir im Spätsommer mit Weidenmeisenbesuch belohnt werden, wenn wir gegenüber dem Gewöhnlichen Hohlzahn duldsam sind.

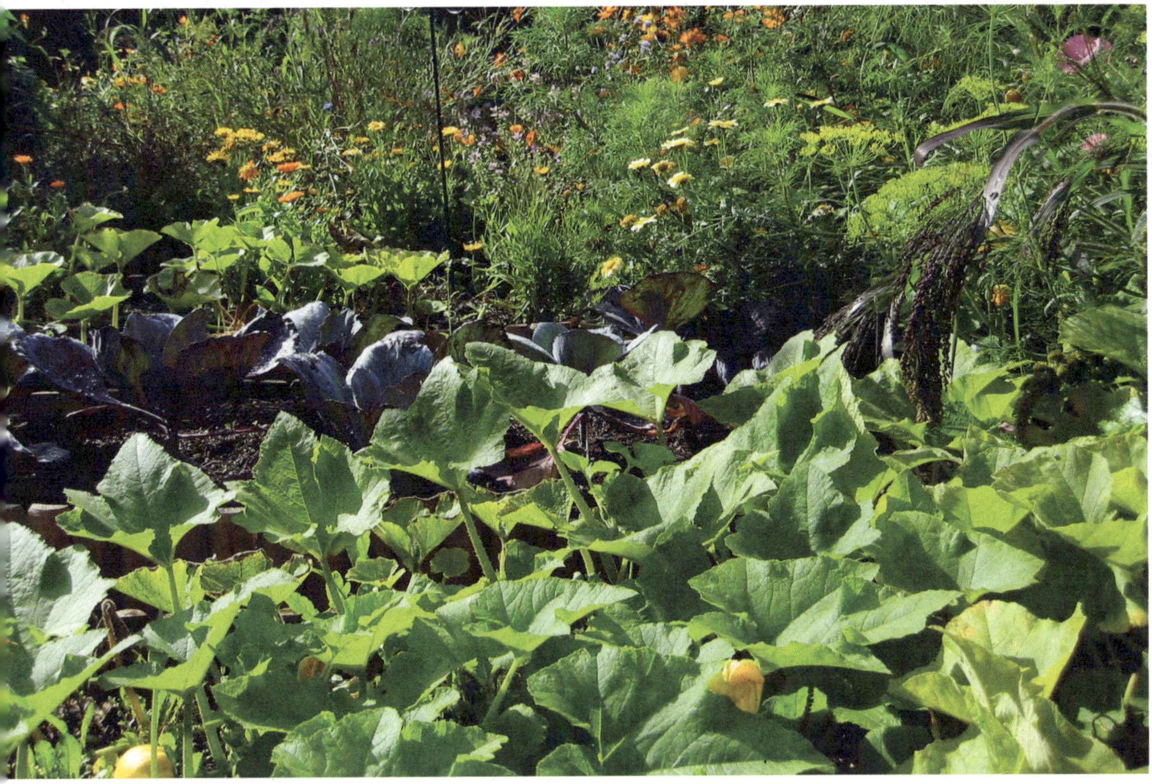

Schön bepflanzter Nutzgarten

Zum Nutzgarten gehört unverzichtbar der Kompost, denn Kompost ist die beste Möglichkeit, um Bodenleben angemessen zu ernähren, und es ist auch die beste Möglichkeit, Küchenabfälle wieder dem natürlichen Kreislauf zuzuführen. Es gibt zwar die Möglichkeit, die organischen Abfälle aus Garten und Küche ins Kompostierwerk zu bringen (oder bringen zu lassen, wenn es eine entsprechende Abfuhrmöglichkeit gibt) und dann fertigen Kompost zu kaufen. Allerdings geraten auch etliche nicht kompostierbare oder giftige Materialien in solche Sammlungen. Welche Qualität das Kompostierwerk liefert, ist (innerhalb der vorgeschriebenen Grenzen) fraglich. Was in unserem eigenen Kompost zu Humus wird, das wissen wir genau.

Und schon haben wir eine neue Einhausung, die wir so im Garten anordnen dürfen, dass sie das schöne Bild nicht stört. Wenn unsere Nutzpflanzen in Hochbeeten wachsen, können wir den Komposter aus einem ähnlichen Material bauen. Ob ein Kürbis dann auf dem Kompost wächst oder im Hochbeet, ist damit nicht mehr zu erkennen.

Wie bei anderen Einhausungen besteht auch hier die Möglichkeit, dass der Komposter eine weitere Funktion bekommt, zum Beispiel als Teil eines Sichtschutzes. Wenn nun wirklich kein Plätzchen zu finden ist, dann empfiehlt sich die Flächenkompostierung oder ein sogenannter »Tiefkompost«, eine flache, in die Erde gegrabene Grube. In Wurmkisten kann sogar auf dem Balkon und der Terrasse wertvoller Humus erzeugt werden.

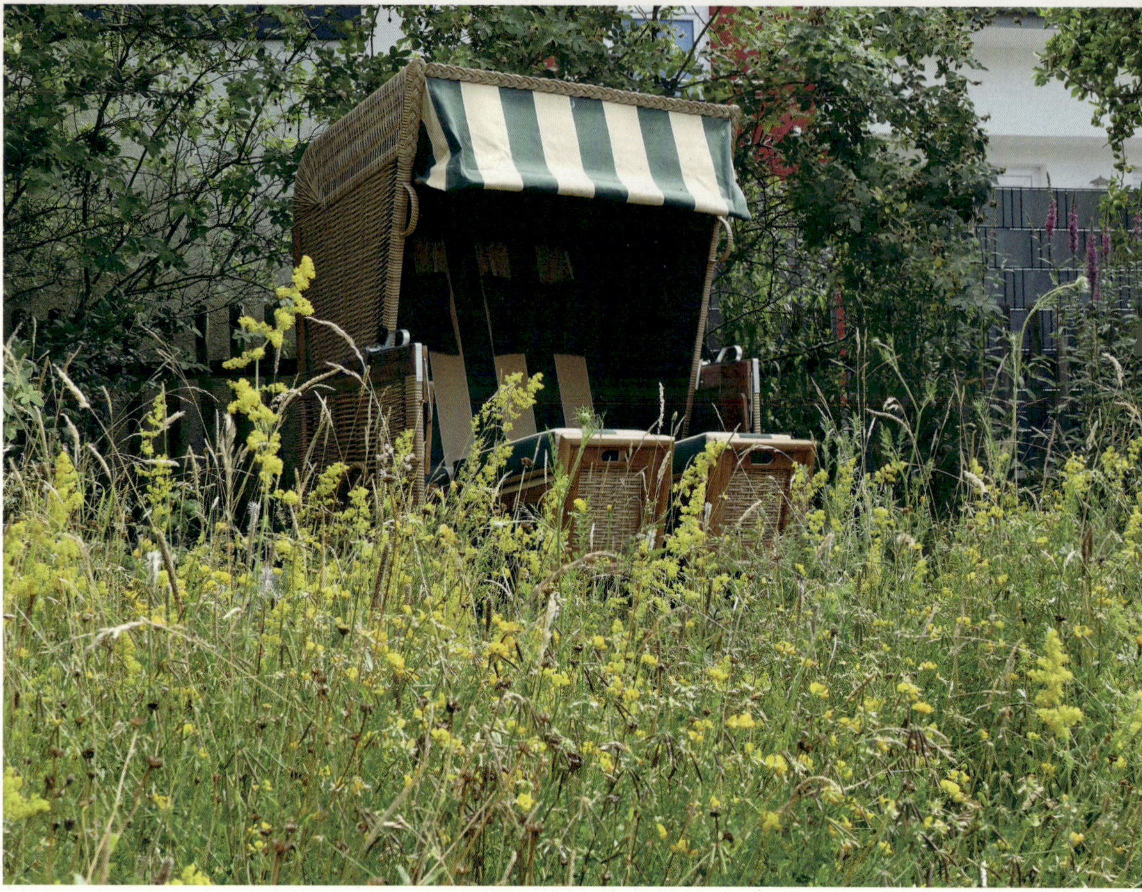

Ferienstimmung im Garten

Ein Garten zum Träumen

Kleine Gärten als Rückzugsorte

Wo in der Natur können Sie am besten auftanken? Wenn Sie an einem Bach sitzen, dem Spiel der Wellen zusehen und dem Gurgeln des Wassers zuhören? Oder wenn Sie auf einer Bank im Park sitzen und gemütlich ein Buch lesen? Oder liegen Sie lieber zwischen den Dünen und hören der Brandung zu? Vielleicht lieben Sie auch die Berge mit ihrer kargen Vegetation und den steinigen Hängen?

Halten Sie das Bild einmal fest, was jetzt vor Ihrem inneren Auge aufsteigt. Wie schön, wenn unser Rückzugsort im Garten uns – ein wenig – daran erinnert.

Rückzugsorte sind private Orte. Die meisten Menschen können sich dann besonders gut entspannen, wenn sie sich unbeobachtet fühlen und keine Geräusche hören, die stören. Dies in eng bebauten Wohngebieten, auf kleiner Fläche zu erreichen, ist nicht einfach, aber wir können uns dem annähern.

Als Erstes suchen wir den Platz im Garten, wo es durch geschickte Anordnung von Sichtschutz am ehesten möglich ist, alle Fenster der Umgebung, die Augen unserer Nachbarn und die Augen der Passanten »wegzupflanzen« (siehe Seite 34).

Oft ist dies leichter möglich, wenn wir diesen Ort als Senkgarten anlegen, ihn also ein wenig tiefer legen. Die Abgrabung kann man gut mit Trockenmauern abfangen, in die sehr schön Sitzbänke integriert werden können.

Senkgärten sind oft, genauso wie die Felsengärtchen vor Souterrainfenstern, abflusslose Situationen (siehe ab Seite 65). Damit sich bei Starkregen dort kein Teich bildet, sollte eine gute Drainage hergestellt werden, zum Beispiel, indem das Fundament der unteren Trockenmauer aus Grobschotter hergestellt wird. Gegebenenfalls kann zur Vergrößerung des Volumens zum Zwischenspeichern auch noch ein Drainagerohr eingebaut werden.

Aufhügelungen an den Rändern des Senkgartens verstärken den Sichtschutz, aber auch den Lärmschutz. Geräusche werden durch Masse gedämmt. Zwischen unserem Rückzugsort und der Lärmquelle sollten also möglichst schwere Materialien eingebaut werden. Der Erdwall um einen Senkgarten ist eine perfekte Möglichkeit. Hohe, doppelhäuptige Trockenmauern sind schöner, aber nicht so einfach zu erstellen. Sie erfordern großes handwerkliches Geschick und sollten nur von erfahrenen Profis gebaut werden. Mit Steinen oder Erde gefüllte Gabionen bringen ebenfalls einiges an Gewicht auf die Waage. Sie werden in modernen Gestaltungen gerne verwendet, leider oft ohne Bepflanzung. Wenn die Steine nur an den Sichtflächen eingebaut werden und dazwischen Dachbegrünungssubstrat eingefüllt wird, können auch Gabionen wie Trockenmauern bepflanzt werden.

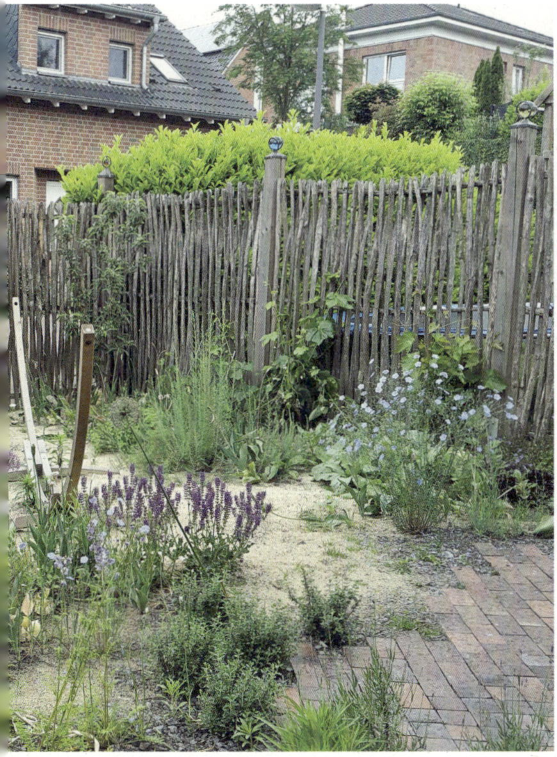

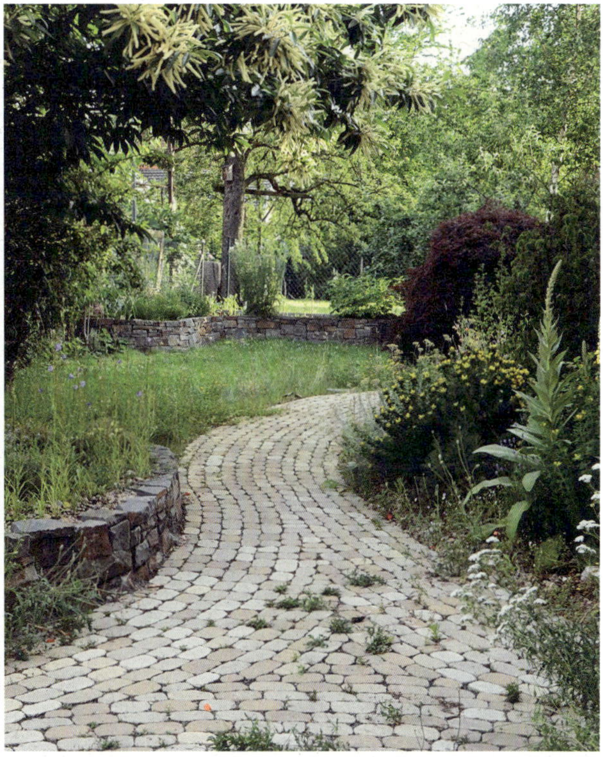

Übrigens stört Lärm viel weniger, wenn wir die Lärmquelle nicht sehen. Auch wenn Sichtschutz, wie eine Hecke, auf dem Schallpegelmessgerät vielleicht keinen Effekt zeigt, so bewirkt Sichtschutz immer auch einen »psychischen« Lärmschutz.

Nachdem wir den Ort gefunden haben, den wir am besten vor Einblicken schützen können, können wir durch die Gestaltung dort Elemente unseres Natur-Kraftortes integrieren. Sandbeete, kleine Teiche und Wasserspiele erinnern ans Meer, steinige Magerbeete an die Berge, Trockenmauern mit duftenden Kräutern an Ferien im Süden, Lebensraumholz, Farne und Schatten an verwunschene Orte im Wald. Eine bequeme Bank oder eine Hängematte vervollständigt das Ferienfeeling.

Bevor Sie eine hohe Gabionenwand oder einen hohen Zaun zur Straße hin errichten, erkundigen Sie sich nach der geltenden Satzung in Ihrem Baugebiet. Oft sind die maximale Höhe und die Art der Einfriedung vorgeschrieben, ansonsten gelten die »ortsübliche« Höhe und Bauweise. So hoch wie die Nachbarn dürfen Sie dann auch Ihre Abgrenzung bauen.

Ein geschützter Platz trotz unmittelbarer Nähe zum öffentlichen Weg

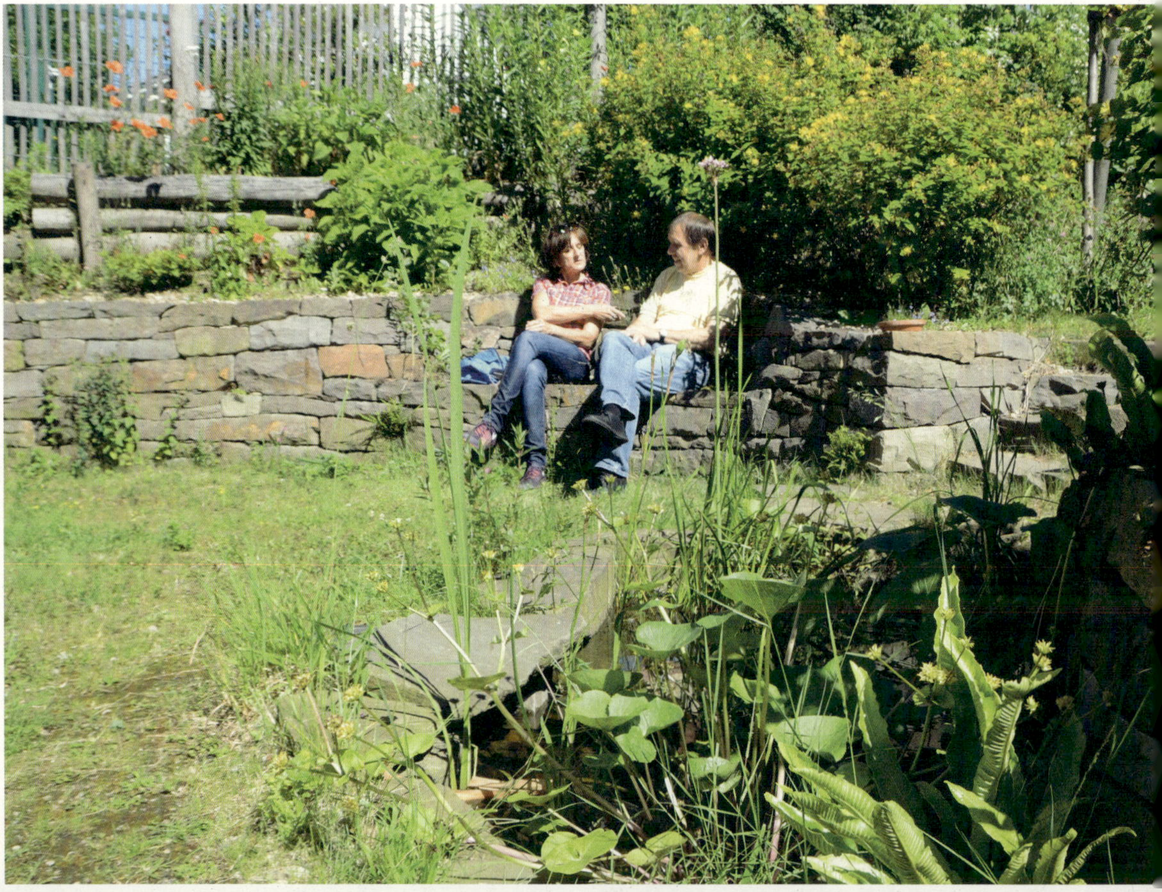

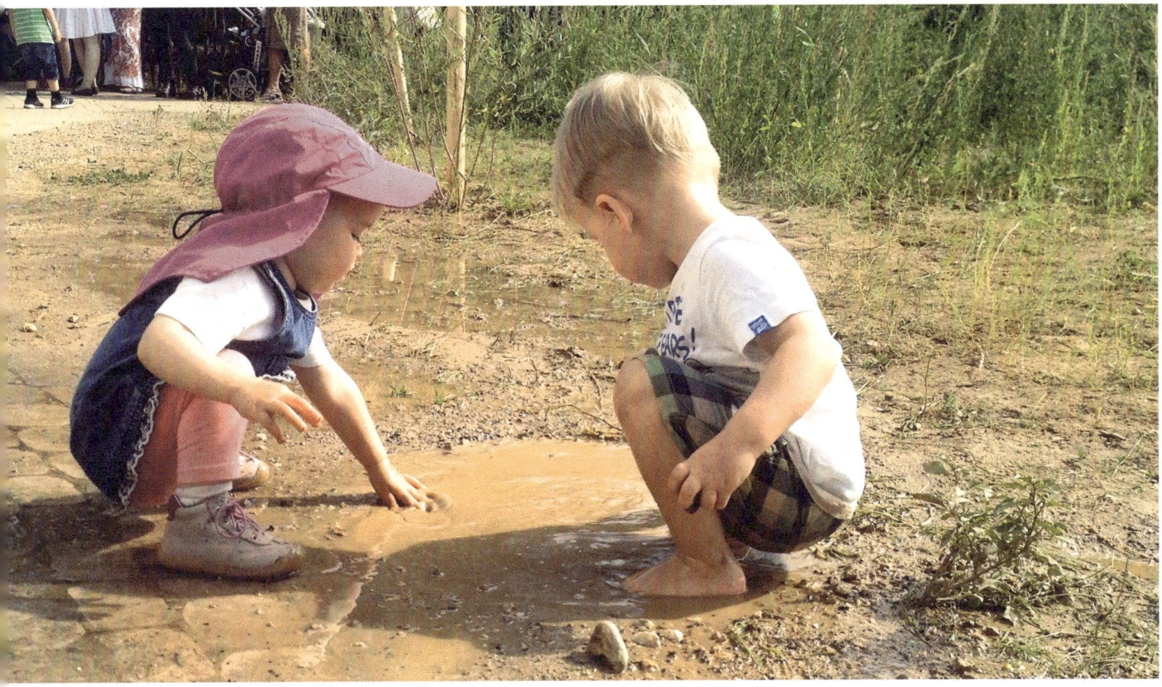

Kinder brauchen Matsch!

Nachnutzung für Spielbereiche einplanen

Vom Garten für Kinder zum Wassergarten

Kinder brauchen die Begegnung mit dem Wilden, dem Fremden, dem Natürlichen, um gesund aufwachsen zu können. Kaum ein Kind wächst in einer Umgebung auf, wo es solch eigendynamischer Natur begegnen kann. Wo früher Brachflächen und wilde Feldränder lockten, finden sich jetzt Siedlungen und asphaltierte Wege.

Die kleinen Gärten von Familien mit Kindern sollten deshalb vor allem den Kindern als Naturerlebnisraum dienen können. Kaum jemand möchte über einen Zeitraum von zehn, fünfzehn Jahren auf Spielgeräte und Plastik-Kinderfahrzeuge schauen. Ein Garten, möbliert mit dem Angebot der Spielgeräteabteilung des örtlichen Gartenmarktes, ist keine Augenweide und bietet den Kindern auch nicht das, was sie aus Sicht der Entwicklungspsychologen brauchen: Rollenspiele sind damit nicht möglich, nur einzelne und monotone Bewegungen können ausgeführt werden. Das wird nach kurzer Zeit uninteressant. Viel schöner sind der Schneckenzoo, das Geheimversteck, eine Fläche mit Erde, Sand und Wasser.

Naturerlebnisräume ziehen Kinder an, auch wenn sie nicht speziell für Kinder gebaut wurden. Hügel, wilde Pflanzen, Trockenmauern, etwas Wasser, Lebensraumholz und die Erlaubnis, zu matschen, sind viel wichtiger als Geräte, an denen nur wenige einförmige Bewegungen ausgeführt werden können. Das ist also die gute Nachricht: Wenn der kleine Familiengarten naturnah angelegt wird, dann bietet er schon vieles, was Kinder brauchen.

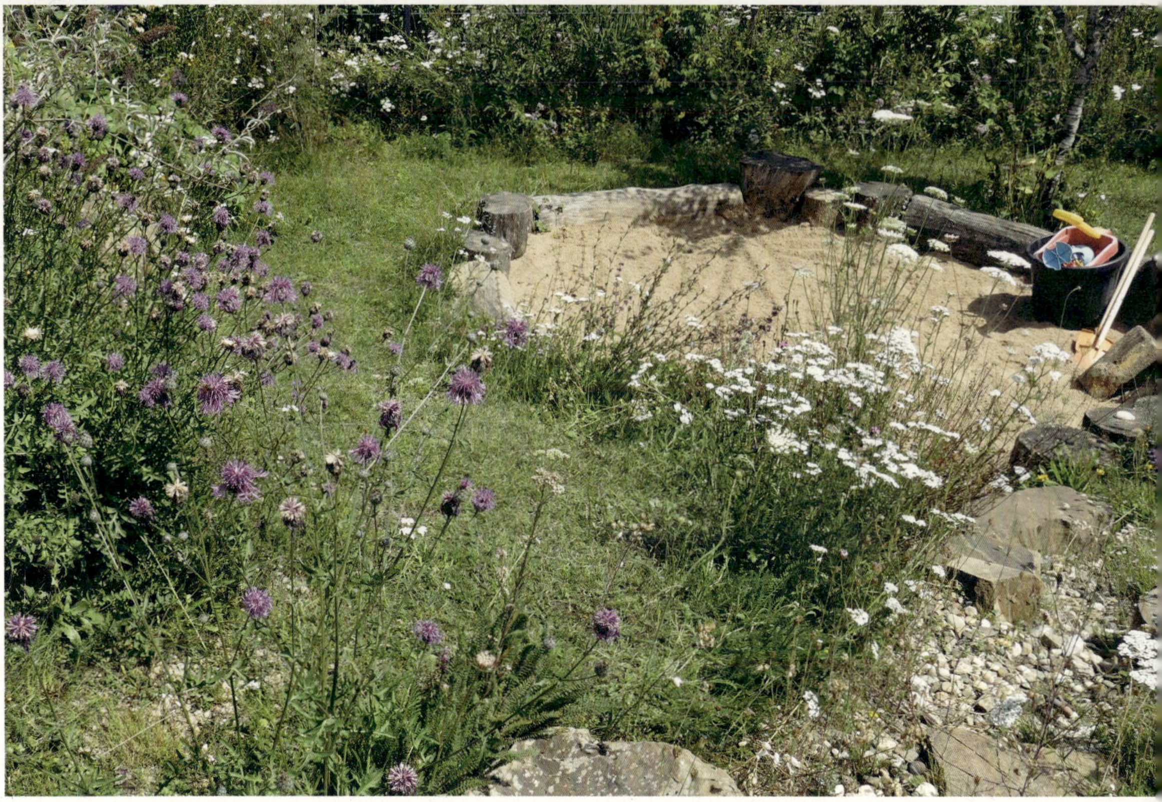

Aus diesem Sandspielplatz kann später ein Teich werden.

Und die Flächen, die speziell dem Kinderspiel dienen, können naturnah viel leichter so gebaut werden, dass sie auch ästhetisch ansprechend sind.

So kann eine Matschgrube mit Sand, Steinen und Lebensraumholz so gestaltet werden, dass sie wie ein asiatischer Garten anmutet. (Meist muss man sich das Plastikspielzeug der Kinder wegdenken.) Wenn es die Möglichkeit gibt, eine Zisterne an das Regenfallrohr anzuschließen (siehe Seite 96), kann die Matschgrube aus einer Schwengelpumpe, die die Kinder bedienen, versorgt werden. Da ist es sinnvoll, die Menge an Wasser zu begrenzen, die den Kindern zum Matschen zur Verfügung steht, schließlich sollen die Kinder nicht das ganze Grundstück unter Wasser setzen, wenn sie im Eifer pumpen, bis nichts mehr kommt. Das Fassungsvermögen der Zisterne sollte also in einem guten Verhältnis zur Größe der Matschgrube und der Versickerungsfähigkeit des Untergrundes stehen, oder das Ende der Saugleitung endet in einem angemessenen Abstand vom Boden der Zisterne.

Später, wenn die Kinder nicht mehr im Sand spielen, kann an der Stelle des Sandplatzes ein zweiter Sitzplatz oder ein Teich entstehen. Dann ist ein Teil des Aushubs schon gemacht, Findlinge und Lebensraumholzreste können gut weiterverwendet werden. Der Spielbach der Kinder kann zum Bachlauf werden, dessen Überlauf wieder in die Zisterne zurückführt. Falls der Sandplatz zum Teich wird, sind dann der Wasserkörper des Teichs und der des Bachlaufs getrennt, was einige Vorteile

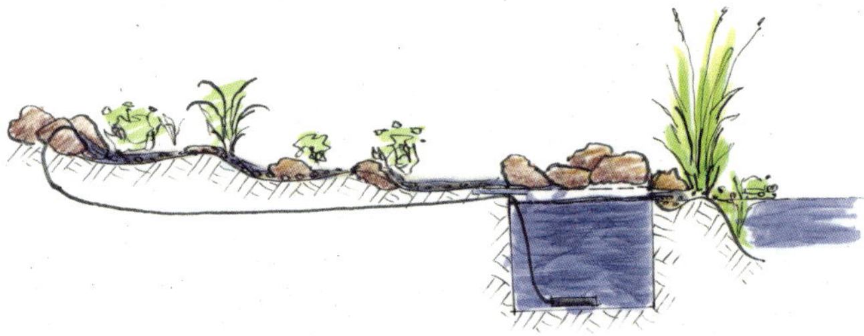

Bachläufe werden besser aus der eigenen Zisterne gespeist.

hat: So sinkt der Wasserspiegel des Teiches nicht, wenn die Pumpe angestellt wird, und dann saugt die Pumpe nicht mit dem Teichwasser die kleinen Lebewesen an, die diesen Lebensraum bewohnen. Nur die wenigsten von ihnen überleben den Weg durch die Pumpe.

Wie schön, wenn Kinder erleben können, wie Nahrung im eigenen Beet heranwächst, wie wunderbar knackige Zuckererbsen oder sonnenwarme Tomaten schmecken und Himbeeren frisch vom Strauch. Als Kinderbeete haben sich Hochbeete sehr bewährt, denn obwohl Kinder gerne in der Erde matschen, ist für sie Jäten keine besonders spannende Tätigkeit. In der lockeren humusreichen Erde eines Hochbeets sind Pflanzen und Jäten – auch für Erwachsene – kinderleicht und der Ernteerfolg ist garantiert. Allerdings brauchen die Pflanzen im Hochbeet aufgrund des lockeren Substrates mehr Wasser. Wie schön, dass ausgerechnet das Gießen den Kindern meist besonders viel Spaß macht. Für Kinder sollte die Höhe des Hochbeets vierzig bis fünfzig Zentimeter nicht überschreiten. Das ist eine Höhe, die auch gestalterisch viel besser in Gärten zu integrieren ist, als es die oft empfohlenen achtzig Zentimeter sind. Ein Brett auf einer der Wände macht aus so einem Hochbeet dann eine kleine Bank. So können sich kleine und große Gärtnerinnen und Gärtner inmitten ihrer Schützlinge ausruhen (siehe auch Seite 113).

Aus lebendem Weidenflechtwerk können nicht nur Sichtschutz-»Wände« und Lauben gepflanzt werden (siehe Seite 76), sondern auch kleine Hütten, Geheimgänge und vieles mehr. Der Vorteil: Es kostet nur ein paar Stunden Arbeit, sie zu bauen, das Material gibt es oft umsonst. Wenn die Kinder nicht mehr darin spielen, kann man die Flechtwerke entfernen, einfach durch Abschneiden. Natürlich treiben die Weiden wieder aus, nach zwei bis drei Jahren regelmäßigen Nachschneidens werden sie aber verschwinden. Die Wurzeln alter Weidenbaumwerke müssen nicht ausgegraben werden. Ausgediente Weidenhäuschen produzieren also nicht wie die Plastikhäuschen aus dem Handel jede Menge Müll, sondern können als Flechtmaterial dienen oder kompostiert werden. Hübscher anzusehen sind sie auf jeden Fall. Weidentipis

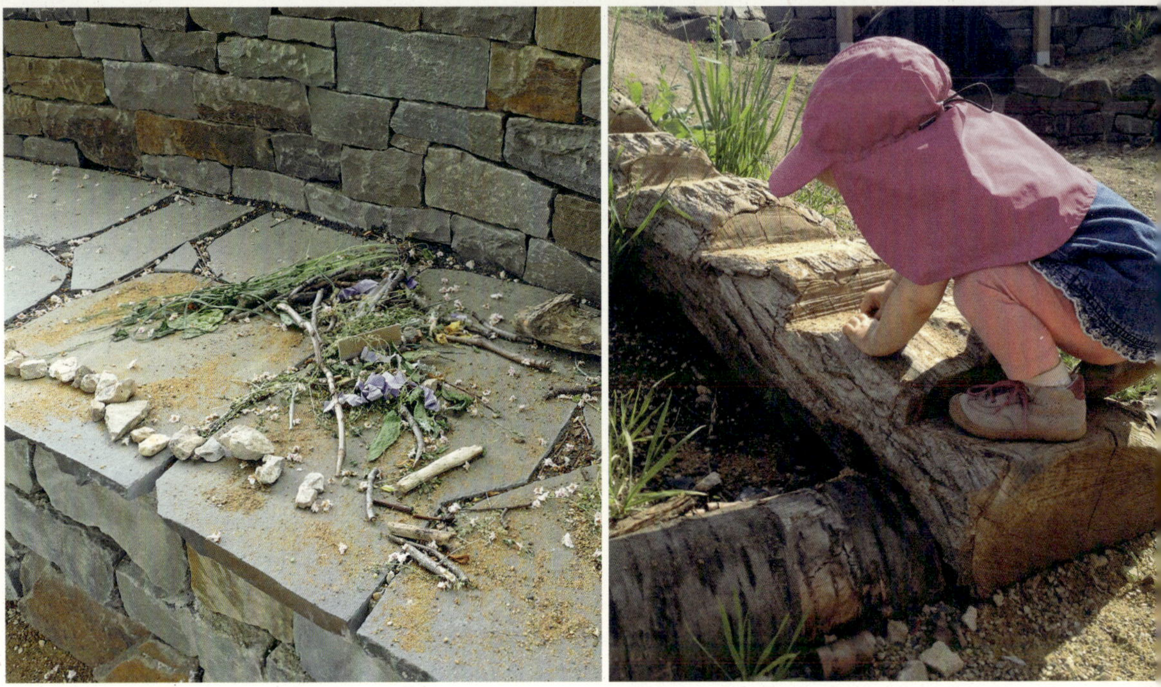

Naturnahe Flächen ziehen Kinder an, auch wenn es sich nicht um Naturerlebnisräume handelt. Spielspuren wie dieses Naturmaterial auf der Trockenmauersitzbank zeigen das an.

und -gänge können gut auch die Funktion des Sichtschutzes übernehmen oder Teil der Einfriedung sein. Wenn es doch ein Spielhäuschen mit dichtem Dach sein soll, dann sollte sein Anblick auch die erwachsenen Betrachter erfreuen.

Weidenhütten und -tipis werden gerne in Kindergärten und Grundschulen gebaut. Leider sind viele dieser Aktionen nicht von Erfolg gekrönt, denn zumeist sucht man sich dafür irgendeine Ecke »da hinten« aus, und die ist dann meist schattig und trocken. Weidenbaumwerke gelingen aber nur, wenn der Standort sonnig ist und wenn den Pflanzen genügend Wasser zur Verfügung steht. Weiden brauchen Sonne und genügend Feuchtigkeit im Boden!

Kinder lieben Herausforderungen, sie klettern gerne hoch hinaus, springen tief und erobern unzugänglich wirkende Räume. Das sieht oft gefährlich aus, aber gerade die Tatsache, dass Gefahren erkennbar sind, macht Spielräume sicher. Kinder versuchen sich immer wieder am nächsten Schritt und erweitern ihre Möglichkeiten vorsichtig – vor allem wenn die Erwachsenen nicht dabei sind. Kinder lieben deshalb Herausforderungen zum Klettern. Das kann auch ein schöner großer Findling sein, der nicht einfach zu ersteigen ist und der die Kinderspielecke verschönert. Wer das Glück hat, dass ein großer Baum im Garten wächst, kann, ohne die Wurzeln des Baums zu schädigen, eine Plattform in oder an den Baum bauen. Wichtig ist, dass weder die Tragpfosten noch die Plattform das Wachstum des Stammes und der Äste einschränken, also in ausreichendem Abstand dazu gebaut werden.

Für Spielplätze sind die maximalen Fallhöhen und das notwendige Fallschutzmaterial genau vorgeschrieben. Unter Bäumen ist es meist nicht möglich, Fallschutz einzubauen, weil beim Auskoffern die Wurzeln entfernt werden müssten oder weil zusätzliche Aufträge im Wurzelbereich oft die Bäume schädigen (siehe Seite 89 und Tabelle Seite 90). Beim Thema Sicherheit geht es oft auch um die Lebensqualität der Eltern. Es ist ihre Entscheidung, ob im eigenen Garten dieselben Sicherheitsregeln gelten sollen wie auf einem öffentlichen Spielplatz. Beeinträchtigt es Ihre Lebensqualität, wenn Sie wissen, dass Ihre Kinder tief fallen und sich dabei verletzen können, oder macht es Sie stolz, Ihre Tochter in schwindelnder Höhe im Baum zu sehen? Können Sie sich darauf verlassen, dass Ihre Kinder die Früchte der Pfaffenhütchen nicht essen werden (eine der vier Pflanzenarten, die auf Kinderspielplätzen nicht erlaubt sind), oder fürchten Sie, dass Ihre Kinder die im Rollenspiel zubereitete »Suppe« probieren werden?

Kinderspielbereiche sollten dort angelegt werden, wo es nicht zu sonnig, aber auch nicht kalt und nass ist. In einem Vorgarten im Osten oder Norden des Hauses sind sie meist gut aufgehoben, vorausgesetzt ein Zaun oder eine Hecke verhindert, dass die Kinder im Eifer des Spiels auf eine befahrene Straße laufen. Eine sichere Einfriedung und ein Platz im lichten Schatten, das ist übrigens auch ein idealer Ort für einen Teich. Auch im halbschattigen Vorgarten kann also irgendwann ein Wassergarten auf den Kindergarten folgen.

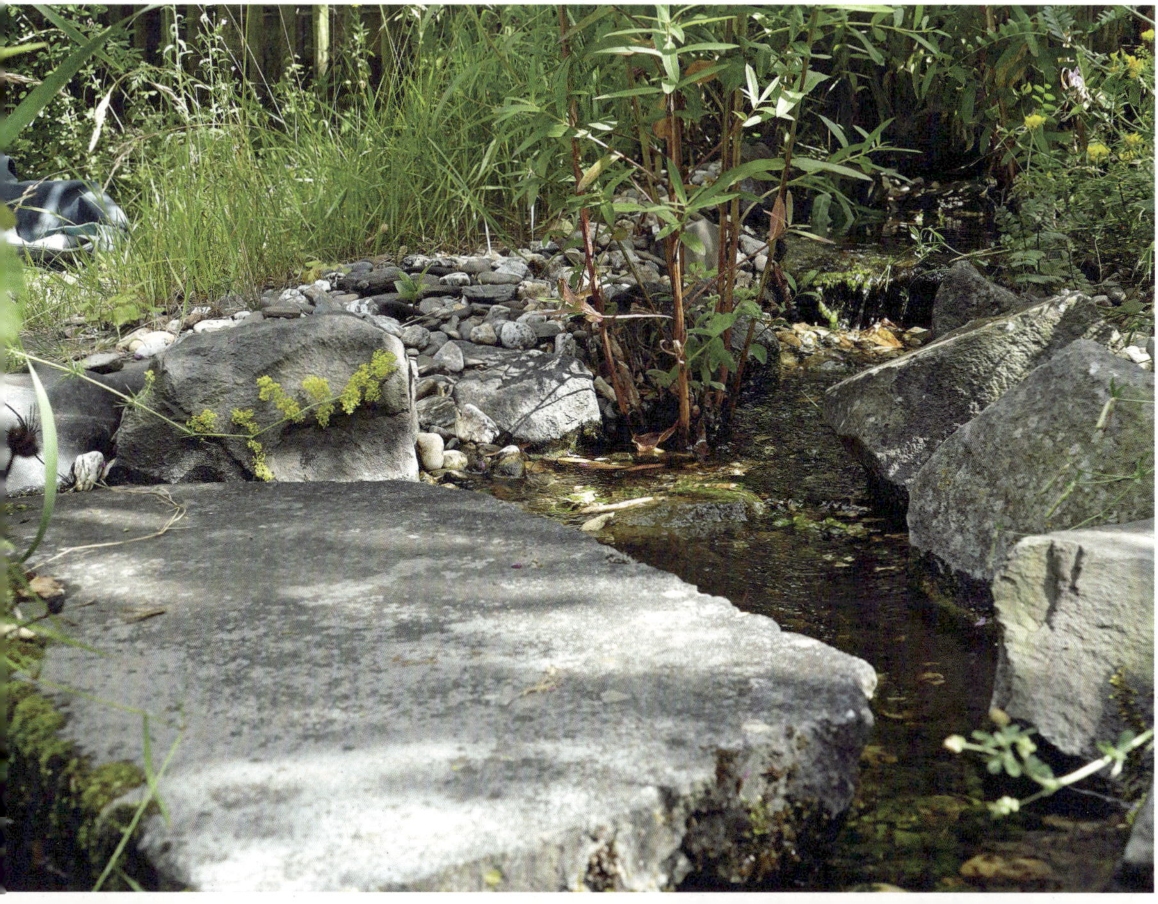

Wenn Gartenausstattung zur Todesfalle für Tiere wird

Vorsicht Falle

Beleuchtung

Wir machen die Nacht zum Tag. Vögel in Städten singen deshalb nicht nur lauter – um trotz der vielen Zivilisationsgeräusche noch von den Artgenossen gehört zu werden –, sondern auch am späten Abend, manchmal mitten in der Nacht. Das führt zu einem erhöhten Niveau an Stresshormonen. Aber nicht nur Vögel leiden unter dem Licht, auch Säugetiere wie Fledermäuse werden von Beleuchtungskörpern gestört. Vor allem kommen unzählige Insekten an Außenbeleuchtungen zu Tode, denn Licht zieht sie magisch an, und sie flattern dann so lange im Lichtkegel, bis sie erschöpft sterben. Im naturnahen Garten verzichten wir also auf die – zugegebenermaßen – sehr stimmungsvolle Gartenbeleuchtung. Natürlich müssen wir die Wege sehen können, die wir im Dunkeln gehen müssen. Unbedingt notwendige Beleuchtung sollte nicht nach oben oder zur Seite leuchten, sondern nach unten, dann werden viel weniger Insekten angelockt, und sie sollte nur dann eingeschaltet werden, wenn sie auch gebraucht wird, zum Beispiel über einen Bewegungsmelder.

Auch die Lichtfarbe, also die Wellenlänge, die die Lampe aussendet, beeinflusst die Anzahl der Insekten, die geschädigt werden. Gelbe Lichtfarben locken weniger Insekten an als blaue, diese Lampen tragen die Bezeichnung »Warmweiß« oder einen Hinweis auf eine Farbtemperatur größer als 1800 Kelvin beziehungsweise eine Wellenlänge, die größer ist als 590 Nanometer.

Nach oben offene Schächte und Rohre

Meisen, Bilche, Mäuse und andere Tiere sind neugierig und untersuchen gerne Öffnungen, ob sie sich als Wohnung eignen. Wenn diese dann glatte Wände haben, werden Schächte, aber auch nach oben offene Rohre schnell zur Todesfalle. So fand man in oben offenen Pfosten für Straßenschilder zahlreiche tote Meisen. Auch Lichtschächte und Hofabläufe können Kleintieren zum Verhängnis werden. Ein Ast oder ein Brett als Ausstieg hilft bei Lichtschächten und Abläufen, das Verschließen der oberen Rohröffnung bei Stahlpfosten.

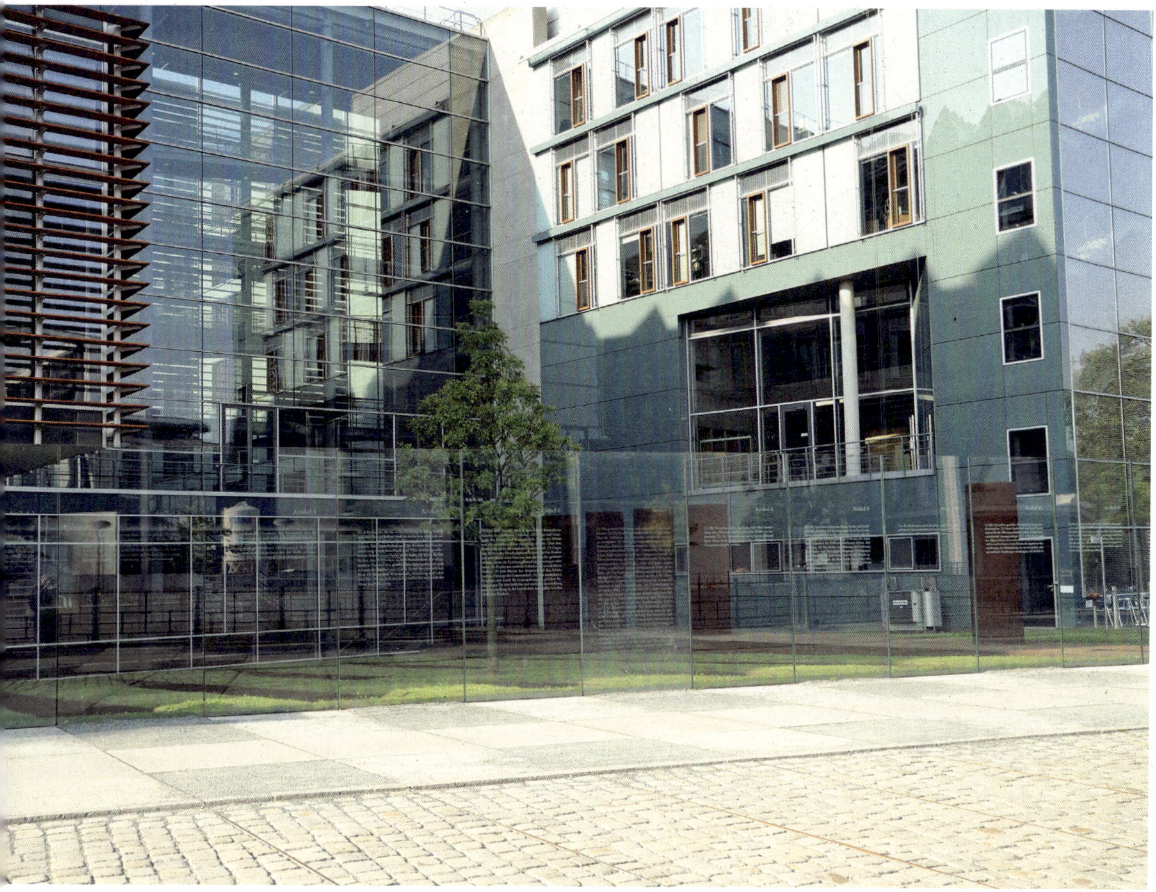

Durchsichtige Glasscheiben und Gebäude sind Todesfallen für Vögel.

Glasflächen und Spiegel

Ein Spiegel verschafft die Illusion, der Raum würde hinter dem Spiegel weitergehen. Außerdem können Spiegel dunkle Ecken erhellen, weil sie das gesamte auftreffende Licht reflektieren. Gestalterisch gesehen, sind Spiegel also eine schöne Möglichkeit, kleine Räume größer erscheinen zu lassen. Leider können Vögel weder spiegelnde noch durchsichtige Flächen erkennen. Jedes Jahr kommen so etwa 100 Millionen Vögel in Europa zu Tode. Da verzichten wir lieber auf solche optischen Illusionen.

Die Vogelwarte in Sempach in der Schweiz hat untersucht, wie durchsichtige und spiegelnde Flächen so umgestaltet werden können, dass Vögel sie als Hindernis erkennen und nicht mehr mit ihnen kollidieren: Die durchsichtigen oder spiegelnden Flächen zwischen den undurchsichtigen Markierungen oder Gravuren dürfen nicht weiter als handbreit voneinander entfernt sein. Das entspricht ungefähr den Lücken im Geäst von Bäumen und Sträuchern, durch die kleinere Vögel fliegen können. Und wer schon einmal einem jagenden Sperber oder der vor ihm flüchtenden Amsel im Weg gestanden hat, weiß, wie nah selbst Greifvögel an Hindernissen vorbeizischen.

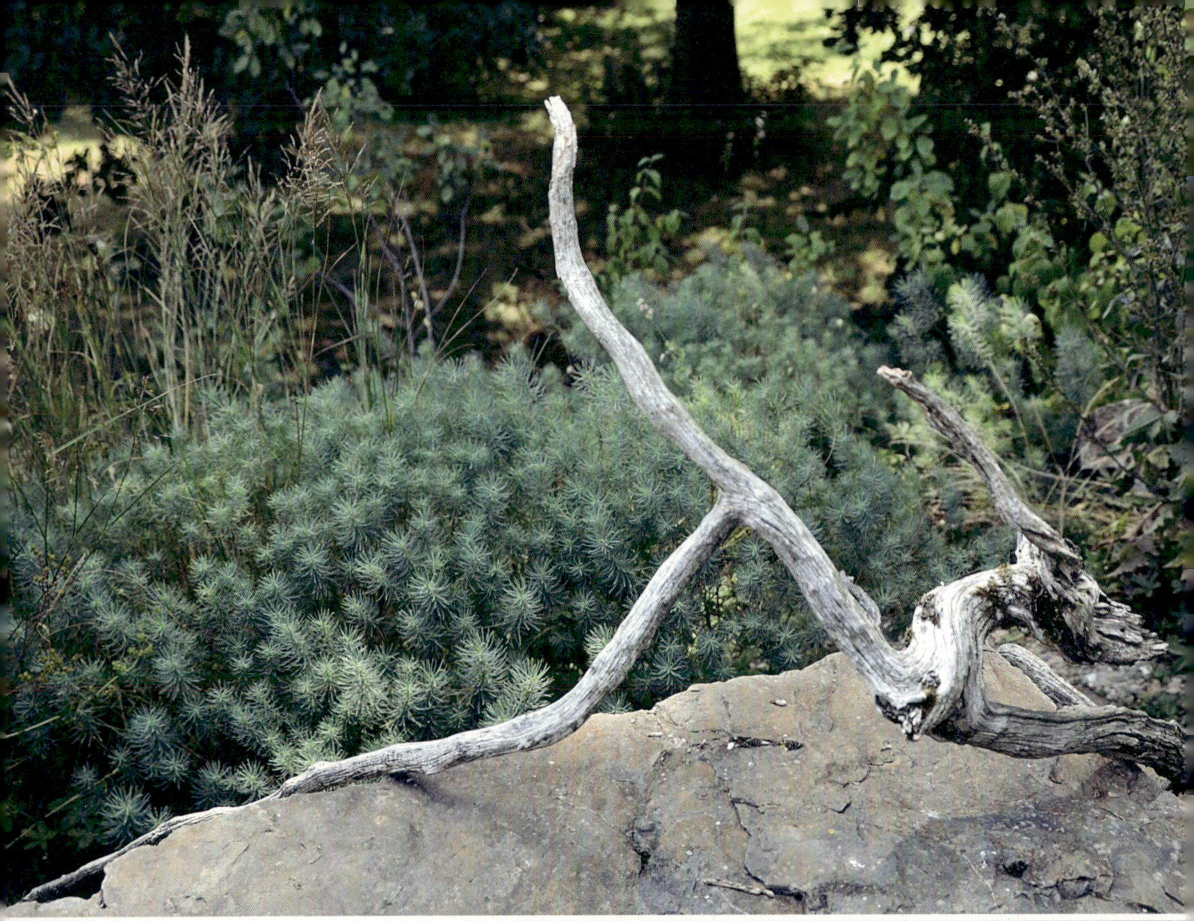

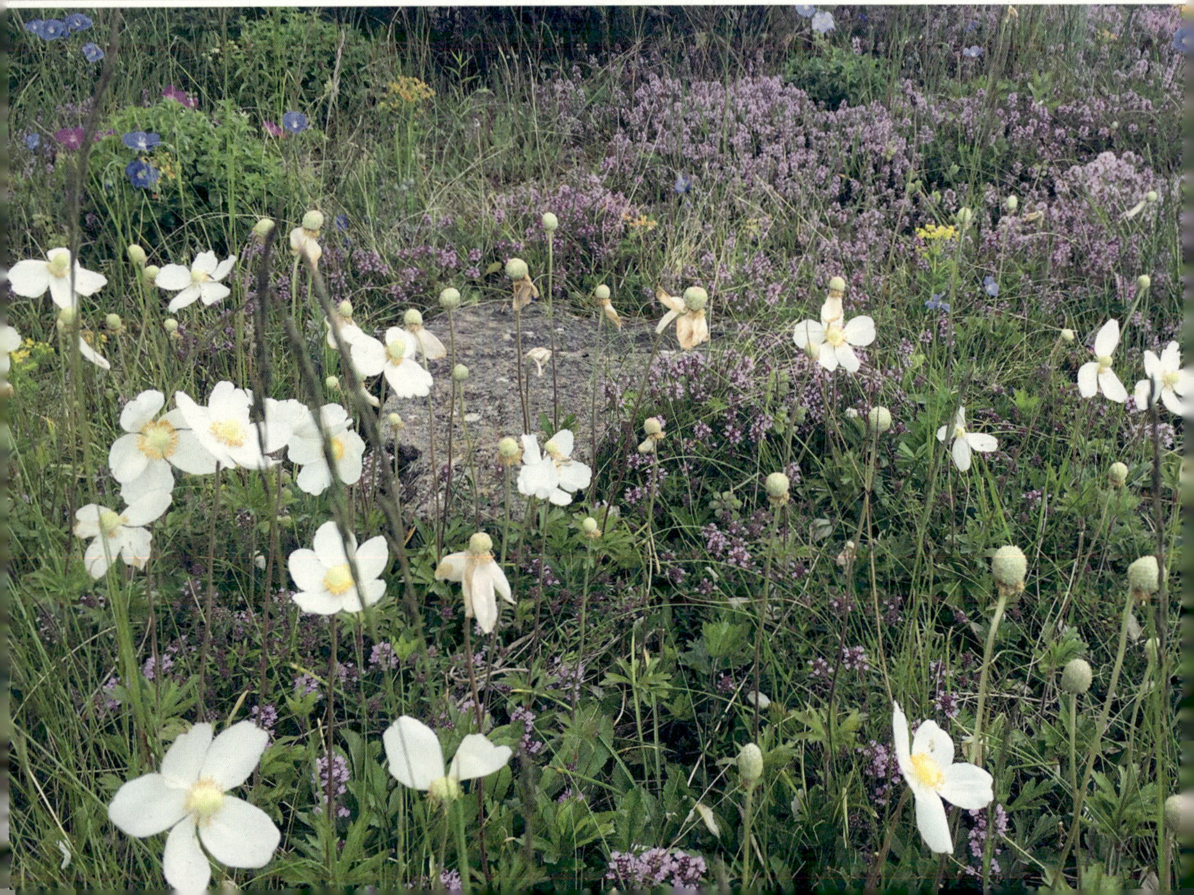

Beete und Lebensräume zum Nachgärtnern

Wildblütenreich und insektenreich

Wildblumenbeete im kleinen Garten anlegen

Jedem Töpfchen sein Deckelchen – welche Eigenschaften hat mein Boden?

Wälder, Blumenwiesen, Hecken: Wenn wir durch unsere Landschaften wandern, finden wir auf Standorten mit ähnlichen Licht- und Feuchtigkeitsverhältnissen manchmal dieselben, manchmal auch ganz andere Pflanzenarten. Dies liegt oft daran, dass sich die Böden der Standorte unterscheiden. Der Boden ist der Lebensraum der Pflanzenwurzeln. Wenn die Wurzeln nicht mit den Bodeneigenschaften zurechtkommen, wird die Pflanze dort nicht gedeihen. Während leicht zu erkennen ist, ob ein Standort sonnig, halbschattig oder schattig ist, müssen wir beim Boden genauer hinschauen und auch einmal nachgraben.

Pflanzenwurzeln saugen aus dem Boden Wasser und die in ihnen gelösten Nährsalze für die oberirdischen Triebe und Blätter. Um diese Arbeit für die gesamte Pflanze leisten zu können, brauchen die Wurzeln Sauerstoff und Energie. Letztere bekommen sie aus den oberirdischen Teilen der Pflanze geliefert, meist in Form von Zuckermolekülen. In manchen Böden ist es für die Pflanzenwurzeln einfach, in anderen schwerer, die Nährsalzlösung aus dem Boden aufzunehmen. Sandige Böden trocknen schnell aus, in tonigen Böden sind Wasser und Nährstoffe wiederum so stark gebunden, dass die Wurzeln Schwierigkeiten haben, dort Wasser und Nährstoffe zu entziehen. Außerdem stauen tonige Böden das Wasser leicht und in nassen Böden gibt es dann zu wenig Sauerstoff für die Wurzeln. Eine der wichtigsten Eigenschaften des Bodens ist der pH-Wert: Damit wird der Gehalt des Bodens an Protonen beschrieben. Protonen, das sind positiv geladene Wasserstoffionen,

Bilder links: Die Zypressen-Wolfsmilch (oben) gedeiht auf kalkhaltigen und kalkfreien Böden, nur sonnig und trocken sollte der Standort sein. Das Große Windröschen (unten) braucht einen trockenen, gerne kalkhaltigen Boden und gedeiht auch im Halbschatten.

machen den Boden sauer. Vereinfacht ausgedrückt, kann das so beschrieben werden: Ein niedriger pH unter dem Wert von 7 ist sauer, schmeckt nach Zitrone, ein hoher pH über dem Wert von 7 schmeckt nach Seifenlauge. Es gibt Pflanzenarten, die eher in »Zitronenböden« zurechtkommen, und andere, für die »Seifenböden« besser geeignet sind. Bestimmt werden kann der pH-Wert mit Teststreifen, die es in guten Gartenmärkten zu kaufen gibt, oder etwas ungenauer über den Kalkgehalt. Kalkhaltige Böden haben immer einen hohen, kalkfreie Böden meist einen niedrigen pH-Wert. Ob der Boden Kalk enthält, können Sie mit 10-prozentiger Salzsäure aus der Apotheke prüfen: Wenn Sie kleine, knisternde Bläschen sehen, nachdem Sie ein oder zwei Tropfen auf etwas Erde gegeben haben, enthält der Boden Kalk. Ist nichts zu sehen oder zu hören, ist der Boden kalkfrei (Schutzhandschuhe und Schutzbrille anziehen).

Das klingt jetzt vielleicht etwas kompliziert, aber im Grunde sind Standorte mit deutlichen Eigenschaften eine große Hilfe, denn sie schränken die Zahl der Arten, die dort wachsen, ein. Wenn wir dann die Arten auswählen, die dort gut passen, haben diese Spezialisten dann einen großen Vorteil und die meisten anderen Arten, die einwandern (also auch die unerwünschten Beikräuter), einen Nachteil. Auf dem »guten« Boden (siehe Seite 113) am frischen, halbschattigen Standort wächst fast jede Pflanzenart, deshalb haben wir dort auch die meiste Arbeit. Auf »schlechten« Böden, also auf Standorten, die »zu« nass, »zu« schattig, »zu« ... sind, verringern die Standortbedingungen unseren Pflegeaufwand, vorausgesetzt, wir haben unsere Pflanzenzusammenstellung standortgerecht geplant. Sie haben einen Problemstandort im Garten? Herzlichen Glückwunsch!

Dem Auge eine Ordnung bieten – Wildblumenbeete planen

Pflanzflächen in kleinen Gärten sind meist nur wenige Quadratmeter groß. Dort bietet sich eine Gestaltung mit Stauden und einigen Kleingehölzen an. In diesem Kapitel werden einzelne Standorte und dafür passende einheimische Wildpflanzen vorgestellt. Natürlich sollten nicht alle vorgestellten Arten gepflanzt werden, sondern es sollte aus der Vielzahl der Arten eine stimmige Auswahl zusammengestellt werden. Der Blühkalender hilft dabei, dass zu jeder Zeit des Jahres schöne Blüten, Früchte oder Fruchtstände im Beet zu finden sind. Was unterscheidet nun ein gut gestaltetes Blumenbeet von einer wiesenartigen Anlage, in der viele verschiedene Arten zufällig angeordnet sind? Es ist die orientierende Ordnung, die dem Auge geboten wird.

Die Aufmerksamkeit der Betrachtenden wird zuerst den auffälligen Pflanzen gelten. Das sind die sogenannten **Leitpflanzen** oder **Leitstauden (L):** große, schöne Stauden oder kleinere Gehölze. Sie spielen die Hauptrolle im Beet und werden in wenigen Exemplaren wohldurchdacht im Beet angeordnet. In kleinen Beeten reichen ein oder drei Exemplare. Zwei Exemplare zu pflanzen, ist meist ungünstig, das sieht nur schön aus, wenn sich auf der Mittelachse zwischen den beiden Pflanzen etwas befindet, das betont werden soll, zum Beispiel ein Weg oder ein Hauseingang.

Die Leitpflanzen oder Leitstauden werden von Gruppen weniger auffälliger Pflanzen, den **Begleitstauden (M),** umgeben. Sie sind meistens niedriger als die Leitpflanze(n) und sorgen dafür, dass über den Jahreslauf nacheinander schöne Blüten, auffällige Blattformen oder interessante Fruchtstände zu entdecken sind. Es ist schön, wenn zu jeder Zeit mindestens zwei Arten in harmonischer Kombination, zum Beispiel in einem schönen Farbspiel, das Aussehen des Beetes bestimmen. Sie werden in Gruppen oder als längliche Bänder gepflanzt.

Ruhe bekommt die Gestaltung dann durch eine **Bodendeckerart (B),** die den Hintergrund, gewissermaßen die Kulisse, für das Schauspiel der Leit- und Begleitstauden bildet.

Ob eine bestimmte Pflanzenart die Funktion als Leitart, Begleitstaude oder Bodendecker erfüllt, ist von den Eigenschaften der Fläche abhängig, zum Beispiel von der Flächengröße: In kleinen Beeten kann ein Hirschzungenfarn eine Leitstaude sein, in größeren Beeten kann er die Funktion des Bodendeckers übernehmen. Auch das Ausbreitungsverhalten ist wichtig – Pflanzen mit Ausläufern eignen sich besonders gut als Bodendecker, solche mit horstigem Wuchs als Leitpflanze oder Begleitstaude.

Bei der Anlage des Beetes ist es sinnvoll, zusätzlich zu den gepflanzten Exemplaren kurzlebige Arten auf der gesamten Fläche oder auch nur auf Teilflächen einzusäen. Die **Einsaat (S)** bedeckt die Lücken zwischen den gepflanzten Exemplaren schnell mit einem Streublümchenteppich. Eine ähnliche Wirkung haben die unverzichtbaren Frühblüher, die zu Beginn der Vegetationsperiode ihre Farbfeuerwerke entzünden. Die Eignung als Leitpflanze, Begleitstaude, Bodendecker oder Einsaat ist in den Pflanzenlisten genannt.

Wie viele Pflanzen gepflanzt werden, hängt von der Größe des Beetes ab. Bewährt hat sich eine Dichte von sechs bis acht Exemplaren pro Quadratmeter. Für fünf Quadratmeter brauchen Sie zum Beispiel dreißig bis vierzig Pflanzen. Darunter sollten ein bis drei Leitpflanzen sein, zehn bis fünfzehn Bodendecker und fünf bis sieben Arten Mittelstauden zu je drei bis fünf Exemplaren. Wenn es bunter werden soll, wählen Sie mehr Arten, für ein ruhigeres Erscheinungsbild wählen Sie weniger Arten. Auf jeden Fall sollten genug wintergrüne Arten und solche mit interessanten Samenständen im Beet wachsen.

Waldstauden, Farne, Moose

Schattenbeete

»Da wächst doch nichts!« Der Vorgarten liegt im tiefen Schatten des Hauses, alle Versuche, dort eine Rasenfläche anzulegen, enden im Kampf gegen das Moos, auch die bunten Blumen aus dem Baumarkt gehen nach kurzer Zeit ein. Vielleicht hat auch schon der Giersch die Fläche unter den wenigen Gehölzen erobert?

Dabei ist es eigentlich wunderbar, wenn irgendeine Standortbedingung schon mal die Menge der Arten, die spontan dort auftauchen, beschränkt. Pflanzflächen im Schatten, deren Boden frei ist von konkurrenzstarken, Ausläufer bildenden Arten wie Giersch und Kriechendem Hahnenfuß können deshalb, sobald der Boden von den erwünschten Pflanzen bedeckt ist, recht pflegeleicht sein. Die erste Frage ist also: Gibt es diese ausbreitungsstarken Pflanzen auf der Fläche und habe ich genug Zeit, sie durch konsequentes Jäten zurückzudrängen? Dann sollte nur bei der Anlage des Beetes der Boden gründlich durchgearbeitet und von allen Pflanzen samt Ausläufern befreit werden. Später reicht es, die unerwünschten Arten konsequent daran zu hindern, grüne Teile über dem Boden bilden zu können. Dann müssen sie von den in den Wurzeln eingelagerten Speicherstoffen leben und die sind, wenn wir sie gut erkennen können und genügend Zeit investieren, irgendwann erschöpft. Falls Ihnen die Energie oder die Zeit fehlt, um dieses Pflegekonzept umzusetzen, ist es vielleicht besser, Ihre Problemart zum Bodendecker zu erklären und das Beet mit Pflanzen zu ergänzen, die ebenso konkurrenzstark sind (siehe Seite 138).

Die Pflanzenarten, die im Schatten gut gedeihen, wachsen in der Natur in Wäldern. Dort sieht der Unterwuchs auf kalkfreien Böden ganz anders aus als auf kalkhaltigen Böden. Auf kalkfreien Böden dominieren in Wäldern Gräser wie die Waldmarbeln und Farne, während der Unterwuchs der Kalkbuchenwälder mehr Blütenpflanzen enthält. Auf allen Waldstandorten blühen die meisten krautigen Pflanzen im Frühjahr, bevor die Bäume Blätter tragen. Es ist deshalb wichtig, die spätblühenden Stauden, die es schließlich auch gibt, in der Beetplanung nicht zu vergessen und in größeren Stückzahlen einzusetzen.

Pflanzen für ein Beet im Schatten auf kalkfreiem Boden

Wissenschaftlicher Name *Deutscher Name*	*Höhe* *Blütenfarbe*	*J*	*F*	*M*	*A*	*M*	*J*	*J*	*A*	*S*	*O*	*N*	*D*	*Anmerkungen*
Stauden und Zwiebelpflanzen														
Primula vulgaris Stängellose Schlüsselblume	10 cm gelb	✿	✿	✿	✿	✿							✿	wintergrün **B**
Galanthus nivalis Kleines Schneeglöckchen	15 cm weiß	✿	✿											wintergrün; Frühblüher **B**
Anemone nemorosa Busch-Windröschen	15 cm weiß			✿	✿	✿								Frühblüher **B**
Pulmonaria angustifolia Schmalblättriges Lungenkraut	25 cm blau			✿	✿	✿								konkurrenzstark **M, B**
Hyacinthoides non-scripta Atlantisches Hasenglöckchen	30 cm himmelblau				✿	✿								**B**
Luzula pilosa Behaarte Hainsimse	15 / 30 cm bräunlich				✿	✿								wintergrün; konkurrenzstark **B**
Cardamine pratensis Wiesen-Schaumkraut	30 cm weiß				✿	✿	✿							wintergrün **M, B**
Silene dioica Rote Lichtnelke	60 cm rot				✿	✿	✿	✿	✿	✿				wintergrün; **M, S** konkurrenzstark
Actaea spicata Christophskraut	60 cm weiß					✿	✿							**M, B**
Doronicum pardalianches Kriechende Gämswurz	80 cm goldgelb					✿	✿							konkurrenzstark; Ausläufer **M, B**
Euphorbia palustris Sumpf-Wolfsmilch	80 cm goldgelb					✿	✿							schöne Herbstfärbung; liebt Kalk; noch auf kalkfreiem Boden **L, M**
Fragaria vesca Wald-Erdbeere	15 cm weiß					✿	✿							wintergrün; konkurrenzstark; Ausläufer **B**
Galium odoratum Waldmeister	30 cm weiß					✿	✿							wintergrün; konkurrenzstark; Ausläufer **B**
Geranium phaeum Brauner Storchschnabel	70 cm braun-purpur					✿	✿							**L, M**
Luzula sylvatica Wald-Hainsimse	30 / 50 cm bräunlich					✿	✿							wintergrün **M, B**
Maianthemum bifolium Zweiblättrige Schattenblume	10 cm weiß					✿	✿							langsames Wachstum **M, B**
Polygonatum multiflorum Vielblütige Weißwurz	60 cm weiß					✿	✿							**L, M**

Bedeutung der Abkürzungen (siehe Seiten 128, 129): **L** = Leitstaude / **M** = Begleitstaude / **B** = Bodendecker / **S** = Einsaat

Wissenschaftlicher Name *Deutscher Name*	*Höhe* *Blütenfarbe*	*J*	*F*	*M*	*A*	*M*	*J*	*J*	*A*	*S*	*O*	*N*	*D*	*Anmerkungen*
Polygonatum verticillatum **Quirlblättrige Weißwurz**	1 m weiß					✿	✿							**L, M**
Lysimachia nummularia **Pfennig-Gilbweiderich**	10 cm goldgelb					✿	✿	✿						wintergrün; Ausläufer **B**
Myosotis sylvatica **Wald-Vergissmeinnicht**	40 cm hellblau					✿	✿	✿						wintergrün **S**
Phyteuma spicatum **Ährige Teufelskralle**	40 cm weißlich					✿	✿	✿						wintergrün **M, B**
Ajuga reptans **Kriech-Günsel**	15 cm blau					✿	✿	✿	✿					wintergrün; konkurrenzstark; Ausläufer **B**
Aruncus dioicus **Wald-Geißbart**	1,8 m weiß						✿	✿						**L**
Clematis recta **Aufrechte Waldrebe**	1,2 m weiß						✿	✿						braucht Stütze **L**
Luzula luzuloides **Schmalblättrige Hainsimse**	30 / 60 cm gelbweiß						✿	✿						wintergrün **M, B**
Agrimonia procera **Großer Odermennig**	1 m gelb						✿	✿	✿					**L, M**
Deschampsia flexucosa **Draht-Schmiele**	40 cm braun						✿	✿	✿					wintergrün; **L, M** konkurrenzstark
Luzula nivea **Schneeweiße Hainsimse**	15 / 30 cm weiß						✿	✿	✿					wintergrün **B**
Knautia maxima **Wald-Witwenblume**	80 cm helllila						✿	✿	✿	✿				konkurrenzstark **L, M**
Stachys sylvatica **Wald-Ziest**	30 – 100 cm violett						✿	✿	✿	✿				konkurrenzstark; Ausläufer **M, B**
Campanula trachelium **Nesselblättrige Glockenblume**	80 cm blau							✿	✿					**L, M**
Eupatorium cannabinum **Gewöhnlicher Wasserdost**	1,2 m rosa							✿	✿	✿				**L**
Teucrium scorodonia **Salbei-Gamander**	50 cm grüngelb							✿	✿	✿				wintergrün **M, B**
Salvia glutinosa **Kleb-Salbei**	1 cm gelb							✿	✿	✿	✿			**L, M**
Solidago virgaurea **Echte Goldrute**	1 m gelb							✿	✿	✿	✿			**L, M**
Farne														
Blechum spicant **Rippenfarn**	40 cm													wintergrün **M**
Dryopteris carthusiana **Dorniger Wurmfarn**	90 cm													**L**
Gymnocarpium robertianum **Ruprechtsfarn**	30 cm													**M**

Wissenschaftlicher Name *Deutscher Name*	*Höhe* *Blütenfarbe*	*J*	*F*	*M*	*A*	*M*	*J*	*J*	*A*	*S*	*O*	*N*	*D*	*Anmerkungen*
Osmunda regalis **Königs-Rispenfarn**	1,5 m													**L**
Polypodium vulgare **Engelsüß**	10 – 30 cm													wintergrün **B**

Pflanzen für ein Beet im Schatten auf kalkhaltigem, eher alkalischem Boden

Wissenschaftlicher Name *Deutscher Name*	*Höhe* *Blütenfarbe*	*J*	*F*	*M*	*A*	*M*	*J*	*J*	*A*	*S*	*O*	*N*	*D*	*Anmerkungen*
Stauden und Zwiebelpflanzen														
Galanthus nivalis **Kleines Schneeglöckchen**	15 cm weiß		✿	✿										wintergrün; Frühblüher **B**
Hepatica nobilis **Gewöhnliches Leberblümchen**	10 cm blauviolett			✿	✿									wintergrün; **B** humusreicher Boden
Scilla bifolia **Zweiblättriger Blaustern**	25 cm blau			✿	✿									Frühblüher **M**
Asarum europaeum **Haselwurz**	15 cm rotbraun			✿	✿	✿								wintergrün **B**
Corydalis cava **Hohler Lerchensporn**	30 cm rosa-violett			✿	✿	✿								Frühblüher **B**
Helleborus foetidus **Palmblatt-Nieswurz**	50 cm hellgrün			✿	✿	✿								wintergrün **L, M**
Pulmonaria officinalis **Geflecktes Lungenkraut**	25 cm rosa-violett			✿	✿	✿								**M, B**
Anemone ranunculoides **Gelbes Windröschen**	15 cm gelb				✿	✿								Frühblüher **B**
Cardamine heptaphylla **Fieder-Schaumkraut**	50 cm weiß				✿	✿								**M**
Euphorbia amygdaloides **Mandelblättrige Wolfsmilch**	50 cm grüngelb				✿	✿								wintergrün; konkurrenzstark; Ausläufer **M**
Gagea lutea **Wald-Goldstern**	15 cm gelb				✿	✿								Frühblüher **B**
Lathyrus vernus **Frühlings-Platterbse**	30 cm violettblau				✿	✿								**M**
Ranunculus auricomus **Gold-Hahnenfuß**	50 cm goldgelb				✿	✿								wintergrün **M**
Buglossoides purpurocaerulea **Blauroter Steinsame**	30 cm rotviolett-blau				✿	✿	✿							konkurrenzstark; Ausläufer **M**
Lamium maculatum **Gefleckte Taubnessel**	30 cm purpurrosa				✿	✿	✿	✿	✿	✿				konkurrenzstark **B**
Carex ornithopoda **Vogelfuß-Segge**	25 cm grüngelb					✿								wintergrün **M**

Bedeutung der Abkürzungen (siehe Seiten 128, 129): **L** = Leitstaude / **M** = Begleitstaude / **B** = Bodendecker / **S** = Einsaat

Wissenschaftlicher Name *Deutscher Name*	*Höhe* *Blütenfarbe*	*J*	*F*	*M*	*A*	*M*	*J*	*J*	*A*	*S*	*O*	*N*	*D*	*Anmerkungen*
Allium ursinum **Bär-Lauch**	30 cm weiß					✿	✿							konkurrenzstark; Frühblüher **M, B**
Convallaria majalis **Maiglöckchen**	25 cm weiß					✿	✿							konkurrenzstark; Ausläufer **B**
Galium odoratum **Waldmeister**	30 cm weiß					✿	✿							wintergrün; konkurrenzstark; Ausläufer **B**
Sanicula europaea **Wald-Sanikel**	30 cm weiß					✿	✿							wintergrün **B**
Aquilegia vulgaris **Gewöhnliche Akelei**	80 cm violettblau					✿	✿	✿						**L, M, S**
Ranunculus lanuginosus **Wolliger Hahnenfuß**	70 cm goldgelb					✿	✿	✿						**M**
Thalictrum aquilegiifolium **Akelei-Wiesenraute**	1 m helllila					✿	✿	✿						**L**
Vincetoxicum hirundinaria **Weiße Schwalbenwurz**	30 – 100 cm weiß					✿	✿	✿	✿					Herbstfärbung **L, M**
Campanula latifolia **Breitblättrige Glockenblume**	70 cm violettblau						✿	✿						**L**
Lilium martagon **Türkenbund-Lilie**	90 cm hellpurpur						✿	✿						**L**
Polemonium caeruleum **Blaue Himmelsleiter**	40 cm himmelblau						✿	✿						**M**
Aconitum vulparia **Gelber Eisenhut**	1 m gelb						✿	✿	✿					**L**
Astrantia major **Große Sterndolde**	30 – 60 cm weiß						✿	✿	✿					**L, M**
Campanula trachelium **Nesselblättrige Glockenblume**	80 cm blau							✿	✿					**L**
Galium sylvaticum **Wald-Labkraut**	30 – 100 cm weiß							✿	✿					**M**
Cyclamen purpurascens **Wildes Alpenveilchen**	10 cm karminrosa							✿	✿	✿				wintergrün; **B** schwierig anzusiedeln, dann Selbstaussaat
Solidago virgaurea **Echte Goldrute**	1 m gelb							✿	✿	✿	✿			**L, M**
Farne														
Asplenium scolopendrium **Hirschzuge**	35 cm													wintergrün **L, M**
Cystopteris fragilis **Zerbrechlicher Blasenfarn**	30 cm													**M**

Bedeutung der Abkürzungen (siehe Seiten 128, 129): **L** = Leitstaude / **M** = Begleitstaude / **B** = Bodendecker / **S** = Einsaat

Der perfekte Ort für eine »Stumpery«

Trockener Schatten

Im Regenschatten an der Nordseite des Hauses, aber auch unter großen Bäumen haben es Pflanzen schwer. Aufgrund der Trockenheit kommen die Wurzeln nur schwer an Nährsalze und Wasser. Auch Licht für die Photosynthese und damit die Energiebereitstellung gibt es kaum. Unter Bäumen kommt noch dazu, dass auch die Wurzeln der Bäume dem Boden Nährsalze und Wasser entnehmen und dabei selbst fein raus sind, weil sie von den Blättern oben in der Krone gut versorgt werden. Trotzdem gibt es auch für diese Standortbedingungen passende Wildpflanzen. Wir finden sie in der Natur an der Schattenseite von Felsen oder eben: unter Bäumen.

Bei der Neuanlage eines Beetes im trockenen Schatten brauchen die Pflanzen am Anfang etwas mehr Zuwendung als an anderen Standorten, denn in der Gärtnerei waren sie meist gut versorgt mit Licht, Wasser und Nährsalzen. Pflanzungen im trockenen Schatten müssen länger gegossen und manchmal sogar gedüngt werden, damit sie sich erfolgreich etablieren.

Im Schatten ist das Reich der wintergrünen Gräser und Farne. Für kalkfreie Böden bieten sich die verschiedenen Hainsimsen an. Die niedrige Schnee-Marbel *(Luzula nivea)* und die etwas höhere Weiße Hainsimse *(Luzula luzuloides)* haben attraktiv behaarte Blattränder und auffällige weiße Blütenstände, die so viel Pollen bieten, dass sie sogar von Insekten besucht werden. Aber auch die Wald-Marbel *(Luzula sylvatica)* ist ein dankbarer Bodendecker. Unter den wintergrünen Farnen gedeiht das Engelsüß *(Polypodium vulgare)* bodendeckend auf eher kalkfreien Böden. Auf Böden mit höherem pH-Wert bieten sich als wintergrüne Gräser die Wald-Segge *(Carex sylvatica)*, die Schatten-Segge *(Carex umbrosa)* oder die Vogelfuß-Segge *(Carex ornithopoda)* an. Der Stachelige Schildfarn *(Polystichum aculeatum)* verträgt ebenfalls viel Trockenheit, obwohl er in der Natur an feuchten Standorten vorkommt.

Das gilt auch für manche Stauden, die an solche Standorte gepflanzt werden können, wie der Braune Storchschnabel *(Geranium phaeum)* oder der spät blühende Gelbe Salbei *(Salvia glutinosa)*. Kombiniert mit der Echten Goldrute *(Solidago virgaurea)* und der Nesselblättrigen Glockenblume *(Campanula trachelium)*, ergibt sich ein schöner Spätsommeraspekt. Im Frühjahr und Frühsommer ist die Auswahl schattentypisch größer. Eine beeindruckende Leitstaude ist die Palmblatt-Nieswurz *(Helleborus foetidus)*, die schon im Februar anfängt zu blühen.

Um dem Auge noch mehr zu bieten, können all diese Pflanzen Lebensraumholz umspielen, zum Beispiel die Wurzeln einer »Stumpery«. Dieses englische Wort leitet sich von »Baumstumpf«, also »tree stump« ab.

Schattenstandorte sind oft »Waldstandorte ohne Bäume«, der Gebäudeschatten entspricht gewissermaßen dem Schatten der Baumkronen. Da wirkt es schön und natürlich, wenn noch einige Wurzelstöcke, Baumstämme oder schön geformte Äste das Beet bereichern. »Lebensraumholz« ist eine treffendere Bezeichnung als »Totholz«, denn das Holz ist zwar abgestorben, aber es ist gerade deshalb voller Leben. Zahlreiche Käferlarven, wie die der grünschillernden Rosenkäfer, oder auch die Larven der großen Holzbienen nagen im Holz und erfreuen uns später, wenn sie die Blüten in unserem Garten besuchen. Es stört die Tiere übrigens überhaupt nicht, wenn der Holzstamm oben so abgeflacht ist, dass er als informelle Sitzmöglichkeit dienen kann.

Wer noch mehr Platz hat, kann auch noch einen Asthaufen aufschichten, um einer Igelfamilie eine Wohnung zu bieten. Im Inneren des Asthaufens kann eine Igelburg aufgestellt oder gebaut werden. Auch Hummelköniginnen haben nichts dagegen, wenn ihr Nest im Schatten liegt. Hummelnisthilfen können deshalb gut in schattigen Beeten aufgestellt werden. Im kleinen Garten wirken schon einzelne schön geformte Äste wie »gefundene Skulpturen« (sculptures trouvées).

Pflanzen für ein Beet im trockenen Schatten

Wissenschaftlicher Name *Deutscher Name*	*Höhe* *Blütenfarbe*	*J*	*F*	*M*	*A*	*M*	*J*	*J*	*A*	*S*	*O*	*N*	*D*	*Anmerkungen*
Hepatica nobilis **Gewöhnliches Leberblümchen**	10 cm blauviolett			✿	✿									wintergrün; humusreicher Boden **B**
Helleborus foetidus **Palmblatt-Nieswurz**	50 cm hellgrün			✿	✿	✿								wintergrün **L, M**
Lathyrus vernus **Frühlings-Platterbse**	30 cm violettblau				✿	✿								**M**
Luzula pilosa **Behaarte Hainsimse**	15 / 30 cm bräunlich				✿	✿								wintergrün; konkurrenzstark **B**
Buglossoides purpurocaerulea **Blauroter Steinsame**	30 cm rotviolett-blau				✿	✿	✿							konkurrenzstark; Ausläufer **M**
Potentilla alba **Weißes Fingerkraut**	25 cm weiß				✿	✿	✿							kalkliebend **B**
Carex ornithopoda **Vogelfuß-Segge**	25 cm gelbgrün					✿								wintergrün **M**
Astragalus glycyphyllos **Bärenschote**	1,2 m gelb					✿	✿							kriecht; kalkliebend **M, B**
Geranium phaeum **Brauner Storchschnabel**	70 cm braun-purpur					✿	✿							**L, M**
Luzula sylvatica **Wald-Hainsimse**	30 / 50 cm bräunlich					✿	✿							wintergrün **M, B**

Bedeutung der Abkürzungen (siehe Seiten 128, 129): **L** = Leitstaude / **M** = Begleitstaude / **B** = Bodendecker / **S** = Einsaat

Wissenschaftlicher Name Deutscher Name	Höhe Blütenfarbe	J	F	M	A	M	J	J	A	S	O	N	D	Anmerkungen
Melittis melissophyllum **Immenblatt**	40 cm weiß-rosa					✿	✿							duftend; kalkliebend **L, M**
Viola canina **Hunds-Veilchen**	15 cm blauviolett					✿	✿							wintergrün; Halbschatten **B**
Aquilegia vulgaris **Gewöhnliche Akelei**	80 cm blauviolett					✿	✿	✿						**L, M, S**
Campanula persicifolia **Pfirsichblättrige Glockenblume**	80 cm himmelblau					✿	✿	✿	✿					wintergrün **L, M**
Vincetoxicum hirundinaria **Weiße Schwalbenwurz**	30 – 100 cm weiß					✿	✿	✿	✿					Herbstfärbung **L, M**
Clematis recta **Aufrechte Waldrebe**	1,2 m weiß						✿	✿						braucht Stütze **L**
Lathyrus niger **Schwarze Platterbse**	70 cm violett, im Verblühen schwarz-blau						✿	✿						**L**
Luzula nivea **Schneeweiße Hainsimse**	15 / 30 cm weiß						✿	✿	✿					wintergrün **B**
Veronica officinalis **Wald-Ehrenpreis**	20 cm helllila						✿	✿	✿					wintergrün; Ausläufer **B**
Campanula trachelium **Nesselblättrige Glockenblume**	80 cm blau							✿	✿					**L, M**
Solidago virgaurea **Echte Goldrute**	1 m gelb							✿	✿	✿	✿			**L, M**
Hieracium sabaudum **Savoyer Habichtskraut**	1 m gelb								✿	✿	✿			kalkfreier Boden **L, M**

Nesselblättrige Glockenblume und Mannsblut

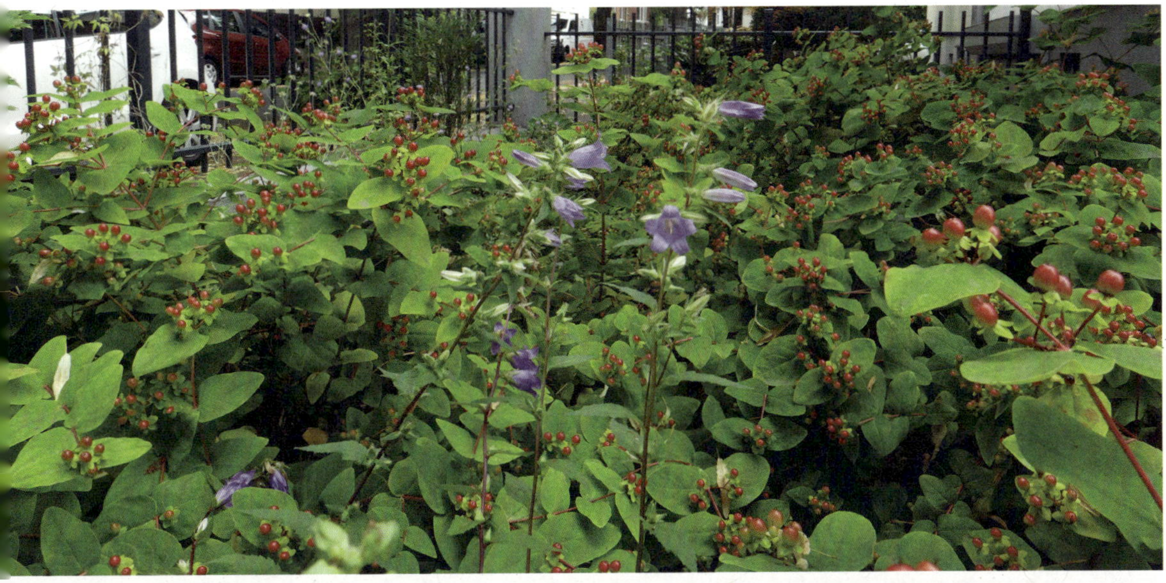

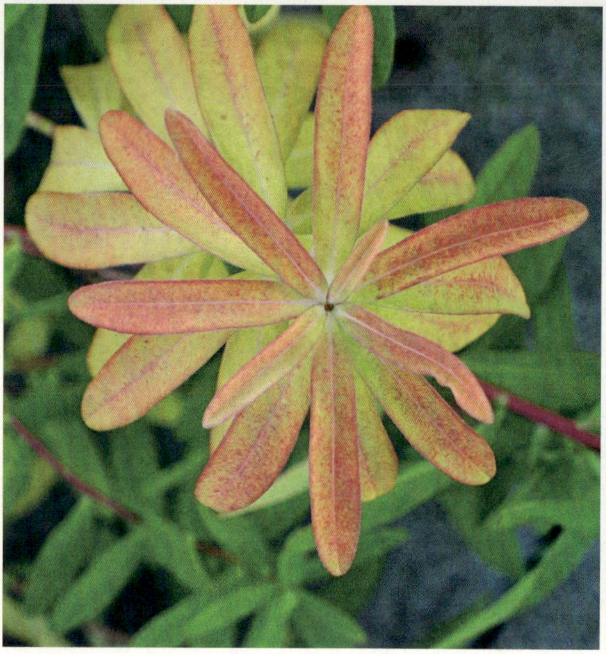

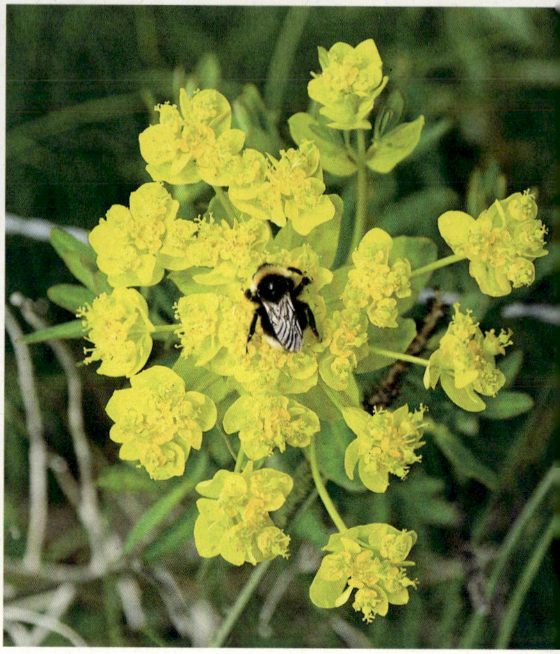

Die Sumpf-Wolfsmilch hat eine schöne Herbstfärbung.

Freund oder Feind

Beete mit ausbreitungsstarken Beikräutern

Was aber tun, wenn auf unserem Schattenbeet schon Giersch oder Brennnesseln wuchern und uns die Zeit fehlt, dort regelmäßig zu jäten? Wir können unser Problem sehr einfach loswerden: Wir machen den Feind zum Freund. Der Giersch übernimmt die Aufgabe des Bodendeckers und die Brennesselecke liefert Dünger für den Nutzgarten und Futter für Schmetterlinge. Wir müssen das Beet den konkurrenzstarken Arten aber nicht überlassen, sondern setzen einfach ähnlich konkurrenzstarke Pflanzen dazu, wobei der Giersch duldsamer ist als Brennnesseln. Diese werden wir wohl immer durch Herausziehen der Ausläufer etwas im Zaum halten müssen – was aber auch nicht so schwer ist wie bei den tief und vereinzelt im Boden verankerten Gierschwurzeln.

Ähnlich wüchsig wie Giersch sind der Wasserdost *(Eupatorium cannabinum)*, eine wunderbare Insektenweide, das Schmalblättrige Weidenröschen *(Epilobium angustifolium)* oder der Wald-Geißbart *(Aruncus dioicus)*. Auch schattenliebenden Gehölzen macht ein Giersch-Bodendecker nicht viel aus. Eher kleinbleibende Gehölze für schattige Standorte sind zum Beispiel die Zwergformen von Liguster und Schneeball, *Ligustrum vulgare* 'Lodense' und *Viburnum opulus* 'Compactum', der wunderbar duftende Frühlingsblüher Seidelbast *(Daphne mezereum*, sehr giftig) oder der immergrüne, halbkugelig wachsende Strauchefeu *(Hedera helix arborescens)*. Auch die Alpen-Heckenrose mit ihren schönen tiefrosa Blüten und flaschenförmigen Hagebutten kommt gut mit einem Bodendecker aus Giersch zurecht, zumal sie auch Ausläufer bildet.

Pflanzen für ein Beet mit ausbreitungsstarken Beikräutern

Wissenschaftlicher Name *Deutscher Name*	*Höhe* *Blütenfarbe*	*J*	*F*	*M*	*A*	*M*	*J*	*J*	*A*	*S*	*O*	*N*	*D*	*Anmerkungen*
Euphorbia amygdaloides **Mandelblättrige Wolfsmilch**	60 cm grüngelb				✿	✿								wintergrün **M, B**
Silene dioica **Rote Lichtnelke**	80 cm rot				✿	✿	✿	✿	✿	✿				wintergrün **M, B, S**
Allium ursinum **Bär-Lauch**	30 cm weiß					✿	✿							**B**
Euphorbia palustris **Sumpf-Wolfsmilch**	1 m gelb					✿	✿							Herbstfärbung **L, M**
Geranium phaeum **Brauner Storchschnabel**	50 cm braunpurpur					✿	✿							**M**
Symphytum officinale **Arznei-Beinwell**	40 cm rotviolett					✿	✿	✿						**L, M**
Ajuga reptans **Kriechender Günsel**	15 cm blau					✿	✿	✿	✿					wintergrün **B**
Valeriana officinalis **Arznei-Baldrian**	1,5 m rosaweiß					✿	✿	✿	✿					Halbschatten **L**
Aruncus dioicus **Wald-Geißbart**	1,5 m weiß						✿	✿						**L**
Filipendula ulmaria **Echtes Mädesüß**	1 m weiß						✿	✿	✿					Halbschatten **L**
Vicia cracca **Vogel-Wicke**	1 m blauviolett						✿	✿	✿					Halbschatten; Ranker **M**
Saponaria officinalis **Echtes Seifenkraut**	50 cm rosaweiß						✿	✿	✿	✿				Halbschatten **L, M**
Stachys sylvatica **Wald-Ziest**	70 cm violett						✿	✿	✿	✿				**L, M**
Stachys palustris **Sumpf-Ziest**	50 cm rosa						✿	✿	✿	✿				**M**
Epilobium angustifolium **Schmalblättriges Weidenröschen**	90 cm purpurrot							✿	✿					**L**
Althaea officinalis **Echter Eibisch**	1,2 m rosa							✿	✿	✿				Halbschatten **L**
Eupatorium cannabium **Gewöhnlicher Wasserdost**	1,2 m rosa							✿	✿	✿				Halbschatten **L**
Mentha longifolia **Ross-Minze**	80 cm lilarosa							✿	✿	✿				Halbschatten **L, M**
Molinia arundinacea **Rohr-Pfeifengras**	2 m grün							✿	✿	✿				**L**
Tanacetum vulgare **Rainfarn**	80 cm gelb							✿	✿	✿				**L**
Salvia glutinosa **Kleb-Salbei**	1 m gelb							✿	✿	✿	✿			**L, M**

Bedeutung der Abkürzungen (siehe Seiten 128, 129): **L** = Leitstaude / **M** = Begleitstaude / **B** = Bodendecker / **S** = Einsaat

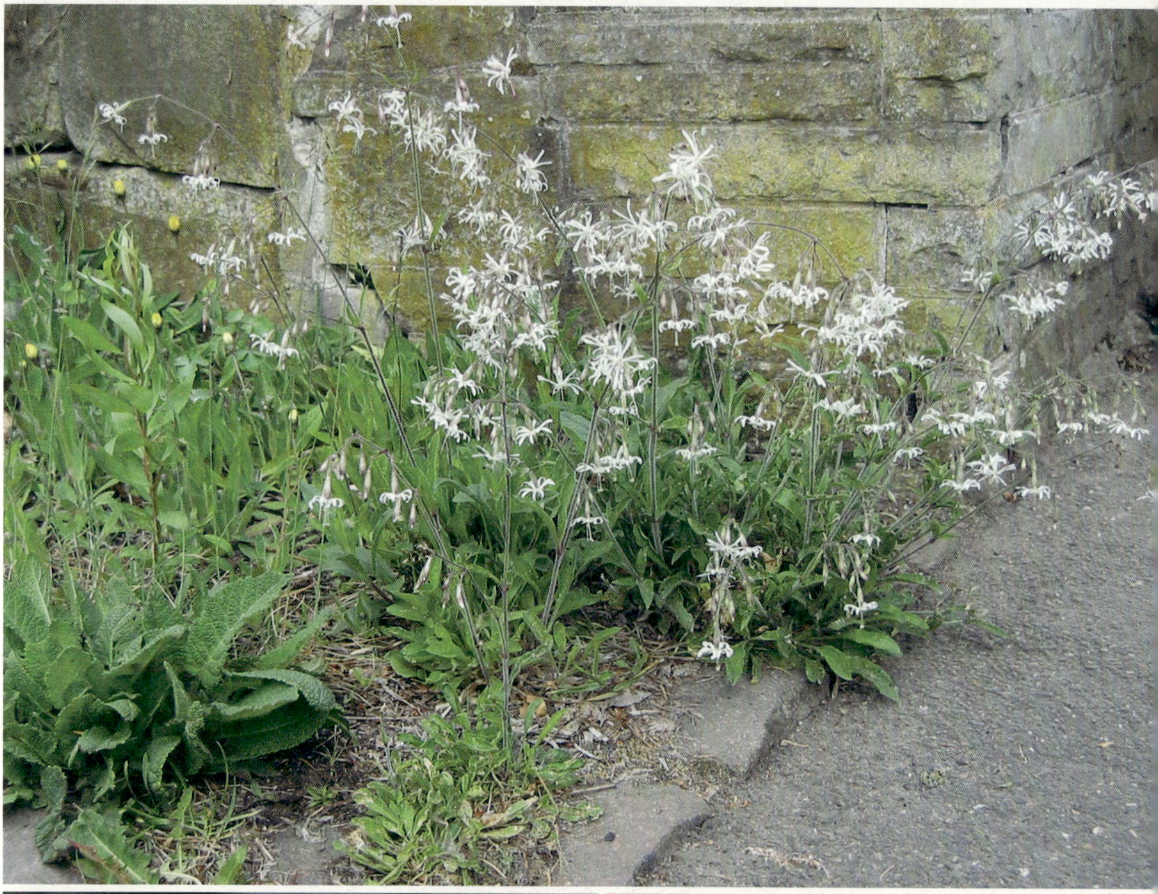

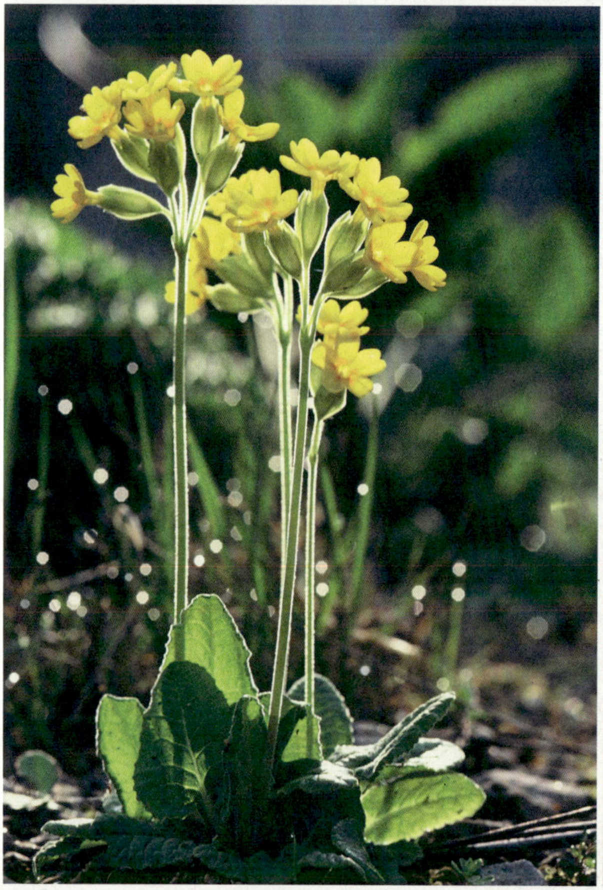

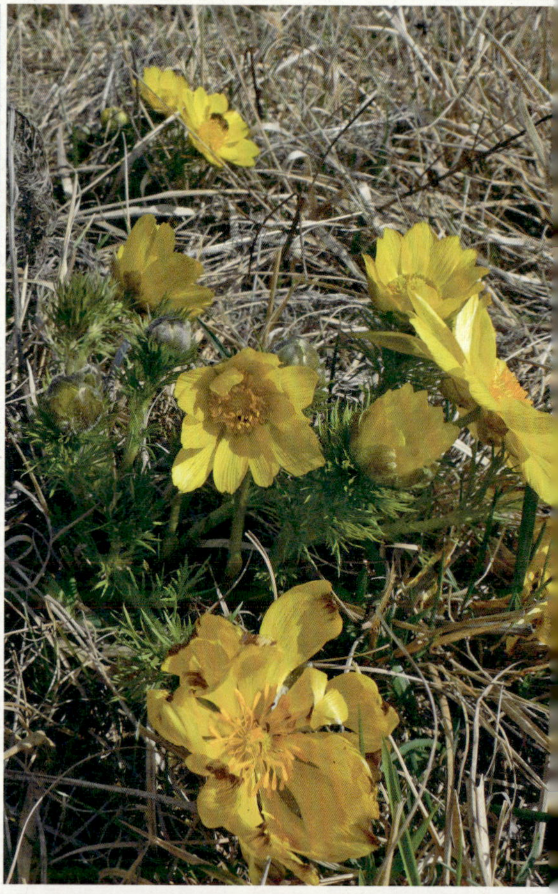

Die Pracht der Säume

Lichter Schatten und Halbschatten

Am Waldrand oder entlang von Hecken wachsen Gräser und Stauden, die nur selten beweidet oder gemäht werden – oder besser: selten gemäht werden sollten. Denn viele Tierarten brauchen beides, das Dickicht der Heckengehölze mit seinen Blättern, Blüten und Früchten und die Blüten und Fruchtstände der krautigen Pflanzen im Saum. Ein Beispiel sind die Schmetterlinge: Sowohl die Falter der Wiesen und Weiden als auch die sogenannten Waldschmetterlinge suchen oft die Säume von Hecken und Wäldern auf. Im Frühjahr und Sommer, während der Vegetationsperiode, brodelt dort das Leben: Schmetterlinge flattern, Wildbienen summen, Heuschrecken zirpen, Vögel bedienen sich am reichgedeckten Tisch und auch die Spinnen und andere große Jäger gehen auf Beutefang. Im Winter erscheinen die Säume mit ihren hellbraun verfärbten trockenen Stängeln leblos, aber sehr viele Larven und Puppen warten dort in und an den Stängeln oder unter den Blättern am Boden auf das neue Jahr. Säume sind »Puppenstuben«. Wer die biologische Vielfalt fördern möchte, lässt die Stängel mindestens bis zum nächsten Frühjahr stehen. Einige Stängel sollten auch noch im nächsten Jahr stehen bleiben, denn viele Tiere, zum Beispiel manche Wildbienenarten oder der Grüne Scheinbockkäfer, besiedeln die Stängel erst im nächsten Jahr. Man kann die Stängel auch etwas kürzer schneiden, dann fallen sie nicht so ins Auge und zusätzlich werden sie sogar für manche Arten besser zugänglich. Von den neun Wildbienenarten, die die trockenen Stängel von Königskerzen hierzulande besiedeln, kann nur die Dreizahn-Mauerbiene *(Osmia tridentata)* selber ein Loch in die harten Stängelwände beißen, die anderen acht Arten brauchen oben offene Stängel.

Jedes Gebüsch, jede Hecke hat – mindestens – zwei Seiten. Eine ist schattiger, die andere sonniger. Die Pflanzen der sonnigen, trockenen Säume können wir auf Beetflächen pflanzen, die eher trocken sind, die Pflanzen der eher schattigen und deshalb meist feuchteren Säume pflanzen wir auf die besser mit Wasser und Nährstoffen versorgten Standorte. Wenn wir jetzt noch den pH-Wert unseres Gartenbodens kennen, können wir eine standortgerechte Pflanzung anlegen.

Bilder links: oben: Nickendes Leimkraut
unten links: Echte Schlüsselblume
unten rechts: Frühlings-Adonisröschen

Pflanzen für ein Beet im trockenen Halbschatten auf kalkhaltigem Boden

Wissenschaftlicher Name *Deutscher Name*	*Höhe* *Blütenfarbe*	*J*	*F*	*M*	*A*	*M*	*J*	*J*	*A*	*S*	*O*	*N*	*D*	*Anmerkungen*
Adonis vernalis **Frühlings-Adonisröschen**	30 cm gelb				✿	✿								**M**
Anemone sylvestris **Großes Windröschen**	30 cm weiß				✿	✿	✿							**M, B**
Primula veris **Echte Schlüsselblume**	15 cm dunkelgelb				✿	✿	✿							**M, B, S**
Potentilla verna **Frühlings-Fingerkraut**	40 cm gelb				✿	✿	✿							wintergrün; Ausläufer **B**
Silene nutans **Nickendes Leimkraut**	60 cm weiß				✿	✿	✿	✿						**M, B**
Dictammus albus **Gewöhnlicher Diptam**	80 cm rosa					✿	✿							duftend **L**
Euphorbia epithymoides **Vielfarbige Wolfsmilch**	50 cm hellgelb-orange					✿ ✿	✿ ✿							duftend **L, M**
Fragaria viridis **Knack-Erdbeere**	10 cm gelb-weiß					✿ ✿	✿ ✿							wintergrün **B**
Polygonatum odoratum **Duftende Weißwurz**	30 cm weiß					✿	✿							**M**
Centaurea triumfettii **Filzige Flockenblume**	60 cm blau					✿	✿	✿						**M**
Coronilla coronata **Berg-Kronwicke**	40 cm gelb					✿	✿	✿						**L, M**
Veronica teucrium **Großer Ehrenpreis**	30 cm blau					✿	✿	✿						**B**
Campanula persicifolia **Pfirschichblättrige Glockenblume**	80 cm himmelblau					✿	✿	✿	✿					wintergrün **L, M**
Vincetoxicum hirundinaria **Weiße Schwalbenwurz**	30 – 100 cm weiß					✿	✿	✿	✿					Herbstfärbung **L, M**
Thalictrum minus **Kleine Wiesenraute**	60 cm grüngelb					✿	✿	✿	✿					**M**
Astragalus glycyphyllos **Bärenschote**	1,2 m gelb						✿	✿						kriecht; klettert **B**
Filipendula vulgaris **Kleines Mädesüß**	50 cm weiß						✿	✿						wintergrün **M**
Inula hirta **Rauhaariger Alant**	40 cm gelb						✿	✿						**M**
Lathyrus niger **Schwarze Platterbse**	70 cm violett, im Verblühen schwarz-blau						✿ ✿	✿ ✿						**L**

Bedeutung der Abkürzungen (siehe Seiten 128, 129): **L** = Leitstaude / **M** = Begleitstaude / **B** = Bodendecker / **S** = Einsaat

Wissenschaftlicher Name Deutscher Name	Höhe Blütenfarbe	J	F	M	A	M	J	J	A	S	O	N	D	Anmerkungen
Tanacetum corymbosum **Gewöhnliche Straußmagerite**	80 cm weiß						✿	✿	✿					wintergrün; duftend **L, M**
Anthericum ramosum **Ästige Graslilie**	70 cm weiß						✿	✿	✿					**M, B**
Betonica officinalis **Heil-Ziest**	50 cm pupurrosa						✿	✿	✿					Herbstfärbung **M, B**
Geranium sanguineum **Blut-Storchschnabel**	30 cm rotpurpur						✿	✿	✿					konkurrenzstark; Herbstfärbung **M, B**
Laserpitium siler **Berg-Laserkraut**	1,5 m weiß						✿	✿	✿					**L**
Lathyrus tuberosus **Knollen-Platterbse**	60 cm rosaviolett						✿	✿	✿					rankt **M**
Verbascum lychnitis **Mehlige Königskerze**	1,2 m hellgelb						✿	✿	✿					zweijährig **S**
Veronica spicata **Ähren-Ehrenpreis**	30 cm blau						✿	✿	✿					wintergrün **M, B**
Agrimonia eupatoria **Kleiner Odermennig**	50 cm gelb						✿	✿	✿	✿				konkurrenzstark **M**
Asperula cynanchica **Hügel-Meier**	15 cm hellrosa						✿	✿	✿	✿				**B**
Campanula glomerata **Knäuel-Glockenblume**	60 cm blauviolett						✿	✿	✿	✿				wintergrün **M**
Campanula rapunculoides **Acker-Glockenblume**	60 cm blau						✿	✿	✿	✿				konkurrenzstark; Ausläufer **L, M**
Seseli libanotis **Berg-Heilwurz**	1 m weiß						✿	✿	✿	✿				**L**
Calendula arvensis **Acker-Ringelblume**	20 cm orange						✿	✿	✿	✿	✿			einjährig **S**
Centaurea cyanus **Kornblume**	80 cm blau						✿	✿	✿	✿	✿			wintergrün; einjährig **S**
Teucrium chamaedrys **Edel-Gamander**	25 cm rosa							✿	✿					wintergrün **M, B**
Clinopodium vulgare **Gewöhnlicher Wirbeldost**	60 cm purpurrosa							✿	✿	✿				**B**
Inula helvitica **Schweizer Alant**	50 cm gelb							✿	✿	✿				**M, B**
Peucedanum cervaria **Hirsch-Haarstrang**	1,2 m weiß							✿	✿	✿				**L**
Serratula tinctoria **Färber-Scharte**	30 cm rotviolett							✿	✿	✿				**M**
Scabiosa canescens **Graue Skabiose**	50 cm hellblau							✿	✿	✿	✿	✿		**M**
Hylotelephium telephium ssp. telephium **Purpur-Waldfetthenne**	40 cm purpur								✿	✿	✿			**M**

Pflanzen für ein Beet im trockenen Halbschatten auf kalkfreiem Boden

Wissenschaftlicher Name *Deutscher Name*	*Höhe* *Blütenfarbe*	*J*	*F*	*M*	*A*	*M*	*J*	*J*	*A*	*S*	*O*	*N*	*D*	*Anmerkungen*
Viola odorata **Wohlriechendes Veilchen**	10 cm violett			✿	✿									wintergrün **B**
Potentilla sterilis **Erdbeer-Fingerkraut**	10 cm weiß			✿	✿	✿								wintergrün; Ausläufer **B**
Potentilla alba **Weißes Fingerkraut**	25 cm weiß				✿	✿	✿							**B**
Viola tricolor **Wildes Stiefmütterchen**	30 cm gelb-violett				✿	✿	✿	✿	✿	✿				wintergrün; einjährig **S**
Lamium album **Weiße Taubnessel**	30 cm weiß				✿	✿	✿	✿	✿	✿	✿			wintergrün **M, B**
Anthericum liliago **Astlose Graslilie**	60 cm weiß					✿	✿							**M**
Doronicum pardalianches **Kriechende Gämswurz**	60 cm gelb					✿	✿							konkurrenzstark **M, B**
Polygonatum odoratum **Duftende Weißwurz**	30 cm weiß					✿	✿							**M**
Saxifraga granulata **Körnchen-Steinbrech**	40 cm weiß					✿	✿							**M, B, S**
Viola canina **Hunds-Veilchen**	15 cm blauviolett					✿	✿							wintergrün **B**
Asparagus officinalis **Wilder Spargel**	1,5 m grünlich					✿	✿	✿						feines, schmückendes Blattwerk **L**
Lychnis viscaria **Pechnelke**	30 cm dunkelrosa					✿	✿	✿						**M**
Papaver argenome **Sand-Mohn**	30 cm rot					✿	✿	✿						wintergrün; einjährig **S**
Papaver dubium **Saat-Mohn**	60 cm rot					✿	✿	✿						wintergrün; einjährig **S**
Potentilla erecta **Blutwurz**	20 cm gelb					✿	✿	✿	✿					wintergrün **B**
Polygala vulgaris **Gewöhnliches Kreuzblümchen**	10 cm blau					✿	✿	✿	✿					wintergrün **B**
Anthemis arvenis **Acker-Hundskamille**	50 cm weiß-gelb					✿	✿	✿	✿	✿	✿			wintergrün; einjährig **S**
Hieracium pilosella **Kleines Habichtskraut**	25 cm gelb					✿	✿	✿	✿	✿	✿			wintergrün **B**
Agrostemma githago **Korn-Rade**	1 m rosarot						✿	✿						wintergrün; einjährig **S**
Allium vineale **Weinbergs-Lauch**	60 cm rosa						✿	✿	✿					wintergrün; **M** nutzbare Brutzwiebeln

Wissenschaftlicher Name Deutscher Name	Höhe Blütenfarbe	J	F	M	A	M	J	J	A	S	O	N	D	Anmerkungen
Betonica officinalis **Heil-Ziest**	50 cm purpurrosa						✿	✿	✿					Herbstfärbung **M, B**
Campanula rapunculus **Rapunzel-Glockenblume**	50 cm hellblaulila						✿	✿	✿					zweijährig **S**
Dianthus armeria **Raue Nelke**	40 cm purpur						✿	✿	✿					wintergrün **M, B**
Jasione montana **Berg-Sandglöckchen**	50 cm blau						✿	✿	✿					wintergrün; zweijährig **S**
Knautia arvensis **Wiesen-Witwenblume**	50 cm lila						✿	✿	✿					**M**
Sedum rupestre **Felsen-Fetthenne**	20 cm gelb						✿	✿	✿					wintergrün **B**
Trifolium medium **Zickzack-Klee**	40 cm dunkelrosa						✿	✿	✿					konkurrenzstark **B**
Veronica officinalis **Wald-Ehrenpreis**	20 cm helllila						✿	✿	✿					wintergrün **B**
Campanula glomerata **Knäuel-Glockenblume**	60 cm blauviolett						✿	✿	✿	✿				wintergrün **M**
Galium verum **Echtes Labkraut**	50 cm gelb						✿	✿	✿	✿				**M, B, S**
Silene armeria **Nelken-Leimkraut**	60 cm rosarot						✿	✿	✿	✿				wintergrün; einjährig **S**
Campanula rotundifolia **Rundblättrige Glockenblume**	25 cm blau						✿	✿	✿	✿	✿			wintergrün **M, B, S**
Centaurea cyanus **Kornblume**	80 cm blau						✿	✿	✿	✿	✿			wintergrün; einjährig **S**
Hypericum perforatum **Tüpfel-Johanniskraut**	60 cm gelb							✿	✿					konkurrenzstark **M**
Peucedanum oreoselinum **Berg-Haarstrang**	1 m weiß							✿	✿					**L**
Clinopodium vulgare **Gewöhnlicher Wirbeldost**	60 cm purpurrosa							✿	✿	✿				**B**
Pimpinella saxifrage **Kleine Bibernelle**	50 cm weißrosa							✿	✿	✿				**M**
Sedum maximum **Große Fetthenne**	40 cm gelb							✿	✿	✿				**L, M**
Teucrium scorodonia **Salbei-Gamander**	50 cm grüngelb							✿	✿	✿				wintergrün **M, B**
Hieracium umbellatum **Doldiges Habichtskraut**	1 m gelb							✿	✿	✿	✿			**L**
Dianthus sylvestris **Stein-Nelke**	40 cm rosa								✿	✿	✿			wintergrün **M, B**

Bedeutung der Abkürzungen (siehe Seiten 128, 129): **L** = Leitstaude / **M** = Begleitstaude / **B** = Bodendecker / **S** = Einsaat

Pflanzen für ein Beet im feuchten Halbschatten auf kalkhaltigem Boden

Wissenschaftlicher Name *Deutscher Name*	*Höhe* *Blütenfarbe*	*J*	*F*	*M*	*A*	*M*	*J*	*J*	*A*	*S*	*O*	*N*	*D*	*Anmerkungen*
Lamium album **Weiße Taubnessel**	30 cm weiß				✿	✿	✿	✿	✿	✿	✿			wintergrün **M, B**
Convallaria majalis **Maiglöckchen**	25 cm weiß					✿	✿							konkurrenzstark; Ausläufer **B**
Euphorbia palustris **Sumpf-Wolfsmilch**	80 cm goldgelb					✿	✿							schöne Herbstfärbung **L, M**
Geranium sylvaticum **Wald-Storchschnabel**	60 cm rotviolett					✿	✿	✿						**L, M**
Lithosperum officinale **Echter Steinsame**	80 cm gelb					✿	✿	✿						konkurrenzstark **M**
Lunaria rediviva **Ausdauerndes Silberblatt**	60 cm lila					✿	✿	✿						wintergrün **B**
Lychnis flos cuculi **Kuckucks-Lichtnelke**	40 cm rosa					✿	✿	✿						wintergrün **M**
Ajuga reptans **Kriech-Günsel**	15 cm lilablau					✿	✿	✿	✿					wintergrün; Ausläufer **B**
Centaurea montana **Berg-Flockenblume**	50 cm blaulila					✿	✿	✿	✿	✿	✿			wintergrün **M**
Aquilegia atrata **Schwarzviolette Akelei**	50 cm schwarz- violett						✿	✿						**M**
Campanula latifolia **Breitblättrige Glockenblume**	70 cm blauviolett						✿	✿						**L, M**
Lilium martagon **Türkenbund-Lilie**	90 cm rosa						✿	✿						**L, M**
Polemonium caeruleum **Blaue Himmelsleiter**	40 cm blau						✿	✿						**M, B**
Aconitum napellus **Blauer Eisenhut**	1 m blauviolett						✿	✿	✿					**L, M**
Alchemilla vulgaris **Gewöhnlicher Frauenmantel**	25 cm grüngelb						✿	✿	✿					**B**
Astrantia major **Große Sterndolde**	30 – 60 cm weiß						✿	✿	✿					**M**
Digitalis lutea **Gelber Fingerhut**	60 cm gelb						✿	✿	✿					wintergrün **L, M**
Geranium pratense **Wiesen-Storchschnabel**	70 cm blauviolett						✿	✿	✿					Herbstfärbung **L, M**
Lathyrus pratensis **Wiesen-Platterbse**	40 cm gelb						✿	✿	✿					konkurrenzstark; rankt etwas **M**
Peucedanum ostrutium **Meisterwurz**	90 cm weiß						✿	✿	✿					**L, M**
Veronica maritima **Langblättriger Blauweiderich**	80 cm blau						✿	✿	✿					**L, M**

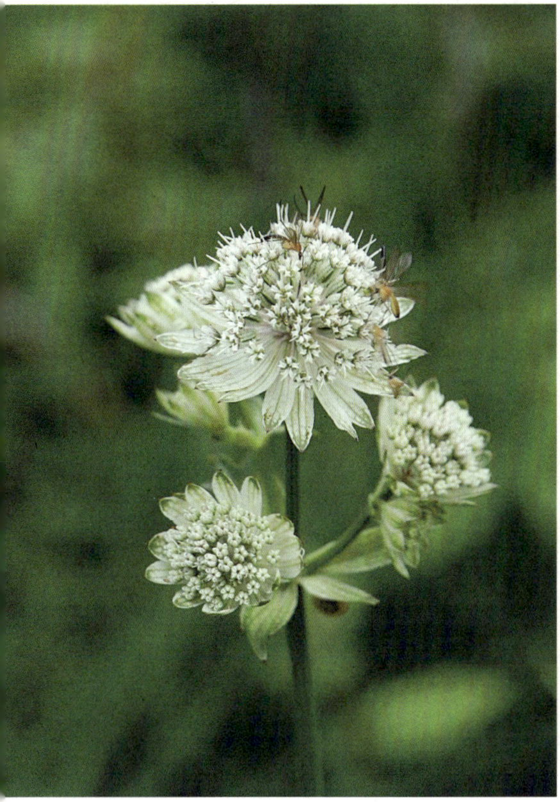 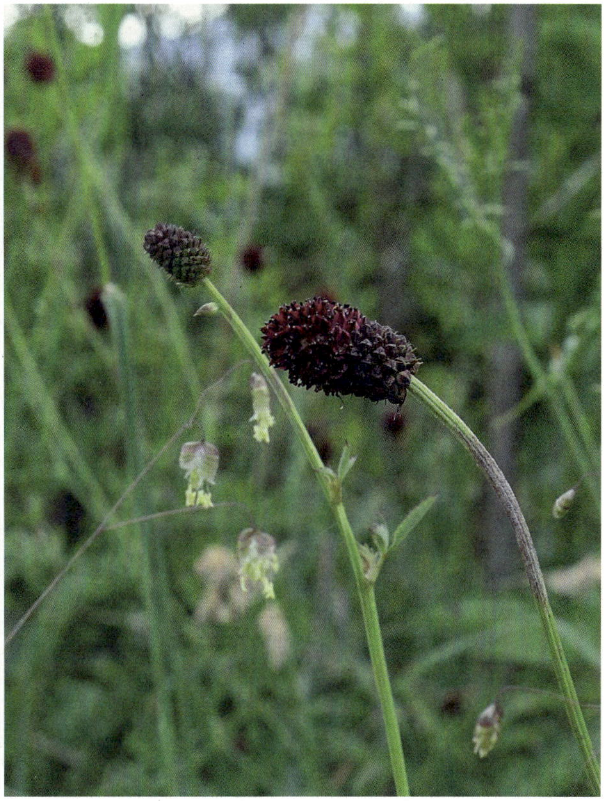

Große Sterndolde (links) und Großer Wiesenknopf (rechts)

Wissenschaftlicher Name *Deutscher Nam*	*Höhe* *Blütenfarbe*	*J*	*F*	*M*	*A*	*M*	*J*	*J*	*A*	*S*	*O*	*N*	*D*	*Anmerkungen*
Ballota nigra **Gewöhnliche Schwarznessel**	50 cm violett						✿	✿	✿	✿				**M**
Knautia maxima **Wald-Witwenblume**	80 cm lila						✿	✿	✿	✿				wintergrün; **L, M** konkurrenzstark
Sanguisorba officinalis **Großer Wiesenknopf**	1 m purpur						✿	✿	✿	✿				**L, M**
Malva alcea **Rosen-Malve**	80 cm rosenrot						✿	✿	✿	✿	✿			**L, M**
Campanula trachelium **Nesselblättrige Glockenblume**	80 cm blau							✿	✿					**L, M**
Laserpitium prutenicum **Preußisches Laserkraut**	1,5 m gelblich weiß							✿	✿					zweijährig **S**
Angelica sylvestris **Wald-Engelwurz**	1,5 m weiß							✿	✿	✿				zweijährig **S**
Senecio ovatus **Fuchs-Greiskraut**	1 m gelb							✿	✿	✿				**L**
Serratula tinctoria **Färber-Scharte**	80 cm purpur							✿	✿	✿				**L, M**
Solidago virgaurea **Echte Goldrute**	1 m gelb							✿	✿	✿	✿			**L, M**

Bedeutung der Abkürzungen (siehe Seiten 128, 129): **L** = Leitstaude / **M** = Begleitstaude / **B** = Bodendecker / **S** = Einsaat

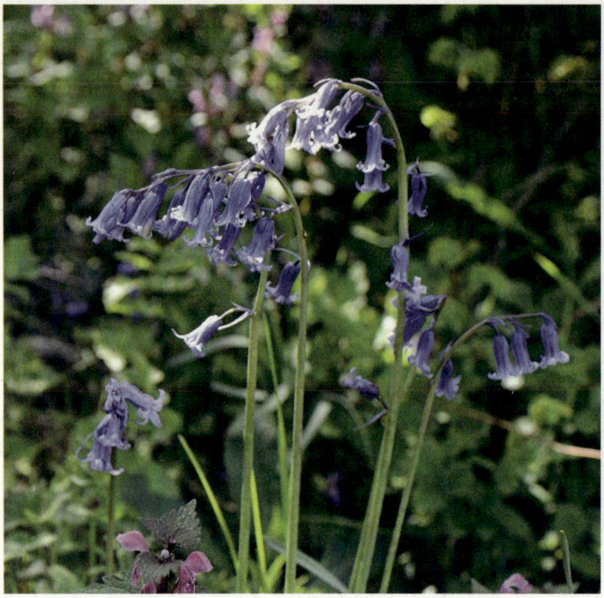

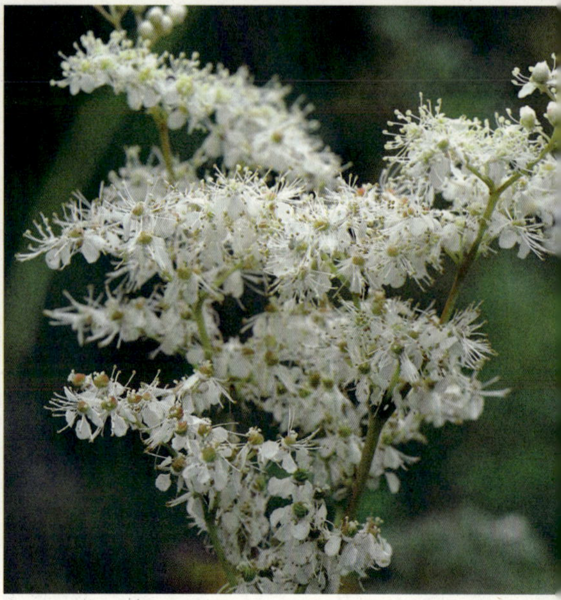

Atlantisches Hasenglöckchen (links) und Echtes Mädesüß (rechts)

Pflanzen für ein Beet im feuchten Halbschatten auf kalkfreiem Boden

Wissenschaftlicher Name *Deutscher Name*	*Höhe* *Blütenfarbe*	J	F	M	A	M	J	J	A	S	O	N	D	*Anmerkungen*
Hyacinthoides non-scripta **Atlantisches Hasenglöckchen**	30 cm himmelblau				✿	✿								**M, B**
Cardamine pratensis **Wiesen-Schaumkraut**	30 cm lilarosa				✿	✿	✿							wintergrün **M, B, S**
Lamium maculatum **Gefleckte Taubnessel**	25 cm purpurrosa				✿	✿	✿	✿	✿	✿				konkurrenzstark; Ausläufer **B**
Euphorbia palustris **Sumpf-Wolfsmilch**	80 cm goldgelb					✿	✿							schöne Herbstfärbung; liebt Kalk, noch auf kalkfreiem Boden **L, M**
Valeriana dioica **Kleiner Baldrian**	20 cm weiß					✿	✿							Ausläufer **B**
Barbarea vulgaris **Echte Winterkresse**	60 cm gelb					✿	✿	✿						wintergrün; zweijährig **S**
Geranium sylvaticum **Wald-Storchschnabel**	60 cm rotviolett					✿	✿	✿						**L, M**
Lychnis flos cuculi **Kuckucks-Lichtnelke**	40 cm rosa					✿	✿	✿						wintergrün **M**
Lysimachia nummularia **Pfennig-Gilbweiderich**	10 cm goldgelb					✿	✿	✿						wintergrün; Ausläufer **B**
Phyteuma nigum **Schwarze Teufelskralle**	60 cm violett					✿	✿	✿						wintergrün **M**
Valeriana officinalis **Arznei-Baldrian**	90 cm rosaweiß					✿	✿	✿	✿					konkurrenzstark; Ausläufer **L**
Agrimonia procera **Großer Odermennig**	1,8 m gelb						✿	✿	✿					**L**

Wissenschaftlicher Name *Deutscher Name*	*Höhe* *Blütenfarbe*	*J*	*F*	*M*	*A*	*M*	*J*	*J*	*A*	*S*	*O*	*N*	*D*	*Anmerkungen*
Betonica officinalis **Heil-Ziest**	50 cm purpurrosa						✿	✿	✿					Herbstfärbung **M, B**
Dianthus sylvaticus **Busch-Nelke**	40 cm rosa						✿	✿	✿					wintergrün **M**
Digitalis grandiflora **Großblütiger Fingerhut**	1,2 m gelb						✿	✿	✿					**L**
Digitalis purpurea **Roter Fingerhut**	1,2 m purpurrot						✿	✿	✿					wintergrün; zweijährig **S**
Filipendula ulmaria **Echtes Mädesüß**	1 m weiß						✿	✿	✿					konkurrenzstark **L**
Symphytum officinalis **Arznei-Beinwell**	40 cm rotviolett						✿	✿	✿					konkurrenzstark **L, M**
Trifolium medium **Zickzack-Klee**	40 cm dunkelrosa						✿	✿	✿					konkurrenzstark **B**
Veronica maritima **Langblättriger Blauweiderich**	80 cm blau						✿	✿	✿					**L, M**
Knautia maxima **Wald-Witwenblume**	80 cm lila						✿	✿	✿	✿				wintergrün; konkurrenzstark **L, M**
Prunella vulgaris **Gewöhnliche Braunelle**	15 cm blauviolett						✿	✿	✿	✿				wintergrün; Ausläufer **B**
Sanguisorba officinalis **Großer Wiesenknopf**	1 m purpur						✿	✿	✿	✿				**L, M**
Centaurea cyanus **Kornblume**	80 cm blau						✿	✿	✿	✿	✿			wintergrün; einjährig **S**
Campanula trachelium **Nesselblättrige Glockenblume**	80 cm blau							✿	✿					**L, M**
Cicerbita alpina **Alpen-Milchlattich**	1 m blauviolett							✿	✿					**L**
Selinum carvifolia **Kümmel-Silge**	80 cm weiß							✿	✿					**L, M**
Angelica sylvestris **Wald-Engelwurz**	1,5 m weiß							✿	✿	✿				zweijährig **S**
Centaurium erythraea **Echtes Tausendgüldenkraut**	25 cm rosa							✿	✿	✿				wintergrün; meist einjährig **S**
Eupatorium cannabium **Gewöhnlicher Wasserdost**	1,2 m rosa							✿	✿	✿				konkurrenzstark **L**
Succisa pratensis **Gewöhnlicher Teufelsabbiss**	50 cm blauviolett							✿	✿	✿				wintergrün **L, M**
Hieracium umbellatum **Doldiges Habichtskraut**	1 m gelb							✿	✿	✿	✿			**L**
Solidago virgaurea **Echte Goldrute**	1 m gelb							✿	✿	✿	✿			**L, M**

Bedeutung der Abkürzungen (siehe Seiten 128, 129): **L** = Leitstaude / **M** = Begleitstaude / **B** = Bodendecker / **S** = Einsaat

Staudenbeet oder Blumenwiese?

Nährstoffreiche Beete in der Sonne

Wie traurig wirken »Gärten«, die aus Thuja oder Kirschlorbeer, Rasen und Rhododendron bestehen. Deshalb gibt es dann doch irgendwo mindestens ein Blumenbeet, meist an der sonnigen Terrasse. Diese Beete werden dann oft gepflegt wie ein Grab: Es werden je nach Saison die bunten Pflanzen, die überall angeboten werden, gepflanzt: im Frühjahr Primeln oder Hyazinthen, im Sommer Fleißige Lieschen, Portulakröschen, Vanilleblumen oder Salvien, im Herbst Chrysanthemen und Herbstastern. Beete mit Wechselbepflanzung sind sehr pflegeintensiv. Sie müssen regelmäßig gegossen, gedüngt und gejätet werden. Wechselbepflanzungen ähneln damit durchaus Nutzpflanzenbeeten, wo ebenfalls regelmäßig Pflanzen gesetzt und wieder entfernt werden. Deshalb sind sie auch das Reich der unerwünschten, konkurrenzstarken Beikräuter, der sogenannten »Unkräuter«, die genau an die Bewirtschaftung von Äckern und Nutzgärten angepasst sind: Sie profitieren von Nährstoffreichtum und Bodenstörung.

Da hat die naturnahe Umgestaltung sonniger und nährstoffreicher Beete viele Vorteile. Sie werden nur einmal angelegt und danach wird die Entwicklung des Pflanzenbestandes nur noch sanft gelenkt. Allerdings haben normale Gartenbeete meist einen »guten«, nährstoffreichen Boden. Das fördert besonders die konkurrenzstarken Pflanzen und das Wachstum von Gräsern. Konkurrenzschwache Pflanzen, wie sie oft auf mageren Standorten vorkommen, haben dort keine Chance und werden sofort überwachsen. Außerdem fördern Nährstoffe generell das Blattwachstum und weniger die Blütenbildung. Pflanzen magerer Standorte wachsen auf nährstoffreichen Böden auch recht gut, bilden aber oft nur große Blätter, dafür aber weniger Blüten. In der Natur finden wir auf blütenreichen Fettwiesen und in nährstoffreichen Säumen viele attraktive Wildarten, aus denen wir dauerhafte Wildblumenbeete komponieren können.

Wenn viele der Arten, die für sonnige, nährstoffreiche Wildblumenbeete gut passen, typische Wiesenarten sind, warum dann nicht gleich eine Blumenwiese oder eine Saummischung aussäen? Beete nicht zu bepflanzen und stattdessen nur eine Saatgutmischung einzusäen, ist tatsächlich eine gute Möglichkeit, wenn es nicht so teuer werden darf oder die Zeit für die differenzierte Pflege eines Staudenbeetes fehlt. Die Planung des Beetes übernehmen dann der Zufall und der Standort, denn je kleiner die Fläche ist, desto weniger Arten aus der Vielfalt der Mischung werden sich tatsächlich etablieren. Aber das kann auch ein spannendes Experiment sein. Achten Sie unbedingt darauf, dass die Mischung nur echte einheimische und ausdauernde Wildarten enthält. Lassen Sie sich nicht von blumigen Namen dazu

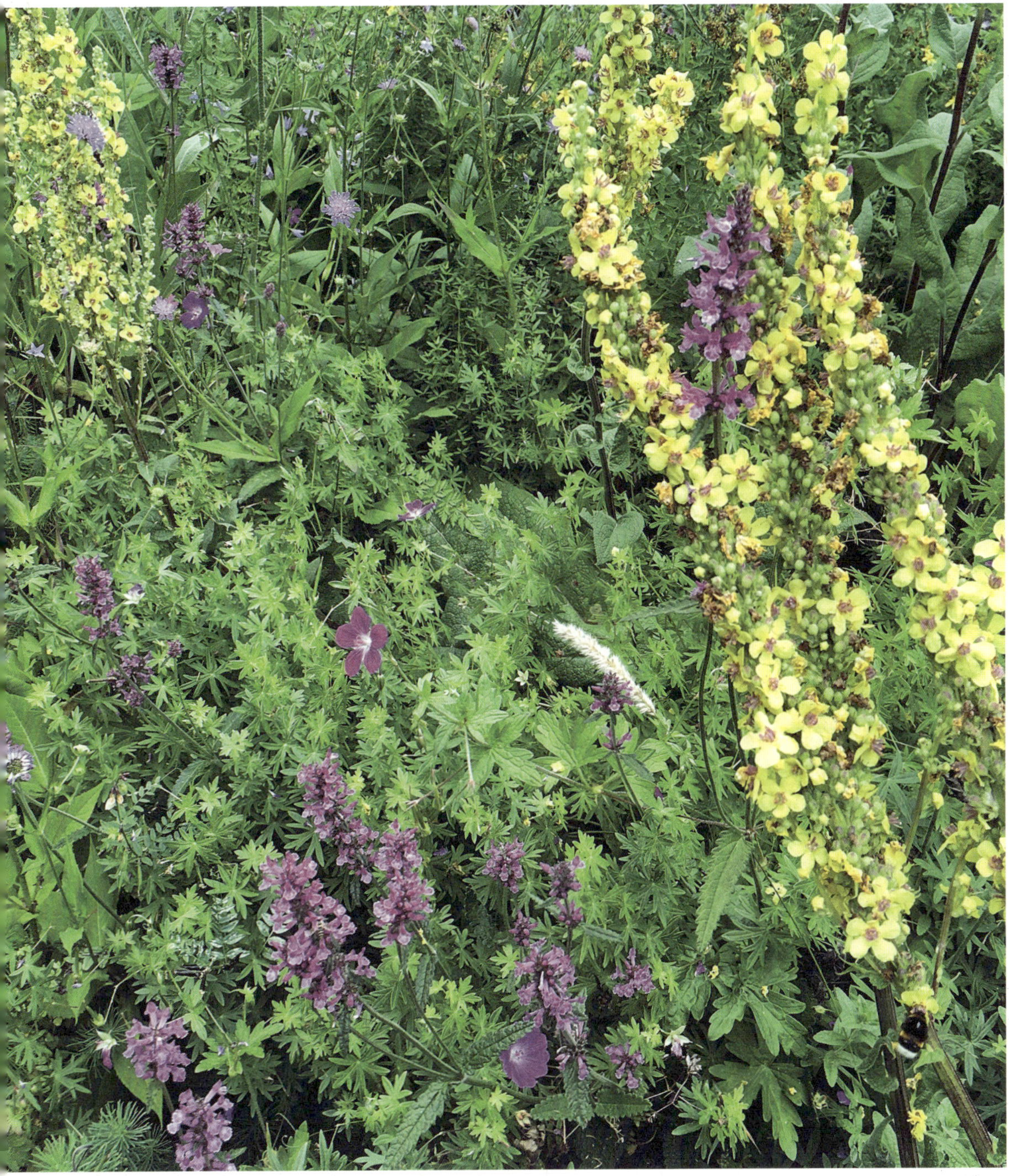

Heil-Ziest und Schwarze Königskerze (rechts)

verführen, eine Mischung aus exotischen Sommerblumen auszusäen, wenn Sie sich eine Blumenwiese wünschen, denn solche Mischungen entsprechen eher den Wechselbepflanzungen: Sie müssen jedes Jahr neu angelegt werden und die ständige Bodenbearbeitung fördert die unerwünschten Beikräuter.

Pflanzen für ein nährstoffreiches Beet in der Sonne auf kalkhaltigem Boden

Wissenschaftlicher Name *Deutscher Name*	*Höhe* *Blütenfarbe*	*J*	*F*	*M*	*A*	*M*	*J*	*J*	*A*	*S*	*O*	*N*	*D*	*Anmerkungen*
Leucojum vernum **Märzenbecher**	20 cm weiß		✿	✿	✿									Frühblüher **B**
Primula elatior **Hohe Schlüsselblume**	25 cm hellgelb			✿	✿	✿								Frühblüher **M, B**
Narcissus poeticus **Dichter-Narzisse**	50 cm weiß-gelb				✿	✿								Frühblüher **M, B**
Cardamine pratensis **Wiesen-Schaumkraut**	30 cm lilarosa				✿	✿	✿							wintergrün **B, S**
Lamium album **Weiße Taubnessel**	30 cm weiß				✿	✿	✿	✿	✿	✿	✿			wintergrün; Ausläufer **B**
Iris sibirica **Sibirische Schwertlilie**	80 cm blau					✿	✿							**L**
Campanula patula **Wiesen-Glockenblume**	50 cm blau					✿	✿	✿						wintergrün; zweijährig **S**
Carum carvi **Wiesen-Kümmel**	50 cm weiß					✿	✿	✿						**M**
Centaurea triumfettii **Filzige Flockenblume**	60 cm blau					✿	✿	✿						**L, M**
Centranthus ruber **Rote Spornblume**	60 cm rosa					✿	✿	✿						**L, M**
Tragopogon dubius **Großer Bocksbart**	70 cm gelb					✿	✿	✿						zweijährig **S**
Salvia pratensis **Wiesen-Salbei**	50 cm blauviolett					✿	✿	✿	✿					**M, B**
Agrostemma githago **Korn-Rade**	1 m rosarot						✿	✿						wintergrün; einjährig **S**
Polemonium caeruleum **Blaue Himmelsleiter**	40 cm himmelblau						✿	✿						**M**
Sambucus ebulus **Zwerg-Holunder**	2 m weiß						✿	✿						konkurrenzstark **L**
Betonica officinalis **Heil-Ziest**	50 cm purpurrosa						✿	✿	✿					konkurrenzstark; Herbstfärbung **M**
Dipsacus fullonum **Wilde Karde**	1,6 m violett						✿	✿	✿					wintergrün; konkurrenzstark; zweijährig **S**
Filipendula ulmaria **Echtes Mädesüß**	1 m weiß						✿	✿	✿					konkurrenzstark **L**
Geranium pratense **Wiesen-Storchschnabel**	70 cm blauviolett						✿	✿	✿					konkurrenzstark; Herbstfärbung **M**
Hieracium aurantium **Orangerotes Habichtskraut**	30 cm orange						✿	✿	✿					wintergrün; konkurrenzstark; Ausläufer **B**

Wissenschaftlicher Name *Deutscher Name*	*Höhe* *Blütenfarbe*	*J*	*F*	*M*	*A*	*M*	*J*	*J*	*A*	*S*	*O*	*N*	*D*	*Anmerkungen*
Veronica maritima **Langblättriger Blauweiderich**	80 cm blau						✿	✿	✿					**L, M**
Campanula persicifolia **Pfirsichblättrige Glockenblume**	80 cm hellblau						✿	✿	✿	✿				wintergrün **M, S**
Campanula rapunculoides **Acker-Glockenblume**	60 cm blau						✿	✿	✿	✿				wintergrün; konkurrenzstark; Ausläufer **M**
Centaurea scabiosa **Skabiosen-Flockenblume**	1 m violett						✿	✿	✿	✿				**L, M**
Leonurus cardiaca **Echtes Herzgespann**	70 cm hellrosa						✿	✿	✿	✿				**L, M**
Pastinaca sativa **Pastinak**	1,2 m gelb						✿	✿	✿	✿				zweijährig **S**
Reseda luteola **Färber-Wau**	1,2 m gelb						✿	✿	✿	✿				wintergrün; zweijährig **S**
Silene armeria **Nelken-Leimkraut**	60 cm rosarot						✿	✿	✿	✿				wintergrün; einjährig **S**
Verbascum nigrum **Schwarze Königskerze**	1 m gelb						✿	✿	✿	✿				**L, M**
Calendula arvensis **Acker-Ringelblume**	20 cm orange						✿	✿	✿	✿	✿			wintergrün; einjährig **S**
Centaurea cyanus **Kornblume**	80 cm blau						✿	✿	✿	✿	✿			wintergrün; einjährig **S**
Leucanthemum ircutianum **Wiesen-Margerite**	60 cm weiß						✿	✿	✿	✿	✿			wintergrün **M, B**
Malva alcea **Rosen-Malve**	80 cm rosenrot						✿	✿	✿	✿	✿			**L**
Centaurea jacea **Wiesen-Flockenblume**	50 cm hellviolett						✿	✿	✿	✿	✿	✿		**L, M**
Cirsium tuberosum **Knollige Kratzdistel**	1 m purpur							✿	✿					**L**
Cephalaria alpina **Alpenkopfblume**	1,4 m gelb							✿	✿					konkurrenzstark **L**
Gentiana asclepiadea **Schwalbenwurz-Enzian**	60 cm blau							✿	✿	✿				**L, M**
Succisa pratensis **Gewöhnlicher Teufelsabbiss**	50 cm blauviolett							✿	✿	✿				wintergrün **L, M**
Verbascum densiflorum **Großblütige Königskerze**	1,3 m gelb							✿	✿	✿				wintergrün; zweijährig **S**
Verbascum thapsus **Kleinblütige Königskerze**	1,5 m gelb							✿	✿	✿				wintergrün; konkurrenzstark **S**
Cichorium intybus **Gewöhnliche Wegwarte**	80 cm blau							✿	✿	✿	✿			**L, M, S**

Bedeutung der Abkürzungen (siehe Seiten 128, 129): **L** = Leitstaude / **M** = Begleitstaude / **B** = Bodendecker / **S** = Einsaat

Pflanzen für ein nährstoffreiches Beet in der Sonne auf kalkfreiem Boden

Wissenschaftlicher Name *Deutscher Name*	*Höhe* *Blütenfarbe*	*J*	*F*	*M*	*A*	*M*	*J*	*J*	*A*	*S*	*O*	*N*	*D*	*Anmerkungen*
Narcissus pseudonarcissus **Gelbe Narzisse**	20 cm gelb			✿	✿									Frühblüher **M, B**
Primula elatior **Hohe Schlüsselblume**	25 cm hellgelb			✿	✿	✿								Frühblüher **M, B**
Muscari botryoides **Kleine Traubenhyazinthe**	15 cm blau				✿	✿								Frühblüher **B**
Narcissus poeticus **Dichter-Narzisse**	50 cm weiß-gelb				✿	✿								Frühblüher **M, B**
Cardamine pratensis **Wiesen-Schaumkraut**	30 cm lilarosa				✿	✿	✿							wintergrün **B, S**
Viola tricolor **Wildes Stiefmütterchen**	30 cm gelb-violett				✿	✿	✿	✿	✿	✿				wintergrün **B, S**
Iris sibirica **Sibirische Schwertlilie**	80 cm blau					✿	✿							konkurrenzstark **L**
Meum athamanticum **Bärwurz**	50 cm weißrosa					✿	✿							**L, M**
Aquilegia vulgaris **Gewöhnliche Akelei**	80 cm blauviolett					✿	✿	✿						**L, M, S**
Carum carvi **Wiesen-Kümmel**	50 cm weiß					✿	✿	✿						**M**
Thalictrum aquilegifolia **Akeleiblättrige Wiesenraute**	1 m rosa					✿	✿	✿						konkurrenzstark **L**
Tragopogon pratensis **Wiesen-Bocksbart**	70 cm gelb					✿	✿	✿						zweijährig **S**
Silene vulgaris **Gewöhnliches Leimkraut**	30 cm weiß					✿	✿	✿	✿	✿				wintergrün; konkurrenzstark **B**
Anthemis arvensis **Acker-Hundskamille**	50 cm weiß-gelb					✿	✿	✿	✿	✿	✿			wintergrün; einjährig **S**
Agrostemma githago **Korn-Rade**	1 m rosarot						✿	✿						wintergrün; einjährig **S**
Betonica officinalis **Heil-Ziest**	50 cm purpurrosa						✿	✿	✿					konkurrenzstark; Herbstfärbung **M**
Campanula rapunculus **Rapunzel-Glockenblume**	50 cm hellblaulila						✿	✿	✿					zweijährig **S**
Filipendula ulmaria **Echtes Mädesüß**	1 m weiß						✿	✿	✿					konkurrenzstark **L**
Geranium sylvaticum **Wald-Storchschnabel**	60 cm rotviolett						✿	✿	✿					**L, M**

Wissenschaftlicher Name *Deutscher Name*	*Höhe* *Blütenfarbe*	*J*	*F*	*M*	*A*	*M*	*J*	*J*	*A*	*S*	*O*	*N*	*D*	*Anmerkungen*
Campanula glomerata **Knäuel-Glockenblume**	60 cm blauviolett						✿	✿	✿	✿				wintergrün **M**
Pimpinella major **Große Pimpinelle**	1 m weiß						✿	✿	✿	✿				**L, M**
Sanguisorba officinalis **Großer Wiesenknopf**	1 m purpur						✿	✿	✿	✿				**L, M**
Silene armeria **Nelken-Leimkraut**	60 cm rosarot						✿	✿	✿	✿				wintergrün; einjährig **S**
Verbascum nigrum **Schwarze Königskerze**	1 m gelb						✿	✿	✿	✿				**L, M**
Centaurea cyanus **Kornblume**	80 cm blau						✿	✿	✿	✿	✿			wintergrün; einjährig **S**
Leucanthemum ircutianum **Wiesen-Margerite**	60 cm weiß						✿	✿	✿	✿	✿			wintergrün **M, B**
Malva sylvestris **Wilde Malve**	1 m rosaviolett						✿	✿	✿	✿	✿			wintergrün; konkurrenzstark; zweijährig **M**
Centaurea jacea **Wiesen-Flockenblume**	50 cm hellviolett						✿	✿	✿	✿	✿	✿		**L, M**
Knautia arvensis **Wiesen-Witwenblume**	50 cm lila						✿	✿	✿					**M**
Veronica maritima **Langblättriger Blauweiderich**	80 cm blau						✿	✿	✿					**L, M**
Centaurea pseudophrygia **Perücken-Flockenblume**	80 cm rotviolett-braun						✿	✿						**L, M**
Lavathera thuringiaca **Thüringer Strauchpappel**	1,5 m rosa							✿	✿					**L**
Peudedanum oreoselinum **Berg-Haarstrang**	1 m weiß							✿	✿					**L**
Centaurea nigra **Schwarze Flockenblume**	50 cm purpur							✿	✿	✿				**M**
Gentiana asclepiadea **Schwalbenwurz-Enzian**	60 cm blau							✿	✿	✿				**L, M**
Succisa pratensis **Gewöhnlicher Teufelsabbiss**	50 cm blauviolett							✿	✿	✿				wintergrün **L, M**
Verbascum thapsus **Kleinblütige Königskerze**	1,5 m gelb							✿	✿	✿				wintergrün; konkurrenzstark; zweijährig **S**
Glebionis segetum **Saat-Wucherblume**	50 cm gelb							✿	✿	✿	✿			einjährig **S**

Bedeutung der Abkürzungen (siehe Seiten 128, 129): **L** = Leitstaude / **M** = Begleitstaude / **B** = Bodendecker / **S** = Einsaat

Versteinerte Gärten zum Leben erwecken

Nährstoffarme Beete in der Sonne

Einer der schönsten Standorte im naturnahen Garten ist das Gegenbild zu den »Gärten des Grauens«, den Steinschüttungen auf Plastikfolie: Es ist das nährstoffarme Beet in der Sonne. Weil etliche besonders schöne Wildpflanzen magere, sonnige Standorte brauchen, können wir solche »versteinerten Gärten« mit einigen geschickten Veränderungen in ihr Gegenteil verwandeln, in einen Ort mit überbordender Fülle an lebendiger Natur.

Am besten entfernen wir den Schotter und das darunterliegende Bändchengewebe oder die Folie und lockern den verdichteten Boden darunter auf. Wem das zu viel Arbeit ist, der kann sich auch darauf beschränken, die Plastiklage an möglichst vielen Stellen mit einem kräftigen Spaten zu durchlöchern. Dann wird über das grobe Steinmaterial Schotter oder Kies mit Feinanteilen gefüllt, der den Pflanzenwurzeln Halt geben kann. Am besten gestalten wir durch Aufhügelungen und Biotopelemente wie Lebensraumholz, Findlinge, Steinhaufen oder Vogeltränken eine interessante kleine Landschaft. Das bringt noch mehr Leben auf die Fläche. Nun kann ein Magerstandort angelegt werden. Warum sind solche Magerstandorte – im Gegensatz zu den Steinschüttungen – eine Möglichkeit, die biologische Vielfalt zu fördern, obwohl sie sich direkt nach der Anlage, wenn die Pflänzchen noch klein sind und der Samen noch nicht aufgegangen ist, durchaus ähnlich sehen?

Die biologische Vielfalt geht dramatisch zurück, und zwar nicht so sehr im Wald, sondern in den offenen Landschaften, dort, wo Landwirtschaft betrieben wird. Auch wenn im Wald manche Insektenarten, zum Beispiel Schmetterlinge, schwinden, sind die meisten Waldarten in den letzten Jahren auf demselben Niveau geblieben. Einige bemerkenswerte »Flaggschiffarten« wie die Wildkatze, der Luchs oder der Schwarzstorch konnten sich dank spezieller Artenschutzmaßnahmen sogar vermehren. Im Bereich der landwirtschaftlichen Flächen befindet sich die Biodiversität jedoch im freien Fall. Früher häufige Vogelarten wie Haus- und Feldsperlinge, Mehl- und Rauchschwalben oder Feldlerchen haben in den letzten dreißig Jahren um fünfzig bis achtzig Prozent im Bestand abgenommen. Verglichen mit den Beständen vor einhundert Jahren muss man wahrscheinlich von Bestandsrückgängen von weit über neunzig Prozent sprechen.

Der Grund wird in der Fachwelt als »Landnutzungswandel« bezeichnet. Aber was heißt das genau? Asphaltierte Feldwege, Entfernung von Feldgehölzen, Hecken und Kleingewässern, Viehhaltung ausschließlich in Ställen, prophylaktische Behandlung der Nutztiere mit Antibiotika und Entwurmungsmitteln, unkrautfreie Äcker durch Herbizide, Verdrängen der blühenden Kräuter aus den Wiesen durch Umbruch

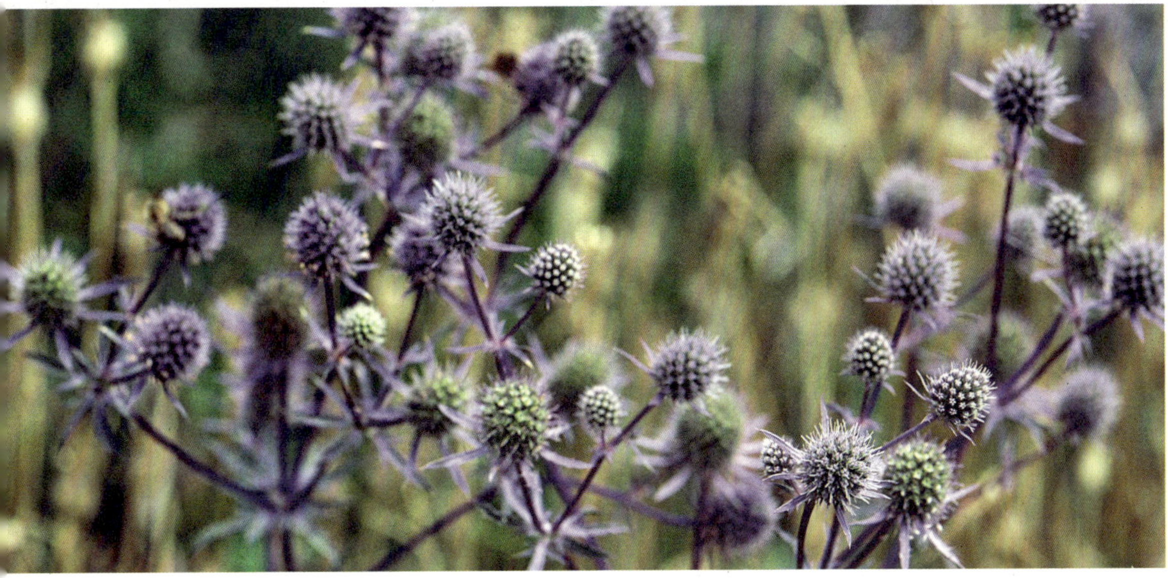

Der Flachblättrige Mannstreu gedeiht am besten auf sandigen Böden.

und Neueinsaat oder durch Düngung, direktes Töten von Tieren durch immer effizientere Erntemethoden, zum Beispiel Wiesenmahd mit Lohnunternehmern, die mit 25 Stundenkilometern über die Wiesen fahren und das Mahdgut gleich für die Silageballen »konditionieren«, also pressen. Der »stumme Frühling« ist in vielen Landschaften Wirklichkeit geworden.

Insgesamt ist durch den Landnutzungswandel die Vielfalt unserer Landschaften und Böden vereinheitlicht worden. Überall gibt es große freie Flächen mit einem einheitlichen »guten Boden«. Kalkfreie Böden werden aufgekalkt, nasse Böden entwässert, magere Böden gedüngt, trockene Böden bewässert. »Schlechte« Böden, also Böden, die schlecht sind für die rationelle Produktion, die noch dazu oft nur noch wenig mit Lebensmittelproduktion zu tun hat, gibt es außerhalb von Naturschutzgebieten kaum noch, und dort entwickeln sich viele der früher häufigen Heiden, Hutungen, Magerweiden und Magerwiesen aufgrund mangelnder Pflege zu Waldstandorten. Dabei ist die biologische Vielfalt der offenen und halboffenen Landschaften viel höher als die der Wälder. Auf mageren, trockenen, besonnten Standorten gibt es viele verschiedene und besonders schöne Wildpflanzen. Wenn wir diese nun in unsere Gärten bringen, ist das mit Sicherheit kein Ersatz für das, was uns durch den Landnutzungswandel verloren gegangen ist, aber der einen oder anderen Art können wir dadurch doch einen Lebensraum bieten. Und wir können uns selber an vielen schönen Pflanzen und interessanten Tieren freuen.

Auch auf mageren Standorten gibt es eher konkurrenzstarke Pflanzen, wie den Wilden Majoran *(Origanum vulgare)*, und solche Arten, die eher konkurrenzschwach sind, wie die Rundblättrige Glockenblume *(Campanula rotundifolia)* oder die Taubenskabiose *(Scabiosa columbaria)*. Am besten kombinieren wir nur solche, die ungefähr dieselbe Konkurrenzstärke haben, sonst müssen wir immer gegen die ausbreitungsstarken Pflanzen anjäten, damit die zarten Arten nicht überwuchert werden.

Pflanzen für ein mageres Beet in der Sonne auf kalkhaltigem Boden und für die Dachbegrünung (D)

Wissenschaftlicher Name *Deutscher Name*	*Höhe* *Blütenfarbe*	*J*	*F*	*M*	*A*	*M*	*J*	*J*	*A*	*S*	*O*	*N*	*D*	*Anmerkungen*
Alyssum montanum **Berg-Steinkraut**	30 cm gelb			✿	✿	✿								wintergrün **M, B, D**
Muscari neglectum **Weinbergs-Traubenhyazinthe**	20 cm blau-weiß				✿	✿								wintergrün; Frühblüher **B, D**
Pulsatilla vulgaris **Gewöhnliche Küchenschelle**	20 cm violett				✿	✿								**M, D**
Tulipa sylvestris **Wilde Tulpe**	40 cm gelb				✿	✿								Frühblüher **B**
Ajuga genevensis **Heide-Günsel**	30 cm blau				✿	✿	✿							**B, D**
Anemone sylvestris **Großes Windröschen**	30 cm weiß				✿	✿	✿							**M, B**
Potentilla verna **Frühlings-Fingerkraut**	10 cm gelb				✿	✿	✿							wintergrün **B, D**
Primula veris **Echte Schlüsselblume**	20 cm dunkelgelb				✿	✿	✿							**M, B, S, D**
Saponaria ocymoides **Rotes Seifenkraut**	20 cm rosa				✿	✿	✿	✿	✿	✿	✿			wintergrün **B, D**
Dianthus gratianopolitanus **Pfingst-Nelke**	20 cm rosa					✿	✿							wintergrün **M, D**
Globularia bisnagarica **Gewöhnliche Kugelblume**	30 cm blauviolett					✿	✿							wintergrün **M, B, D**
Iris germanica **Deutsche Schwertlilie**	80 cm hellviolett-dunkelviolett					✿	✿							**L, M**
Lactuca perennis **Ausdauernder Lattich**	50 cm blau					✿	✿							**L, M**
Hippocrepis comosa **Hufeisenklee**	20 cm gelb					✿	✿	✿						wintergrün; konkurrenzstark; Ausläufer **B, D**
Veronica teucrium **Großer Ehrenpreis**	30 cm blau					✿	✿	✿						**M, B, D**
Galium glaucum **Blaugrünes Labkraut**	80 cm weiß					✿	✿	✿						wintergrün **M**
Helianthemum apeninnum **Apeninnen-Sonnenröschen**	25 cm gelb					✿	✿	✿						wintergrün **B, D**
Thymus praecox **Frühblühender Thymian**	10 cm rosa					✿	✿	✿						wintergrün **B, S, D**

Wissenschaftlicher Name *Deutscher Name*	*Höhe* *Blütenfarbe*	*J*	*F*	*M*	*A*	*M*	*J*	*J*	*A*	*S*	*O*	*N*	*D*	*Anmerkungen*
Tragopogon dubius **Großer Bocksbart**	70 cm gelb					✿	✿	✿						zweijährig **S**
Anchusa officinalis **Gewöhnliche Ochsenzunge**	60 cm purpurviolett					✿	✿	✿	✿					**S**
Consolida regalis **Acker-Rittersporn**	50 cm blau					✿	✿	✿	✿					wintergrün; einjährig **S, D**
Salvia pratensis **Wiesen-Salbei**	50 cm blauviolett					✿	✿	✿	✿					**M, B, D**
Silene nutans **Nickendes Leimkraut**	60 cm weiß					✿	✿	✿	✿					**M, B, D**
Reseda lutea **Gelbe Resede**	50 cm gelb					✿	✿	✿	✿	✿				wintergrün; zweijährig **L, M, D**
Silene vulgaris **Gewöhnliches Leimkraut**	30 cm weiß					✿	✿	✿	✿	✿				wintergrün; **M, B, S** konkurrenzstark **D**
Linum flavum **Gelber Lein**	60 cm gelb						✿	✿						**L, M, D**
Allium sphaerocephalon **Kugelköpfiger Lauch**	60 cm purpur						✿	✿						wintergrün; Geophyt **M, D**
Bupleurum rotundifolium **Rundblättriges Hasenohr**	1 m gelb						✿	✿						einjährig **S**
Erysimum odoratum **Wohlriechender Schöterich**	90 cm gelb						✿	✿						wintergrün; zweijährig **S**
Koeleria pyramidata **Großes Schillergras**	1 m gelblich						✿	✿						**M, D**
Salvia nemorosa **Steppen-Salbei**	50 cm violett						✿	✿						**M, S, D**
Campanula rapunculus **Rapunzel-Glockenblume**	50 cm hellblaulila						✿	✿	✿					zweijährig **S, D**
Euphorbia seguieriana **Steppen-Wolfsmilch**	30 cm gelb						✿	✿	✿					**L, M, D**
Geranium sanguineum **Blut-Storchschnabel**	30 cm rotpurpur						✿	✿	✿					konkurrenzstark; Herbstfärbung **M, B, D**
Laserpitium siler **Berg-Laserkraut**	1,5 m weiß						✿	✿	✿					**L**
Legousia speculum veneris **Echter Frauenspiegel**	20 cm blauviolett						✿	✿	✿					einjährig **S, D**
Linum perenne **Ausdauernder Lein**	60 cm blau						✿	✿	✿					**M, D**
Marrubium vulgare **Gewöhnlicher Andorn**	50 cm weißlich						✿	✿	✿					**L, M, D**

Bedeutung der Abkürzungen (siehe Seiten 128, 129): **L** = Leitstaude / **M** = Begleitstaude / **B** = Bodendecker / **S** = Einsaat
D = auch geeignet für die Dachbegrünung

Wissenschaftlicher Name Deutscher Name	Höhe Blütenfarbe	J	F	M	A	M	J	J	A	S	O	N	D	Anmerkungen
Orlaya grandiflora **Strahlen-Breitsame**	50 cm weiß						✿	✿	✿					wintergrün; einjährig **S, D**
Prunella grandiflora **Großblütige Braunelle**	20 cm violett						✿	✿	✿					**B, S, D**
Sedum acre **Scharfer Mauerpfeffer**	8 cm gelb						✿	✿	✿					wintergrün; Ausläufer **B, D**
Sedum rupestre **Felsen-Fetthenne**	15 cm gelb						✿	✿	✿					wintergrün; Ausläufer **B**
Silene gallica **Französiches Leimkraut**	20 cm rötlich weiß						✿	✿	✿					wintergrün; einjährig **S**
Stachys germanica **Deutscher Ziest**	1,4 m hellkarmin						✿	✿	✿					**L, M**
Tanacetum corymbosum **Gewöhnliche Straußmargerite**	80 cm weiß						✿	✿	✿					wintergrün **L, M, S, D**
Veronica spicata **Aufrechter Ehrenpreis**	30 cm blau						✿	✿	✿					wintergrün **M, B, D**
Asperula cynanchica **Hügel-Meier**	15 cm hellrosa						✿	✿	✿	✿				**B, D**
Dianthus carthusianorum **Kartäuser-Nelke**	50 cm purpurrot						✿	✿	✿	✿				**M, S, D**
Galium verum **Echtes Labkraut**	50 cm gelb						✿	✿	✿	✿				**M, B, S, D**
Helianthemum nummularium **Gewöhnliches Sonnenröschen**	20 cm gelb						✿	✿	✿	✿				wintergrün **B, D**
Melampyrum arvense **Acker-Wachtelweizen**	60 cm gelb-rot						✿	✿	✿	✿				einjährig **S**
Petrorhagia saxifraga **Felsennelke**	20 cm rosaweiß						✿	✿	✿	✿				wintergrün **B, S, D**
Reseda luteola **Färber-Wau**	1,2 m gelb						✿	✿	✿	✿				wintergrün; zweijährig **S**
Sedum album **Weiße Fetthenne**	5 cm weiß						✿	✿	✿	✿				wintergrün; Ausläufer **B, D**
Silene armeria **Nelken-Leimkraut**	60 cm rosarot						✿	✿	✿	✿				einjährig **S, D**
Achillea nobilis **Edle Schafgarbe**	50 cm cremeweiß						✿	✿	✿	✿	✿			**M, D**
Centaurea jacea ssp. pannonica **Ungarische Wiesen-Flockenblume**	50 cm violett						✿	✿	✿	✿	✿			**L, M**

Wissenschaftlicher Name ***Deutscher Name***	*Höhe* *Blütenfarbe*	*J*	*F*	*M*	*A*	*M*	*J*	*J*	*A*	*S*	*O*	*N*	*D*	*Anmerkungen*
Inula germanica **Deutscher Alant**	60 cm gelb							✿	✿					**L, M, D**
Teucrium chamaedris **Edel-Gamander**	25 cm rosa							✿	✿					wintergrün **M, B, D**
Aster amellus **Berg-Aster**	40 cm blauviolett							✿	✿	✿				**L, M**
Calamintha nepeta **Kleinblütige Bergminze**	50 cm hellblau							✿	✿	✿				**M, B, S, D**
Eryngium campestre **Feld-Mannstreu**	50 cm grünlich							✿	✿	✿				**L, M**
Falcaria vulgaris **Gewöhnliche Sichelmöhre**	80 cm weiß							✿	✿	✿				einjährig **S, D**
Peucedanum cervaria **Hirsch-Haarstrang**	1,2 m weiß							✿	✿	✿				**L**
Peucedanum officinale **Echter Haarstrang**	1 m gelb							✿	✿	✿				**L**
Sedum telephium **Purpur-Fetthenne**	40 cm purpurrot							✿	✿	✿				**L, M, D**
Seseli annuum **Steppen-Sesel**	50 cm weißrötlich							✿	✿	✿				**S, D**
Teucrium botrys **Trauben-Gamander**	30 cm rosa							✿	✿	✿				zweijährig **S, D**
Teucrium montanum **Berg-Gamander**	20 cm blassgelb							✿	✿	✿				wintergrün **B, D**
Verbascum densiflorum **Großblütige Königskerze**	1,3 m gelb							✿	✿	✿				wintergrün; zweijährig **S**
Scabiosa ochroleuca **Gelbe Skabiose**	40 cm gelb							✿	✿	✿	✿			wintergrün **M, D**
Scabiosa columbaria **Tauben-Skabiose**	40 cm blaulila							✿	✿	✿	✿	✿		wintergrün **M, D**
Galatella linosyris **Gold-Aster**	60 cm gelb								✿	✿				**M, D**

Bedeutung der Abkürzungen (siehe Seiten 128, 129): **L** = Leitstaude / **M** = Begleitstaude / **B** = Bodendecker / **S** = Einsaat
D = auch geeignet für die Dachbegrünung

Pflanzen für ein mageres Beet in der Sonne auf kalkfreiem Boden

Wissenschaftlicher Name *Deutscher Name*	*Höhe* *Blütenfarbe*	*J*	*F*	*M*	*A*	*M*	*J*	*J*	*A*	*S*	*O*	*N*	*D*	*Anmerkungen*
Euphorbia cyparissias **Zypressen-Wolfsmilch**	30 cm gelbgrün				✿	✿								konkurrenzstark; Ausläufer **B**
Iris aphylla **Nacktstänglige Schwertlilie**	40 cm violett				✿	✿								**L, M**
Muscari botryoides **Kleine Traubenhyazinthe**	15 cm blau				✿	✿								Frühblüher **B**
Cerastium arvense **Acker-Hornkraut**	15 cm weiß				✿	✿	✿	✿						wintergrün **B**
Viola tricolor **Wildes Stiefmütterchen**	30 cm gelb-violett				✿	✿	✿	✿	✿	✿				wintergrün; einjährig **S**
Antennaria dioica **Gewöhnliches Katzenpfötchen**	20 cm weißrosa					✿	✿							wintergrün; Ausläufer **B**
Genista sagittalis **Flügel-Ginster**	30 cm gelb					✿	✿							wintergrün; Ausläufer **M, B**
Saxifraga granulata **Körnchen-Steinbrech**	40 cm weiß					✿	✿							**B, S**
Viola canina **Hunds-Veilchen**	15 cm blauviolett					✿	✿							wintergrün **B**
Echium vulgare **Gewöhnlicher Natternkopf**	70 cm blau					✿	✿	✿						wintergrün; konkurrenzstark; zweijährig **S**
Lychnis viscaria **Pechnelke**	30 cm dunkelrosa					✿	✿	✿						**L, M, S**
Potentilla rupestris **Felsen-Fingerkraut**	50 cm weiß					✿	✿	✿						Ausläufer **M, B**
Verbascum phoeniceum **Violette Königskerze**	60 cm violett					✿	✿	✿						**L, M**
Polygala vulgaris **Gewöhnliches Kreuzblümchen**	10 cm blau					✿	✿	✿	✿					wintergrün **B**
Anthemis arvensis **Acker-Hundskamille**	50 cm weiß-gelb					✿	✿	✿	✿	✿	✿			wintergrün; einjährig **S**
Hieracium pilosella **Kleines Habichtskraut**	25 cm gelb					✿	✿	✿	✿	✿	✿			wintergrün; konkurrenzstark; Ausläufer **B**
Agrostemma githago **Korn-Rade**	1 m rosarot						✿	✿						wintergrün; einjährig **S**
Potentilla recta **Aufrechtes Fingerkraut**	70 cm hellgelb						✿	✿						**M**
Betonica officinalis **Heil-Ziest**	50 cm purpurrosa						✿	✿	✿					konkurrenzstark; Herbstfärbung **M**

Wissenschaftlicher Name *Deutscher Name*	*Höhe* *Blütenfarbe*	*J*	*F*	*M*	*A*	*M*	*J*	*J*	*A*	*S*	*O*	*N*	*D*	*Anmerkungen*
Dianthus armeria **Raue Nelke**	40 cm purpur						✿	✿	✿					wintergrün **M**
Knautia arvensis **Wiesen-Witwenblume**	50 cm lila						✿	✿	✿					**M**
Potentilla argentea **Silber-Fingerkraut**	20 cm gelb						✿	✿	✿					wintergrün **B**
Sedum acre **Scharfer Mauerpfeffer**	8 cm gelb						✿	✿	✿					wintergrün; Ausläufer **B**
Thymus serpyllum **Sand-Thymian**	10 cm rosapurpur						✿	✿	✿					wintergrün **B**
Verbascum blattaria **Schaben-Königskerze**	1 m gelb						✿	✿	✿					zweijährig **S**
Veronica officinalis **Wald-Ehrenpreis**	20 cm helllila						✿	✿	✿					wintergrün; Ausläufer **B**
Acinos arvensis **Feld-Steinquendel**	30 cm helllila						✿	✿	✿	✿				wintergrün **B**
Dianthus deltoides **Heide-Nelke**	15 cm hellpurpur						✿	✿	✿	✿				wintergrün; konkurrenzstark **B, S**
Potentilla aurea **Gold-Fingerkraut**	10 cm gelb(gold)						✿	✿	✿	✿				wintergrün **B**
Salvia verticillata **Quirl-Salbei**	60 cm violett						✿	✿	✿	✿				**L, M**
Sedum album **Weiße Fetthenne**	5 cm weiß						✿	✿	✿	✿				wintergrün; Ausläufer **B**
Silene armeria **Nelken-Leimkraut**	60 cm rosarot						✿	✿	✿	✿				wintergrün; einjährig **S**
Trifolium arvense **Hasen-Klee**	20 cm weißlich rosa						✿	✿	✿	✿				wintergrün; konkurrenzstark; einjährig **S**
Campanula rotundifolia **Rundblättrige Glockenblume**	25 cm blau						✿	✿	✿	✿	✿			wintergrün **M, B, S**
Centaurea cyanus **Kornblume**	80 cm blau						✿	✿	✿	✿	✿			einjährig **S**
Erodium circutarium **Gewöhnlicher Reiherschnabel**	40 cm rosa						✿	✿	✿	✿	✿			wintergrün; einjährig **S**
Thymus pulegioides **Arznei-Thymian**	30 cm hellrosarot						✿	✿	✿	✿	✿			wintergrün **B**
Jasione montana **Berg-Sandglöckchen**	50 cm blau						✿	✿	✿					wintergrün; zweijährig **S**
Sedum rupestre **Felsen-Fetthenne**	15 cm gelb						✿	✿	✿					wintergrün; Ausläufer **B**

Bedeutung der Abkürzungen (siehe Seiten 128, 129): **L** = Leitstaude / **M** = Begleitstaude / **B** = Bodendecker / **S** = Einsaat

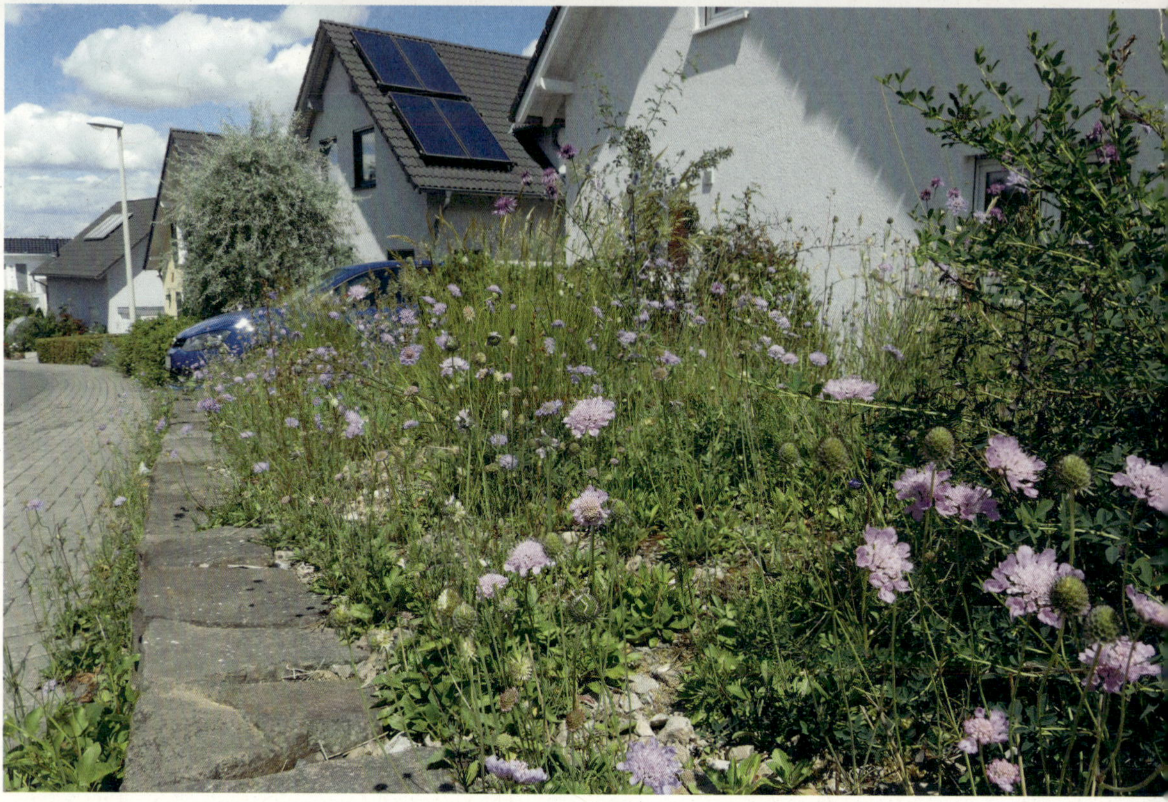

Wissenschaftlicher Name *Deutscher Name*	*Höhe* *Blütenfarbe*	*J*	*F*	*M*	*A*	*M*	*J*	*J*	*A*	*S*	*O*	*N*	*D*	*Anmerkungen*
Veronica spicata **Ähriger Ehrenpreis**	30 cm blau						✿	✿	✿					wintergrün **L, M, B**
Allium lusitanicum **Berg-Lauch**	25 cm rosa							✿	✿					**M**
Helichrysum arenarium **Sand-Strohblume**	40 cm gelb							✿	✿					**B**
Hypericum perforatum **Tüpfel-Johanniskraut**	60 cm gelb							✿	✿					konkurrenzstark **M**
Carlina acaulis **Silberdistel**	15 cm silberweiß							✿	✿	✿				**M**
Carlina vulgaris **Gewöhnliche Golddistel**	30 cm strohgelb							✿	✿	✿				wintergrün **L, M**
Centaurium erythrea **Echtes Tausendgüldenkraut**	25 cm rosa							✿	✿	✿				wintergrün; einjährig **S**
Pimpinella saxifraga **Kleine Bibernelle**	50 cm weißrosa							✿	✿	✿				**M**
Sedum maximum **Große Fetthenne**	40 cm hellgelb							✿	✿	✿				**L, M**
Sempervivum arachnoideum **Spinnweben-Hauswurz**	10 cm rosa							✿	✿	✿				wintergrün **M**
Sempervivum tectorum **Dach-Hauswurz**	30 cm rosa							✿	✿	✿				wintergrün **M**

Bedeutung der Abkürzungen (siehe Seiten 128, 129): **L** = Leitstaude / **M** = Begleitstaude / **B** = Bodendecker / **S** = Einsaat

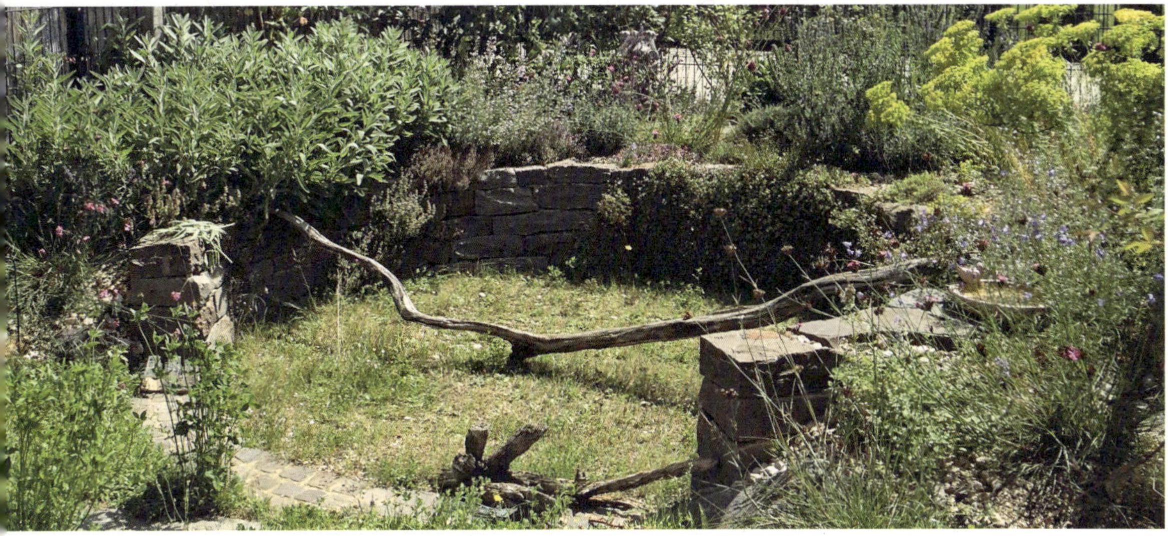

Steinhaufen, besonntes Totholz, Offenbodenflächen

Biotopelemente an sonnigen Standorten

Wie in den schattigen Beeten mit Waldcharakter, so können auch Magerstandorte zugleich ökologisch und gestalterisch schön durch Lebensraumholz, Findlinge, hohlraumreiche Trockenmauern und Steinhaufen, aber auch durch Insekten- und Vogeltränken aufgewertet werden. Hochwertige Gestaltung und Lebensraum gehen dann Hand in Hand. Die wenig bewirtschafteten steinreichen Landschaften in den Bergen, aber auch in unregulierten Flusstälern sind schließlich gerade deshalb unbewaldet, weil Bäume dort oft kaum existieren können. Deshalb gibt es dort auch viele »Baumleichen«, also Lebensraumholz, das liegen bleiben darf. Und gerade besonntes Lebensraumholz wird von besonders vielen Insekten besiedelt, denn gut besonnt, wird das Holz schön warm, die Sonne hilft beim Ausbrüten der Nachkommen. Holzstücke mit Bohrlöchern von holzbewohnenden Insektenlarven sind die natürlichen Vorbilder der Wildbienennisthilfen, die deshalb auch wie am natürlichen Standort gut besonnt sein sollten. Die meisten Wildbienenarten, zum Beispiel die Sandbienen *(Andrena),* andere Insekten wie der Ameisenlöwe, aber auch viele Spinnen brauchen offenen, kaum oder gar nicht bewachsenen Boden für ihre Nistplätze. Wenn wir also Teilflächen der Trockenstandorte nur mit lehmigem Sand auffüllen und von Bewuchs freihalten, können wir uns auf interessante Beobachtungen freuen. Die Insekten stört es übrigens nicht, wenn dieser Bereich eine ästhetisch ansprechende Form hat, zum Beispiel wie ein japanischer Zen-Garten mit einzelnen Findlingen angelegt ist. Nur harken sollten Sie die Sandfläche dann nicht.

Auch besonnte Steinhaufen und Trockenmauern schaffen schöne Formen und bieten noch mehr Lebensräume. Und Vogeltränken in der offenen Situation eines besonnten Magerstandortes werden besonders gerne genutzt, denn dort können die Gäste gut nach Beutegreifern Ausschau halten.

Schmalwüchsige Gehölze und Blumenhecken

Raumgrenzen pflegeleicht bepflanzen

Um Räume im Garten abzugrenzen, brauchen wir vertikale Strukturen, irgendetwas, das wie eine Wand wirkt oder zumindest eine Wand, eine Raumgrenze andeutet. Auf kleinen Flächen sollten diese Gartenwände nicht zu viel Gartenfläche verbrauchen, also möglichst schmal sein. Das können entweder grüne Zäune (siehe ab Seite 78) oder Sichtschutzelemente (siehe Seite 82) sein.

Wir können Raumgrenzen aber auch pflanzen oder säen. Klassischerweise wird eine Schnitthecke gepflanzt. Wenn wir dafür eine einheimische Pflanzenart wählen, zum Beispiel Rot-Buche oder Hainbuche, Feld-Ahorn, Weißdorn, Kornelkirsche oder den Gewöhnlichen Liguster, dann wird diese Hecke zahlreiche Insekten ernähren. Das dichte Geäst zieht auch viele Vögel an, und einige Arten werden in der Hecke ihre Nester anlegen. Leider sind Schnitthecken aber meist kein guter Lebensraum für die nistenden Vögel, sondern eher eine Falle, und zwar aus zwei Gründen:

Zum einen haben Beutegreifer wie Eichhörnchen es gelernt, dass Vögel in den linearen Hecken gerne brüten, und so können sie die Hecken zur richtigen Zeit gezielt entlang laufen, fliegen und absuchen. Und zum anderen ist im Juni, wenn in den meisten Nestern gerade die Jungvögel sitzen, die Schnitthecke schon sehr breit gewachsen, sodass Passanten und Nachbarn anfangen, deutlich die Stirn zu runzeln, mit dem Effekt, dass die meisten Hecken dann geschnitten werden. Intelligente Nesträuber kennen das Geräusch der Heckenscheren und brauchen nur noch zu warten, bis die Hecke wieder schön schmal ist. Sobald die Heckenscheren wieder verpackt sind, kommen sie und »ernten« die Jungvögel. Biologen nennen so etwas einen »sink« (Abfluss) oder eine ökologische Falle.

Es ist also besser, Sichtschutzpflanzungen aus Gehölzen anzulegen, die nicht geschnitten werden müssen. Zum Glück gibt es einige Gartensorten von einheimischen Wildgehölzen, die schmalwüchsig sind, einige bleiben auch recht klein. Hier kann die Heckenschere im Schrank bleiben. Mit Eibe und Wacholder stehen sogar immergrüne einheimische Arten für den Schatten und für sonnige Standorte zur Verfügung.

Etwas durchsichtiger sind Pflanzungen aus Säulenobst oder Spalierobst. Eine deutliche Raumgrenze wird so aber trotzdem geschaffen, und das reicht oft, um ein Gefühl von Geborgenheit entstehen zu lassen.

Noch durchsichtiger, dafür aber wildblumenbunt sind Säume aus hohen Wildstauden, die sich nicht an ein Gebäude oder eine Gehölzpflanzung anschließen, sondern für sich gesät oder gepflanzt werden. Wolfgang Lau, der Gründer der Wildstaudengärtnerei Hof-Berggarten, hat diese Flächen »Blumenhecken« genannt.

Schmalwüchsige Gehölze

Wissenschaftlicher Name *Deutscher Name*	*Höhe*	*Kronenbreite*	*Blütezeit (Monate)* *Blütenfarbe*	*Bemerkungen*
Acer campestre 'Street Pillar' **Feld-Ahorn**	5 m	2 m	5 unscheinbar	
Buxus sempervirens 'Graham Blandy' **Buchs**	3 – 4 m	0,5 m	4 – 5 unscheinbar	immergrün; wächst sehr langsam
Carpinus betulus 'Columnaris Nana' **Hainbuche**	0,5 – 2 m	0,5 – 1 m	5 unscheinbar	bleibt viel kleiner als die bekannteren Sorten 'Frans Fontaine' und 'Fastigiata'
Frangula alnus 'Columnaris' **Echter Faulbaum**	3 m	1 m	4 – 8 unscheinbar	schwarze Beeren
Frangula alnus 'Fine Line' **Schlitzblättriger Faulbaum**	2 m	0,5 – 1 m	4 – 8 unscheinbar	fadenartige Blätter; schwarze Beeren
Ilex aquifolium 'Green Pillar' **Europäische Stechpalme**	6 m	0,6 – 0,9 m	5 – 6 weiß	immergrün; schmückende rote Beeren
Juniperus communis 'Sieben Steinhäuser' **Säulen-Wacholder**	1,5 – 2,5 m	0,6 – 1 m	4 – 5 unscheinbar	immergrün; Beeren als Gewürz nutzbar
Laburnum alpinum 'Columnare' **Alpen-Goldregen**	3 – 5 m	1 – 2 m	5 – 6	
Ligustrum vulgare 'Gracila' **Gewöhnlicher Liguster**	3 – 4 m	1,5 m	6 weiß, duftend	schwarze Beeren
Ligustrum vulgare 'Pyramidale' **Gewöhnlicher Liguster**	2 – 3 m	1 m	6 weiß, duftend	schwarze Beeren
Malus 'van Eseltine', 'Adirondack', 'Red Obelisk' **Zierapfel**	4 – 6 m	0,5 – 1,5 m	4 – 5 rosa, halbgefüllt	nicht heimisch; nutzbare Früchte
Sambucus nigra 'Black Tower' **Schwarzer Holunder**	2 m	1,5 m	5 – 6 rosa	rotlaubige Form
Sambucus nigra 'Pyramidalis' **Schwarzer Holunder**	2 – 3 m	1 m	5 – 6 weiß	lange, aufrechte Zweige, ohne Seitenzweige
Taxus baccata 'Litfaß' **Gewöhnliche Eibe**	2,5 m	1 m	3 – 5 unscheinbar	immergrün; rote Beeren
Viburnum opulus 'Fastigiatum' **Gewöhnlicher Schneeball**	2 – 3 m	1 – 1,5 m	5 – 6 weiß	rote Beeren; schöne Herbstfärbung

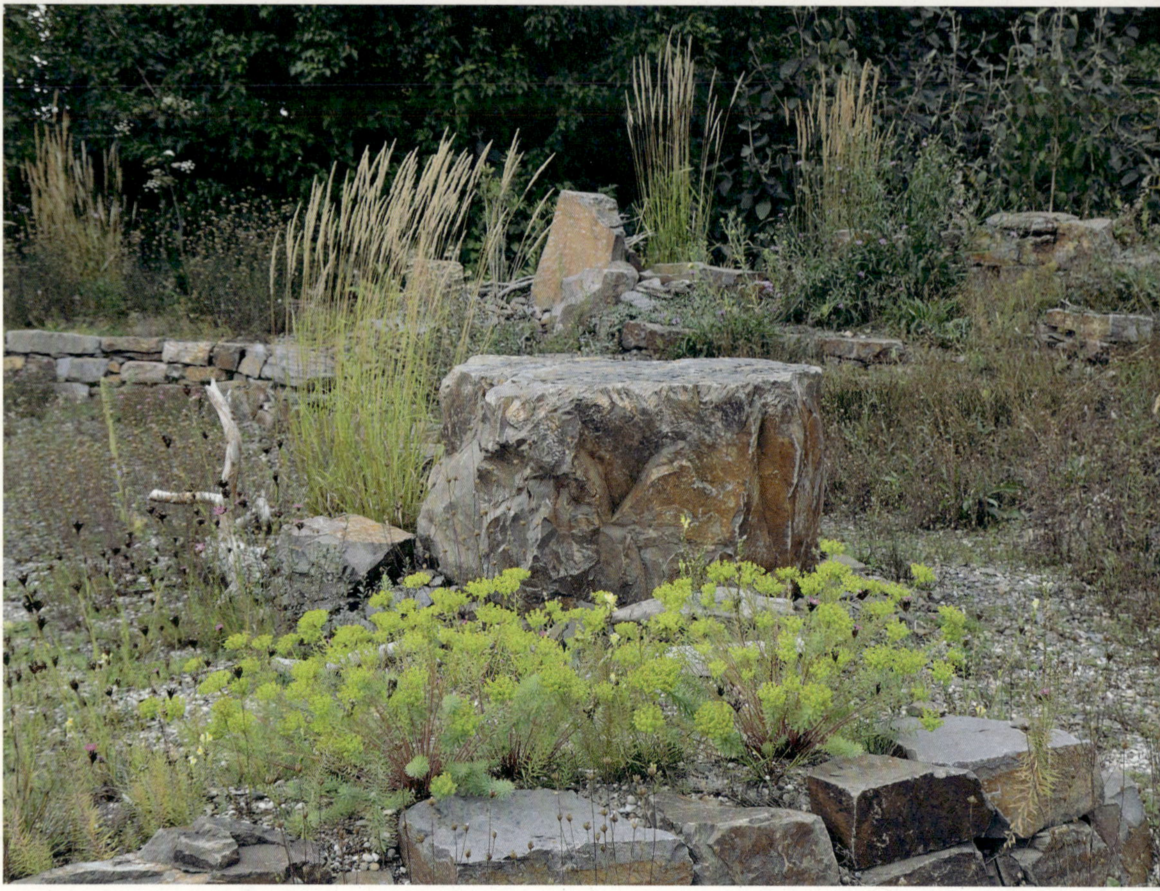

Weniger ist mehr

In diesem Buch werden zahlreiche Möglichkeiten dargestellt, wie kleine Flächen schön und lebendig gestaltet werden können. Das soll aber nicht, ähnlich wie Kataloge das tun, dazu verführen, möglichst viel im eigenen Minigarten zu verwirklichen. Gerade kleine Gärten profitieren von der Klarheit, die aus der Beschränkung resultiert. Vergessen Sie also nicht Ihre gewichtete Wunschliste. Statt alles von Anfang an durchzuplanen oder professionell durchplanen zu lassen, können Sie auch einfach mal anfangen, das anzulegen, was ganz oben auf der Liste steht. Vielleicht ist damit der Garten schon perfekt – und wenn er dann »nur« aus einem Schwimmteich mit Holzdeck besteht oder aus dem Platz unter einer Eiche oder Birke, die in einigen Jahren den ganzen Garten füllen wird.

Die Autorin

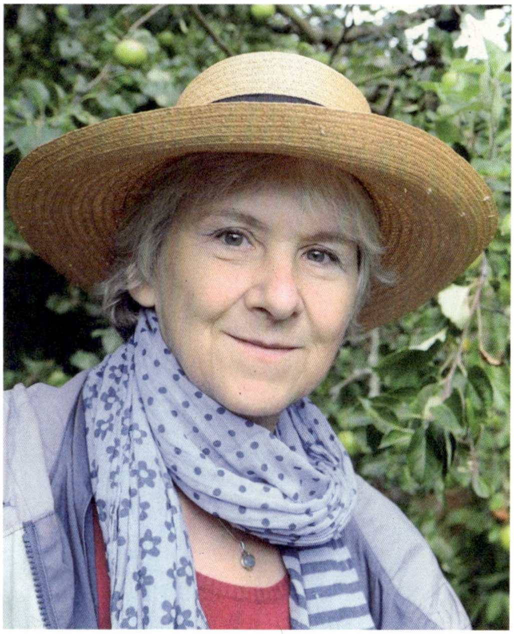

Ulrike Aufderheide aus Bonn ist Diplom-Biologin und erfolgreiche Buchautorin. Seit 1994 plant sie naturnahe Gärten, öffentliche Flächen oder Außenanlagen von Kindergärten und Schulen. Mit ihrer Firma *Calluna – Naturnahe Garten und GrünPlanung* verwirklicht sie Gartenträume.

Gemeinsam mit ihren Kunden findet sie heraus, welche Funktionen der Garten haben soll, welche Bereiche des Grundstückes dafür jeweils am besten geeignet sind und welcher Stil zum Haus und zu den Bewohnern passt. Daraus entwickelt sie individuelle Gartenpläne, deren Umsetzung sie professionell begleitet. Bei ihrer Arbeit entstehen neue Lebensräume für Wildpflanzen und Wildtiere – und für die Gartenbesitzer und -besucher viele Möglichkeiten der unmittelbaren Naturerfahrung.

Im pala-verlag sind von Ulrike Aufderheide neben diesem Buch die Titel »Der sanfte Schnitt«, »Rasen und Wiesen im naturnahen Garten«, »Schöne Wege im Naturgarten«, »Tiere pflanzen«, »Klimafest und artenreich – das Naturgartenprinzip« und zusammen mit Edwin Schröter »Workshop Korbflechten« erschienen.

Kontakt

Calluna
Naturnahe Garten- und GrünPlanung
Ulrike Aufderheide
Weißdornweg 78
53177 Bonn
E-Mail: aufderheide@calluna-naturgarten.de

Anhang

Eine Auswahl zum Weiterlesen

- Ulrike Aufderheide: Der sanfte Schnitt, pala-verlag
- Ulrike Aufderheide: Klimafest und artenreich – das Naturgartenprinzip, pala-verlag
- Ulrike Aufderheide: Rasen und Wiesen im naturnahen Garten, pala-verlag
- Ulrike Aufderheide: Schöne Wege im Naturgarten, pala-verlag
- Ulrike Aufderheide: Tiere pflanzen, pala-verlag
- Werner David: Fertig zum Einzug, pala-verlag
- Werner David: Lebensraum Totholz, pala-verlag
- Steffen Guido Fleischhauer, Jürgen Guthmann, Roland Spiegelberger: Enzyklopädie Essbare Wildpflanzen, AT Verlag
- Katharina Heuberger: Mein wilder Meter, pala-verlag
- Brigitte Kleinod, Friedhelm Strickler: Naturnahe Dachbegrünung, pala-verlag
- Brigitte Kleinod, Friedhelm Strickler: Schön wild!, pala-verlag
- Agnes Pahler: Das Kompostbuch, pala-verlag
- Paula Polak: Regenwasser nutzen – ein Geschenk für meinen Garten, pala-verlag
- Hans Schmidt, Wilfried Doppler, Daniela Heynen, Martin Rössler: Vogelfreundliches Bauen mit Glas und Licht, Schweizerische Vogelwarte Sempach, www.vogelglas.vogelwarte.ch
- Ulf Soltau: Gärten des Grauens, Eichborn-Verlag
- Peter Steiger: Naturnahe kleine Gärten, Natur & Garten 3/20, www.naturgarten.org
- Reinhard Witt: Nachhaltige Pflanzungen und Ansaaten, NaturGarten Verlag, www.reinhard-witt.de

Informationen zum Naturgarten

Deutschland

Verband deutscher Wildsamen- und Wildpflanzenproduzenten e. V.
Perchstetten 1
35428 Langgöns
www.natur-im-vww.de

Naturgarten e. V.
Reuterstraße 157
53113 Bonn
www.naturgarten.org

Österreich

Verein REWISA-Netzwerk
Tulpengasse 8 a
4400 Steyr
www.rewisa.at

Schweiz

Bioterra
Scheideggstrasse 73
8038 Zürich
www.bioterra.ch

Niederlande

Stiftung Springzaad Niederlande
www.springzaad.nl

Bezugsquellen für Ausstattungselemente, Substrate, Pflanzen und Samen: Auswahl

Deutschland

Weidenhandel Lebendbauweisen
Munziger Hauptstraße 50
01665 Klipphausen
www.lebendbauweisen.de
* *Weidenstecklinge*

re-natur GmbH
Charles-Roß-Weg 24
24601 Ruhwinkel
www.re-natur.de
* *Weidenstecklinge, Substrate, Materialien für Dachbegrünung und Teichbau*

Baumschule Horstmann GmbH
Schäferkoppel 3
25560 Schenefeld
www.baumschule-horstmann.de
* *säulenförmige Sorten von Wildgehölzen*

Baumschule Eggert
Baumschulenweg 2
25594 Vaale
www.eggert-baumschulen.de
* *säulenförmige Sorten von Wildgehölzen*

Baumschule Böhlje
Oldenburger Straße 9
26655 Westerstede
www.pflanzen-boehlje.de
* *säulenförmige Sorten von Wildgehölzen*

Mecondo Gmbh
Maximilian-Ulrich-Straße 12
33397 Rietberg
www.mecondo.de
* *Metalldesign*

Joachim Rhode
Allee 15
35104 Lichtenfels
www.flechtweiden.de
* *Weidenstecklinge*

Wasserwerkstadt Peter Müller
Leierweg 47 a
44137 Dortmund
www.flowforms.de
* *Wasserspiel*

Manufactum GmbH
Hiberniastraße 5
45731 Waltrop
www.manufactum.de
* *Ausstattungselemente*

Töpferei Katharina Steinhäuser
Auf der Heide 5
53125 Bonn
www.katharinasteinhaeuser-keramik.de
* *Vogeltränken*

Wildpflanzengärtnerei Strickler
Weinheimer Landstraße 71
55232 Alzey
www.gaertnerei-strickler.de
* *Weidenstecklinge, Pflanzen und Samen*

VulcaTec Riebensahm GmbH
Im Pommerfeld 2
56630 Kretz bei Andernach
www.vulkatec.de
* *Substrate und Materialien für Dachbegrünung und Teichbau*

Appels Wilde Samen GmbH
Brandschneise 1
64295 Darmstadt
www.appelswilde.de
* *Pflanzen und Samen*

Rieger-Hofmann GmbH
In den Wildblumen 7 – 13
74572 Blaufelden-Raboldshausen
www.rieger-hofmann.de
* *Pflanzen und Samen*

Hof Berg-Garten
Lindenweg 17
79737 Herrischried
www.hof-berggarten.de
* *Pflanzen und Samen*

Tiko Metalldesign
Robert-Bosch-Straße 12
88487 Mietingen
www.tiko-design.de
* *Metalldesign*

Österreich

Weidengarten Cabana
Kohlböckhof 3
4625 Offenhausen
www.weidenshop.at
* *Weidenstecklinge*

Wilde Blumen oG
Puchheimer Straße 9
4844 Regau
www.wildeblumen.at
* *Pflanzen und Samen*

Schweiz

Salicetum
Rüttmatt 24
4436 Oberdorf
www.salicetum.ch
* *Weidensteckhölzer*

UFA-Samen
In der Euelwies 34
8408 Winterthur
www.ufasamen.ch
* *Pflanzen und Samen*

ds conma ag
Staatsstrasse 129
9463 Oberriet
www.conma.ch
* *Holzlager als Sichtschutz*

Frankreich

Woodline Sarl
15a, rue de la Forêt
68990 Heimsbrunn
www.woodline.de
* *Sichtschutz und Zäune*

ISBN: 978-3-89566-412-0

2. Auflage 2023
Am Molkenbrunnen 4, 64287 Darmstadt
www.pala-verlag.de

Bildnachweis:
Seiten 8 (oben), 11, 22 (unten), 98: Stefanie Biel
Seiten 10, 20, 48 (oben), 126 (unten): Jeannette Kebernik
Seite 13 (oben links): Hans-Georg Levin
Seite 13 (oben rechts): Anke Wallraff-Beck
Seite 16 (oben u. Mitte rechts): Farina Graßmann
Seiten 30, 117 (unten links): Barbara Noga
Seiten 50 (oben rechts), 60 (oben), 64 (unten), 83: Henning Hinsenkamp
Seite 77: Patrick Schriner
Seite 100: Martin Courth (www.bauer-courth.de)
Seite 169: Enno Aufderheide
alle anderen Fotos: Ulrike Aufderheide

Umschlagfotos vorne: Michael Altmoos *(links oben),*
Stefanie Biel *(links Mitte / oben rechts / unten links),*
Ulrike Aufderheide *(unten Mitte),* Hans-Georg Levin *(unten rechts)*
Umschlagfoto hinten: Enno Aufderheide

Zeichnung Seite 35: Margret Schneevoigt
alle anderen Zeichnungen und Gartenpläne: Ulrike Aufderheide

Lektorat und Gestaltung: Angelika Eckstein

Druck und Bindung: Beltz Grafische Betriebe GmbH, Bad Langensalza
www.beltz-grafische-betriebe.de
Printed in Germany

Gedruckt auf
100% Recyclingpapier